Heinz Bonfadelli · Priska Bucher · Christa Hanetseder
Thomas Hermann · Mustafa Ideli · Heinz Moser

Jugend, Medien und Migration

Heinz Bonfadelli · Priska Bucher
Christa Hanetseder
Thomas Hermann
Mustafa Ideli · Heinz Moser

Jugend, Medien und Migration

Empirische Ergebnisse
und Perspektiven

VS VERLAG FÜR SOZIALWISSENSCHAFTEN

Bibliografische Information der Deutschen Nationalbibliothek
Die Deutsche Nationalbibliothek verzeichnet diese Publikation in der
Deutschen Nationalbibliografie; detaillierte bibliografische Daten sind im Internet über
<http://dnb.d-nb.de> abrufbar.

1. Auflage 2008

Alle Rechte vorbehalten
© VS Verlag für Sozialwissenschaften | GWV Fachverlage GmbH, Wiesbaden 2008

Lektorat: Monika Mülhausen

VS Verlag für Sozialwissenschaften ist Teil der Fachverlagsgruppe
Springer Science+Business Media.
www.vs-verlag.de

Das Werk einschließlich aller seiner Teile ist urheberrechtlich geschützt. Jede Verwertung außerhalb der engen Grenzen des Urheberrechtsgesetzes ist ohne Zustimmung des Verlags unzulässig und strafbar. Das gilt insbesondere für Vervielfältigungen, Übersetzungen, Mikroverfilmungen und die Einspeicherung und Verarbeitung in elektronischen Systemen.

Die Wiedergabe von Gebrauchsnamen, Handelsnamen, Warenbezeichnungen usw. in diesem Werk berechtigt auch ohne besondere Kennzeichnung nicht zu der Annahme, dass solche Namen im Sinne der Warenzeichen- und Markenschutz-Gesetzgebung als frei zu betrachten wären und daher von jedermann benutzt werden dürften.

Umschlaggestaltung: KünkelLopka Medienentwicklung, Heidelberg
Druck und buchbinderische Verarbeitung: Krips b.v., Meppel
Gedruckt auf säurefreiem und chlorfrei gebleichtem Papier
Printed in the Netherlands

ISBN 978-3-531-16184-6

Inhalt

Vorwort 9

Teil I
Quantitative Perspektiven

Heinz Bonfadelli und Priska Bucher

1. Theoretischer Hintergrund 15
   1.1 Gesellschaft und Medien: Makro-Perspektiven 15
       1.1.1 Gesellschaftswandel, Migration und Integration ... 15
       1.1.2 Medienwandel: Kommerzialisierung & Globalisierung ... 21
       1.1.3 Medien und Migration 21
   1.2 Identität und Medien: Mikro-Perspektiven 23
       1.2.1 Identität 23
       1.2.2 Medien im Prozess der Identitätsentwicklung 27
       1.2.3 Identitätsentwicklung im Migrationskontext 31
2. Forschungsstand 35
   2.1 Forschungsentwicklung 35
   2.2 Befunde: Erwachsene 38
       2.2.1 Schweiz 38
       2.2.2 Deutschland 39
       2.2.3 Dänemark und Schweden 41
   2.3 Befunde: Kinder und Jugendliche 42
   2.4 Befunde zur Mediennutzung: Fazit 43
3. Die Studie: Design, Methoden, Stichprobe 45
   3.1 Fragestellung und Kontext der Studie 45
   3.2 Zentrale Dimensionen: Definitionen und Operationalisierung ... 45
   3.3 Datenerhebung und Stichprobe 47
4. Soziokultureller Hintergrund 49
   4.1 Migrationshintergrund 49

4.2	Ethnokulturelle Orientierungen	50
4.3	Religion	55
5.	Soziales Umfeld	57
5.1	Freizeit	57
5.2	Peers	61
5.3	Familie	65
6.	Personale Identität	73
6.1	Werthaltungen	73
6.2	Vorbilder	76
6.3	Persönliche Diskriminierung	78
6.4	Berufsorientierung	79
6.5	Politische Orientierungen	80
7.	Medienumwelt und Mediennutzung	83
7.1	Medienzugang	83
7.2	Digitale Klüfte	84
7.3	Häufigkeit der Mediennutzung	86
7.4	Dauer des Medienkonsums	89
7.5	Nutzung von Computer und Internet	92
7.6	Mediennutzungstypen	95
7.7	Mediennutzung: Fazit	96
8.	Medienumgang	100
8.1	Medienfunktionen	100
8.2	Medienpräferenzen	113
8.3	Medienbewertungen	122
8.4	Perzipierte Medienrealität	129
9.	Mediensprache und Mediengespräche	132
9.1	Sprache der Mediennutzung	132
9.2	Mediensprache und Deutschnote	137
9.3	Gespräche über Medien	138
10.	Zusammenfassung und Folgerungen	142
11.	Literatur	148

Teil II
Qualitative Perspektiven

Heinz Moser, Christa Hanetseder, Thomas Hermann und Mustafa Ideli

1. Theoretischer Hintergrund 155
   1.1 Der Hintergrund der türkischen und der kurdisch-türkischen Migration in die Schweiz 155
   1.2 Das Medienangebot in türkischer und kurdischer Sprache in Europa und der Schweiz 156
   1.3 Migrantinnen und Migranten in der „Diaspora" 159
   1.4 Selbstsozialisierung und Hybridisierung von Identitäten 161
   1.5 Bildungsaspirationen im Kontext der Benachteiligung 165
2. Untersuchungsanlage und Methoden 168
   2.1 Forschungsanlage 169
   2.2 Forschungsprozess und Methoden 169
      2.2.1 Schritte und Methoden der narrativen Datengewinnung 170
      2.2.2 Schritte und Methoden der visuellen Datengewinnung 171
   2.3 Stichprobe 172
      2.3.1 Stichprobenbildung 172
      2.3.2 Absagen und Abbrüche 173
      2.3.3 Soziodemographische Angaben zu den Familien 174
      2.3.4 Familienporträts 176
3. Ergebnisse der qualitativen Interviews mit den Eltern und den Peergruppen 182
   3.1 Die Mediennutzung in den Familien 183
      3.1.1 Fernsehen 186
      3.1.2 Telefon 192
      3.1.3 Printmedien 195
      3.1.4 Computer 197
      3.1.5 Weitere Medien: Radio und Kino 203
   3.2 Die Bedürfnisse, die über Medien befriedigt werden 204
      3.2.1 Unterhaltung 205
      3.2.2 Kommunikation 205
      3.2.3 Kulturelle Bedürfnisse 206

3.2.4　Bildung 207
　　　3.2.5　Information 207
　3.3　Der Migrationsbezug 209
　　　3.3.1　Zur Berichterstattung der Schweizer Medien
　　　　　　über die Türkei 209
　　　3.3.2　Die Berichterstattung der türkischen Medien über
　　　　　　die Türkei 211
　　　3.3.3　Die Berichterstattung der türkischen Medien über die
　　　　　　Schweiz 212
　　　3.3.4　Die schweizerische Berichterstattung zur
　　　　　　Migrationsthematik 214
　3.4　Die Frage der Medienerziehung in türkischen und
　　　türkisch / kurdischen Familien 216
　3.5　Migrantinnen und Migranten in der Mediengesellschaft 221

4. Ergebnisse der visuellen Erhebungsschritte 227
　4.1　Kinderzimmer als verkörperlichte Identitätsräume 228
　　　4.1.1　Räume als transparente oder hermetische Texte 230
　　　4.1.2　Räume, die auf Zeitdimensionen verweisen 232
　　　4.1.3　Räume als kulturell hybride Texte 233
　　　4.1.4　Räume als Entwürfe von Männlichkeit und Weiblichkeit . 235
　　　4.1.5　Lieblingsgegenstände in den Zimmern 236
　　　4.1.6　Verweise auf die Sozialisationsinstanzen 238
　　　4.1.7　Verweise auf Herkunftskultur, lokale und globale Kultur . 240
　4.2　Fotografische Selbstdokumentationen:
　　　„Eine Woche im Leben von ..." 241
　　　4.2.1　Motive der Reportagen im Überblick 241
　　　4.2.2　Selbstporträts als Ausdruck von Identitätsarbeit 244
　　　4.2.3　Zwischen Innen und Außen, Gegenwart und Zukunft:
　　　　　　Ausblicke aus Fenstern 249
　　　4.2.4　Medien als virtuelle Fenster 251
　　　4.2.5　Lebens- und Erlebensraum Schule 254

5. Zusammenfassende Diskussion der Ergebnisse 256

6. Literatur 263

Vorwort

> „Man hat Arbeitskräfte gerufen, und es kamen Menschen. Sie fressen den Wohlstand nicht auf, im Gegenteil, sie sind für den Wohlstand unerlässlich." Max Frisch[1]

Die modernen Massenmedien besitzen in unserem Alltag einen wichtigen Stellenwert und tragen bei Erwachsenen, aber gerade auch bei Heranwachsenden durch Prozesse der Thematisierung von aktuellen Ereignissen und Problemen (Agenda-Setting, der Anstiftung von Gesprächen untereinander (Ko-Orientierung), der Vermittlung von Normen und Wertvorstellungen (Sozialisation) und der Konstruktion von Bildern der sozialen Realität (Kultivierung) wesentlich zur gesellschaftlichen Integration und zur persönlichen Herausbildung einer eigenen Identität bei. Durch Globalisierungstendenzen der Medienproduktion, zusammen mit neuen technischen Möglichkeiten der modernen Massenmedien wie Kabel- und Satellitenfernsehen, können in der Schweiz aber längst nicht mehr nur ausschließlich schweizerische Medien und deren Inhalte genutzt werden. Vielmehr ist sowohl im Bereich der Printmedien als auch bei den Fernsehprogrammen eine breite Palette von ausländischen Medienangeboten zugänglich geworden, deren dokumentarische, unterhaltende und kulturelle Inhalte zunehmend Tendenzen der Internationalisierung aufweisen. Und durch das Internet ist ferner die rasche Information über Ereignisse in anderen Ländern, aber auch die gegenseitige interpersonale Kommunikation zwischen Menschen – Stichwort „E-Mail" – möglich geworden, die in verschiedenen Ländern leben (müssen).

Diesem Strukturwandel im Mediensystem entsprechen Tendenzen auf der gesellschaftlichen Ebene. Der Anteil der Ausländer an der Schweizer Bevölkerung beträgt heute mehr als ein Fünftel und gegen 30% haben einen Migrationshintergrund. Bezüglich des Umgangs mit diesen ethnokulturellen Minderheiten wird in der Öffentlichkeit die Frage nach einer Balance zwischen der Forderung nach Assimilation an die hiesige Kultur der Schweiz als Aufnahmeland einerseits und der Ermutigung zur Wahrung der Besonderheiten ihrer Herkunftskultur andererseits kontrovers diskutiert. Speziell bezogen auf den Umgang mit Medien stellt sich die Frage, ob und inwiefern bezüglich der Mediennutzung Gemeinsamkeiten und Unterschiede zwischen Schweizern und Menschen mit Migrationshintergrund bestehen, und inwiefern die Medien einen Beitrag zur gesellschaftlichen Integration und zur Konstruktion kultureller Identität leisten.

---

1 Max Frisch (1965): Vorwort. In: Alexander J. Seiler: Siamo Italiani. Zürich, S. 7.

Denn die Möglichkeit, nicht nur Schweizer Medien, sondern Medienangebote aus anderen Ländern und in anderen Sprachen zu nutzen, bietet für Migrantinnen und Migranten, die in der Schweiz leben, einerseits eine große Chance, den Kontakt zum Herkunftsland weiter beizubehalten und zu pflegen, birgt aber andererseits auch die Gefahr einer medialen wie auch sozialen Isolation. Studien aus den Cultural Studies belegen dabei, dass die Menschen aus den vielfältigen und mehrsprachigen Ressourcen ihre eigene Medienwelt konstruieren.

Allerdings unterliegen solchen kulturspezifischen Prozessen oft sozialstrukturelle Konstellationen, welche diese überlagern und verstärken, aber auch abschwächen können. Mediennutzungsstudien im Rahmen der *Forschung* zur *Wissenskluft-Hypothese* haben dazu immer wieder aufgezeigt, dass je nach Bildungs- und Schichthintergrund *Kommunikationsklüfte* in der Nutzung von Medientypen (Print vs. Fernsehen vs. Internet) und Medieninhalten (Information vs. Unterhaltung) vorhanden sind. Und diese können sich wiederum in Wissensklüfte und damit zusammenhängende sozioökonomische Benachteiligungen niederschlagen.

Im Rahmen des Nationalfonds-Projekts[2] *„Mediennutzung im multikulturellen Umfeld"* sollte deshalb nicht nur der Frage nachgegangen werden, wie stark der kulturelle Hintergrund ausschlaggebend für den Umgang mit Medien ist, sondern ebenfalls der mediatisierende Einfluss von Bildung und Schicht mitberücksichtigt werden. In der Schweiz existieren bis anhin kaum gehaltvolle Studien zu diesem Bereich, was angesichts der Tatsache, dass rund ein Fünftel der Schweizer Bevölkerung Ausländer sind, erstaunen mag. So führte zwar der SRG Forschungsdienst vor einiger Zeit eine Studie zur Integrationsfunktion des Rundfunks in der Schweiz durch (Steinmann/Zaugg/Gattlen 2000), aber es wurde nur das Integrations- und Identitätspotential zwischen den verschiedenen Sprachregionen thematisiert. Obwohl die Befragten der qualitativen Studie zum Stichwort „Integration und Desintegration" als erstes, neben der Beziehung der Schweiz zur EU, die Integration von Ausländern in der Schweiz erwähnten und dies als das größte Problem betrachteten (a.a.O.: 60 und 68), waren die Ausländer erstaunlicherweise kein explizites Thema der Studie. Und in einer älteren Studie ebenfalls vom SRG Forschungsdienst (Anker/Ermutlu/Steinmann 1995) wurde zwar die Mediennutzung von verschiedenen Ausländergruppen in der Schweiz erhoben, allerdings weitgehend deskriptiv und ohne Bezüge zur Integrations- bzw. Identitätsthematik. Fremdsprachige Ausländer sind bis jetzt in der angewandten, aber auch in der universitären Medienforschung, und zwar nicht nur in der Schweiz, meist nur marginal berücksichtigt worden.

---

2 An dieser Stelle sei dem Schweizerischen Nationalfonds zur Förderung der wissenschaftlichen Forschung gedankt, der unser Projekt im Rahmen des Forschungsprogramms NFP52 „Kindheit, Jugend und Generationenbeziehungen im gesellschaftlichen Wandel" finanziert hat.

Speziell die *Frage* nach dem *Stellenwert der Medien im Leben von Jugendlichen mit Migrationshintergrund* und noch weniger diejenige nach der *Rolle der Medien bei der Identitätskonstruktion in einem multikulturellen Umfeld* sind bisher in der Schweiz ebenfalls noch kaum erforscht. Darum bestand die *Hauptzielsetzung* dieses interdisziplinär angelegten Forschungsprojektes darin, erste Erkenntnisse zu diesem interkulturellen Forschungsbereich aus einer *kommunikationswissenschaftlichen Perspektive* im *Kontext der Schweiz* mittels quantitativer und qualitativer Methodik zu erzielen (vgl. Bonfadelli/Moser 2007).

Wegleitend war dabei vor allem die *Frage:* Wie werden Medien von Kindern und Jugendlichen mit Migrationshintergrund genutzt, und zwar im Vergleich zu Heranwachsenden aus Schweizer Familien? Von Interesse war insbesondere die Vermutung, dass der soziale Hintergrund sogar noch prägender sein könnte als die ethnokulturelle Herkunft.

Der *quantitativ orientierte Projektteil* (Leitung: Heinz Bonfadelli, IPMZ – Institut für Publizistikwissenschaft der Universität Zürich) basiert auf einer schriftlichen Befragung von 1'468 12-16jährigen Heranwachsenden aus 88 Schulklassen im Großraum Zürich, wobei insbesondere Schulen mit hohem Anteil an Migrantenkindern in die Stichprobe aufgenommen werden. In der quantitativen Studie wurden Schüler aus allen Migrationsländern miteinbezogen und gruppenweise untereinander, aber auch mit ihren jeweiligen Schweizer Kameraden verglichen.

Im *qualitativen Projektteil* (Leitung: Heinz Moser, Pädagogische Hochschule Zürich) wurde die Funktion des alltäglichen Medienumgangs von Eltern und Kindern in einer Gruppe von je vier türkischen bzw. türkisch-kurdischen Familien mit insgesamt 16 Kindern und Jugendlichen mittels teilnehmender Beobachtung und verbalem Austausch (Gespräche, Leitfadeninterviews, Fokusgruppen) untersucht. Themenbereiche waren der Medienbesitz und Medienzugang in den Familien, die individuelle Medienwahl, bevorzugte Medieninhalte und Motive für Mediennutzung, der Rezeptionskontext, die Interpretation von Medien(-texten) und die Struktur und der Kontext von Mediengesprächen. Ein besonderer Schwerpunkt bildet die Analyse von Gesprächen über Medientexte unter Berücksichtigung der Faktoren Alter und Geschlecht. Vor allem sollten auch entscheidende Generationsunterschiede herausgearbeitet werden. Ziel der ethnographischen Beobachtungen und qualitativen Analysen war es, auf der Basis eines detailreichen und wirklichkeitsnahen Bildes der Medienrezeption und Medienaneignung – „thick description" – die Funktion der Medien im Kontext der Migrationsproblematik verschiedener Gruppen vertieft aufzuzeigen.

Im Juni 2008   Heinz Bonfadelli und Heinz Moser (Projektleiter)

Teil I

Quantitative Perspektiven

Heinz Bonfadelli und Priska Bucher

1. Theoretischer Hintergrund

Im Folgenden sollen die Ausgangslage und der theoretische Hintergrund des Projekts bezüglich a) des gesellschaftlichen Kontextes und b) des Mediensystems der Heranwachsenden genauer dargestellt werden. Im Zentrum stehen die relevanten Basiskonzepte und der damit zusammenhängende wissenschaftliche Diskurs, und zwar speziell mit Bezug auf die Frage nach dem Zusammenhang von Medien und sozialer Integration sowie kultureller Identität in multikulturellen Gesellschaften.

1.1 Gesellschaft und Medien: Makro-Perspektiven

Sowohl die modernen Massenmedien selbst wie auch die entwickelten Gesellschaften Europas sind seit längerem einem starken Wandel unterworfen, der für die Fragestellung „Medien und Migration" von Bedeutung ist. Stichworte sind u.a. die gestiegene Mobilität und Migration von Menschen, Individualisierung von Werthaltungen und pluralistische Lebensstile einerseits, aber auch internationalisierte Information oder gar globalisierte Unterhaltung andererseits.

1.1.1 Gesellschaftswandel, Migration und Integration

Die Schweizer Bevölkerung besteht heute zu gut einem Fünftel aus Ausländern plus weitere 10% eingebürgerte Fremdsprachige, die zum Teil nur über begrenzte Kenntnisse der deutschen Sprache verfügen und darum mehr oder weniger stark ihrer Herkunftskultur verhaftet bleiben. Der Anstieg des ausländischen Bevölkerungsanteils, vor allen aus muslimisch geprägten Ländern wie der Türkei oder dem Balkan, hat in den letzten Jahren zu einer zunehmend intensiver werdenden *Thematisierung der Integrationsproblematik* in der Medienöffentlichkeit geführt. Dieser Diskurs hat sich in jüngster Zeit erheblich verschärft. Dabei spielten zum einen die gehäuften Terroranschläge von extremistischen Muslimen seit dem 11. September 2001, aber auch Schlüsselereignisse wie 2004 die Ermordung des Filmers Theo van Gogh in den Niederlanden oder die Jugendunruhen in den Pariser Vorstädten im November 2005 eine wichtige Rolle.

Der politische Diskurs über die Integration der Ausländer in der Schweiz (vgl. Piguet 2006), aber auch in den meisten übrigen Ländern Europas hat zu einer Wiederentdeckung des Themas der sog. *„kulturellen"* bzw. *„nationalen" Identität* geführt. Er ist Ausdruck einer weit verbreiteten Unsicherheit und eines Unbehagens gegenüber gesellschaftlichen Veränderungsprozessen. Kulturelle Identität wird offenbar dann im Alltag zum Problem, wenn die tradierten sozialen und kulturellen Grundlagen einer Gesellschaft für eine stabile Verortung und Einbindung der Menschen nicht mehr ausreichen oder gar wegzubrechen drohen (Eickelpasch/Rademacher 2004: 5). Unklar ist dabei vor allem, wie viel kulturelle Homogenität es für eine stabile kulturelle Identität braucht. Oder anders formuliert: Wo läge in der Schweiz für die verschiedenen Bevölkerungsgruppen mit Migrationshintergrund eine ausgewogene Balance zwischen einer Anpassung an die sog. Mehrheitskultur der Schweiz und der Wahrung der Besonderheiten ihrer Herkunftskulturen?

Gesellschaftliche Integration und kulturelle Identität als Ausdruck von Integration dürfen allerdings nicht als eindimensional, homogen oder gar als Endprodukt verstanden werden; sie müssen vielmehr als a) mehrdimensional, b) vielschichtig und c) prozesshaft konzipiert werden (Pöttker 2005: 25ff.).

Mehrdimensionalität

Zunächst ist die Integration einer Gesellschaft ein vielschichtiges Phänomen, und kulturelle Integration bzw. kulturelle Identität muss darum in einem umfassenderen Konzept von *sozialer Integration* eingebettet werden (Huntington 2005: 27). Neben nationaler Herkunft, Sprache und Religion, aber auch Werthaltungen und Bräuchen bzw. Lebensstilen als Ausdruck von kultureller Zugehörigkeit, spielen für die Integration einer Gesellschaft weitere zugeschriebene Dimensionen eine Rolle wie beispielsweise *Geschlecht* oder *Bildung, Beruf und Einkommen* als sozioökonomische Indikatoren der Verortung im Schichtsystem einer Gesellschaft einerseits und die verschiedenen Möglichkeiten von formeller und informeller *politischen Partizipation* andererseits. Allerdings stehen im vorliegenden Projekt im Zusammenhang mit den Medien vor allem Fragen der kulturellen Integration im Vordergrund.

Wie Abb. 1 anhand einer Studie von Haenni Hoti (2003) illustriert, können *Einstellungen hinsichtlich Gleichstellung oder Anpassung* je nach Bereich unterschiedlich ausgeprägt sein. Die befragten 14-15jährigen Schülerinnen und Schüler aus der Schweiz sind zwar der Auffassung, dass Ausländer die *gleichen Bildungschancen* in der Schweiz haben sollten, und immerhin zwei Drittel gestehen den Migranten zu, weiter ihre *eigene Sprache sprechen* zu dürfen, aber weniger als die Hälfte ist der Auffassung, dass Ausländer auch die Möglichkeit haben sollten, weiter ihre *eigenen Bräuche und ihren eigenen Lebensstil* beizubehalten oder nach mehreren Jahren gar an *Wahlen teilzunehmen*. Es fällt auf, dass die Heranwachsenden in der Schweiz im Vergleich zu den befragten Gleichaltrigen aus anderen Ländern den Migranten in allen vier abgefragten Bereichen deutlich weniger Rechte zugestehen wollen. Im internationalen Vergleich steht die Schweiz damit gemeinsam mit Slowenien an zweitletzter Stelle; den letzten Platz belegt Deutschland. Eine deutlich aufgeschlossenere Haltung vertreten beispielsweise Jugendliche aus Zypern, Kolumbien, Schweden und Griechenland, aber auch die USA liegt mit Platz 10 noch im ersten Drittel. – Inwieweit bei der Prägung solcher Haltungen auch die Medien eine mehr oder weniger wichtige Rolle spielen, bleibt dabei offen.

Abb. 1: Einstellung von Heranwachsenden zu Rechten von Migranten

Dimensionen von Integration Anteile in Prozent	Land	stimme sehr zu	stimme zu	stimme nicht zu	stimme überhaupt nicht zu
Ausländer sollten gleiche Bildungschancen haben wie andere Kinder in der Schweiz	CH	37	50	8	5
	Int.	40	50	7	3
Ausländer sollten die Möglichkeit haben, in der Schweiz ihre eigene Sprache weiter zu sprechen.	CH	22	44	21	13
	Int.	23	54	15	8
Ausländer sollten die Möglichkeit haben, in der Schweiz ihren Lebensstil / Bräuche beizubehalten	CH	20	41	24	15
	Int.	27	53	14	6
Ausländer, die seit mehreren Jahren in der Schweiz leben, sollten an Wahlen teilnehmen dürfen	CH	19	40	26	15
	Int.	26	52	16	6

Stichprobe: Befragung von 14-15jährigen Jugendlichen in der Schweiz (CH) und weiteren 28 Ländern (Int.) 1999; Quelle: Haenni Hoti 2003: 100ff.

Homogenität vs. Heterogenität

Aber auch bezüglich des Konzepts der Integration selbst muss angemerkt werden, dass man sich darunter in modernen differenzierten Gesellschaften keineswegs nur ähnliche, harmonisch ausgeprägte, konsensuelle oder gar gleiche (kulturelle) Identitäten vorstellen darf. *Moderne Gesellschaften* sind mehr denn je auch pluralistische und heterogene Gesellschaften, die aus verschiedenen sozialen Segmenten und einzelnen Individuen bestehen, die durchaus unterschiedliche, widersprüchliche oder gar konfliktive Weltbilder, Meinungen und Werthaltungen vertreten können und trotzdem eine mehr oder weniger stark integrierte Einheit bilden (Beck/Beck-Gernsheim 1994; Giddens 1994; Sennett 1998). Im Vergleich dazu waren die Lebensstile und die kulturelle Identität früher deutlich homogener, geprägt durch standardisierte Lebensläufe, geteilte Traditionen und religiöse Vorstellungen einerseits sowie soziale Hierarchien andererseits. Moderne kultursoziologische *Lebensstilkonzepte* betonen hingegen den gesteigerten Erlebnis- und Distinktionswert von Produkten und die zunehmende Ästhetisierung des Alltags. Das Leben sei schlechthin zum *Erlebnisprojekt* geworden (Schulze 1992: 13), d.h. die zunehmende Individualisierung der nivellierten Mittelstandsgesellschaft der 1950er und 1960er Jahre habe heute dazu geführt, dass soziodemografisch bezüglich Alter, Geschlecht und Einkommen relativ homogene Gruppen sich bezüglich ihrer Werthaltungen und Lebensstile durchaus völlig unterscheiden können. Dies äußert sich nicht zuletzt auch in neuen Konzepten von Identität und darauf bezogenen modischen Etiketten wie Patchwork- bzw. Bastel-Identität (Keupp u.a. 1999; Hitzler/Honer 1994 Willems/ Hahn 1999), nach denen heutige Jugendliche aber auch erwachsene Menschen ihre personalen, sozialen wie kulturellen Identitäten im alltäglichen Umgang mit anderen Menschen, aber auch sozialen Gruppen und den damit verbundenen Konfrontationen und Konflikten aktiv ständig neu kreieren, definieren und aushandeln müssen, indem sie situativ je unterschiedlich akzentuierte Identitätsentwürfe wählen und ausleben (Beck/Beck-Gernsheim 1994; Schäfers/Scherr 2005: 94ff.), wobei Prozesse der Kommunikation und Integration zwischen den verschiedenen Ebenen des fragmentierten Ichs eine wichtige Rolle spielen.

Produkt vs. Prozess

Schließlich darf man sich gesellschaftliche Integration auch nicht als Zustand vorstellen, der erreicht ist oder nicht. Integration, aber auch Identität ist immer ein aktiver und durchaus auch konfliktiver Prozess der Auseinandersetzung zwischen den verschiedenen Mitgliedern bzw. Segmenten einer Gesellschaft. Damit ist mit dem Soziologen Lewis Coser (1965) auch angedeutet, dass Konflikte für den Erhalt und Zusammenhalt von sozialen Systemen durchaus nützlich sein können und darum auch funktional sind.

Daraus ergibt sich für die Integration von Migranten als ethnischen Minderheiten zunächst in *sozialstruktureller Hinsicht*, dass mehr oder weniger gleiche Chancen im Bildungssystem und auf dem Arbeitsmarkt bestehen müssen, welche mehr oder weniger gleiche Zugangschancen zu Einkommen, Besitz und Lebensqualität ermöglichen.

Während die Forderungen bezüglich gleicher Bildungschancen und materieller Gleichstellung als Voraussetzungen für die sozialstrukturelle Integration relativ klar und weitgehend unumstritten sind, gehen nun aber die Ansichten bezüglich der politischen und kulturellen Integration der Gesellschaft auseinander. Im *politischen Bereich* ist die formale Partizipation in der Schweiz wie in den meisten Ländern an die Verleihung der Staatsbürgerschaft geknüpft, obwohl

Bestrebungen in Gang sind, Ausländern im lokalen Bereich gewisse Mitbestimmungsrechte einzuräumen. Im *kulturellen Bereich* gibt es jedoch idealtypisch unterscheidbare konträre Positionen: das Assimilationsmodell einerseits und das Multikulturalismusmodell andererseits.

Gesellschaftliche Integration als Assimilation

Das *Assimilationsmodell* der frühen Migrationssoziologie, meist eher von konservativen politischen Gruppen vertreten, betont, dass es auch in der Schweiz eine nach wie vor relativ homogene und nationalstaatlich geprägte Kultur gebe, die beispielsweise in Deutschland mit dem Begriff der „Leitkultur" umschrieben wird. Behauptet wird, dass gesellschaftliche Integration nur über die assimilative Aneignung der Werte und Normen sowie der Identitätsmodelle und Lebensstile der Ausnahmekultur als quasi „neuer Heimat" im Sinne einer nationalstaatlich gefassten kulturellen Identität möglich sei. Ausländer als Migranten müssen sich demnach sowohl in sprachlicher als auch in mentaler Hinsicht an die Kultur des Aufnahmelandes, d.h. an die schweizerische Kultur anpassen. Erst so werde eine Eingliederung in die sozialen Beziehungsnetze und schließlich auch eine Identifikation mit der neuen Kultur möglich. Auf der Basis dieser Prämissen wird beispielsweise verlangt, dass Ausländer, die um eine Aufnahme in die Schweiz oder Deutschland nachsuchen, über mindestens minimale Kenntnisse der deutschen Sprache oder der Geschichte und der politisch-kulturellen Institutionen des Aufnahmelandes verfügen müssen. Vergessen wird allerdings, dass sich auch die Schweizer bzw. die Deutschen untereinander hinsichtlich der von ihnen akzeptierten Normen, Werthaltungen und vor allem Lebensstile mehr oder weniger stark unterscheiden. Dies äußert sich besonders ausgeprägt, wenn man Alltagsverhalten und Lebensstile etwa von urbanen mit ländlichen Gebieten oder von jungen Leuten mit älteren Menschen vergleicht.

Multikulturelle Identität als Differenz

Das Assimilationsmodell wird oft aus einer Position der kulturellen Identität heraus kritisiert, welche das Recht der Migranten bzw. Einwanderer auf *kulturelle Differenz* betont und beansprucht, dass diese ihre eigene Kultur weiterhin leben und bewahren dürfen: *Multikulturalismusmodell.* Diese beiden Positionen werden bezüglich der Frage der gesellschaftlichen Integration oft als ausweglöses „Entweder-Oder" verstanden. Integration scheint nur möglich durch Assimilation an die Aufnahmekultur bei gleichzeitiger Aufgabe der Herkunftskultur, während das Beharren auf der eigenen kulturellen Identität als Recht auf Differenz im Sinne einer Gefährdung der gesellschaftlichen Integration verstanden wurde. Nach der neueren Auffassung des *kulturellen Pluralismusmodells,* das bspw. von Stuart Hall (1989) vertreten wird, bietet aber das Aufwachsen in verschiedenen Kulturen der Hybridität, das Sprechen verschiedener Sprachen und das Leben verschiedener Identitäten durchaus auch Chancen, nämlich jene der Übersetzung und des Brücken-Bauens.

Abb. 2: Unterschiedliche Modelle der kulturellen Integration

Identität auf Basis von Homogenität & Assimilation	Pluralismus mit interkultureller Integration	Multikulturalismus & kulturelle Differenzen
Prämisse ist, dass nur die Aneignung der Werte, Normen und Lebensstile der Aufnahmekultur durch die Migranten die gesellschaftliche Integration ermöglicht und sichert.	Es besteht ein Recht auf gleichberechtigte kulturelle Vielfalt und Ethnomedien; es darf Differenzen geben, aber bei gegenseitigem Respekt, was gesellschaftliche Integration erlaubt.	Postuliert wird das Recht, die eigene kulturelle Identität der Herkunftskultur zu bewahren, was nicht als Gefährdung der Integration der Gesellschaft interpretiert wird.
Quelle: eigene Darstellung nach Geissler 2005.		

Eine ausgleichende Mittelposition nimmt das *Modell der pluralistischen interkulturellen Integration* ein. Es geht davon aus, dass moderne Gesellschaften auch in kultureller Hinsicht alles andere als homogen sind, insofern die Mitglieder der Ausnahmegesellschaft quer zur vertikalen sozialen Schichtung ebenso in horizontaler Hinsicht unterschiedlichste Identitäten, Wertvorstellungen und Lebensstile vertreten. Die Aufnahmegesellschaft kann darum den Migranten Teilhabechancen im Bildungssystem, im Arbeitsmarkt und im Alltag gewähren und zudem darüber hinaus die Orientierung an der Herkunftskultur weiterhin gewähren, ohne dadurch die kulturelle Integration der Gesellschaft zu gefährden.

Alle Gesellschaftsmitglieder, d.h. auch die Migranten, haben nach dem pluralistischen Modell des sog. *Multikulturalismus* zudem das Recht auf Individualität, d.h. sie dürfen ihre unterschiedlichen kulturellen Traditionen erhalten und leben, allerdings im Rahmen einer übergeordneten staatlichen Gemeinschaft – engl. „diversity-within-unity" oder umgekehrt „unity-within-diversity" –, wobei die verschiedenen ethnischen Kulturen als gleichwertig angesehen werden.

Eine solche multikulturelle Konzeption setzt aber zudem bestimmte von allen Gesellschaftsmitgliedern zu akzeptierende Grundregeln voraus wie etwa gegenseitigen Respekt und Toleranz (Geissler 2005: 56ff.). Wo allerdings das Recht auf Verschiedenheit endet und die Verpflichtung zur Einheit beginnt, um nicht die gesellschaftliche Integration zu gefährden, lässt sich jeweils nur in der konkreten gesellschaftlichen Praxis bestimmen.

1.1.2 Medienwandel: Kommerzialisierung & Globalisierung

Bis Mitte der 1980er Jahre gab es in den meisten europäischen Ländern eine öffentlich-rechtliche Fernsehanstalt, deren Informations- und Bildungsprogramme vor allem nationalstaatlich ausgerichtet waren. In der Schweiz wurde diese Orientierung an der dominanten nationalen „Leitkultur" mit dem Begriff „Helvetisierung" bezeichnet. In technischer Hinsicht ermöglichten seit Mitte der 1970er Jahre zuerst die Verbreitung von Kabelnetzen und später des Satellitenfernsehens zusätzlich zur SRG den Empfang von ausländischen Fernsehprogrammen. Seit Mitte der 1990er Jahre hat speziell das Aufkommen des Internets dazu geführt, dass Medienangebote nicht mehr nur national empfangbar, sondern global zugänglich geworden sind. Darüber hinaus hat sich zusammen mit der sich verstärkenden Ökonomisierung nach James Lull (2002) eine *international verbreitete Superkultur* amerikanischer Prägung entwickelt, wie dies etwa in den Sendern MTV und CNN oder in Serien wie Dallas, Baywatch oder Sex and the City zum Ausdruck kommt. – Den Jugendlichen von heute stehen somit im Fernsehbereich zum einen national-kulturell geprägte öffentlich-rechtliche wie private Anbieter und Programme, zum anderen Inhalte zur Verfügung, welche Werte und Normen, aber auch Lebensstile einer global geprägten (Jugend-) Kultur zum Ausdruck bringen (Lemish u.a. 1998). Und speziell für die in der Schweiz lebenden Heranwachsenden mit Migrationshintergrund ist die Situation noch komplizierter, weil sie selbst in der Schweiz Medien und Inhalte in der Sprache ihrer Herkunftskultur empfangen, kaufen und nutzen können.

In welcher Beziehung stehen nun diese in- und ausländischen Fernsehprogramme und die übrigen Medienangebote zur kulturellen Identität ihrer Nutzer in einem engeren und zur gesellschaftlichen Integration in einem weiteren Sinn?

1.1.3 Medien und Migration

Obwohl in den letzten Jahren im Zusammenhang mit der Integrationsproblematik der Ausländer in der Schweiz die Funktionen und Leistungen der Medien immer wieder angesprochen wurden, ist nach wie vor sehr wenig Information zur Nutzung und zu den Funktionen der Medien für dieses Bevölkerungssegment vorhanden (Becker 2002). Ein Hauptgrund liegt sicher darin, dass dieses Segment in der Zuschauerforschung wegen mangelnder Erreichbarkeit bis jetzt praktisch nicht erfasst worden ist. Immerhin werden von Zeit zu Zeit Sonderstudien durchgeführt (z.B. ARD/ZDF-Medienkommission 2007).

Gleichzeitig gibt es in der *Kommunikationswissenschaft* einen *kontrovers* geführten theoretischen Diskurs über die potentiell integrative Funktion der Medien, wobei sich idealtypisch folgende konträre Positionen einander gegenüberstehen (Hummel 1996; Wilke 1996; Schulz 1999; Jarren 2000):

Aus einer *medienzentrierten Perspektive* wird argumentiert: Medien vermittelten aktuelle Informationen und politische Orientierung und würden so zur Sozialisation und Integration beitragen, etwa durch Herstellung einer geteilten Agenda der gesellschaftlich und politisch wichtigen Themen und Probleme. Dadurch ermöglichten sie die Meinungsbildung. Weiter leisten sie einen Beitrag zum Zusammenhalt der Gesellschaft, etwa durch die Kultivierung gemeinsamer Realitätsvorstellungen. Auf die Migrationsthematik übertragen wird postuliert, dass Personen mit Migrationshintergrund sich besser integrieren, wenn sie die Programme der nationalen TV-Anbieter im Gastland denjenigen ihres Herkunftslandes vorziehen (Carøe Christiansen 2004: 186).

Abb. 3: Unterschiedliche Thesen zur Integration durch Medien

Integration durch Medien	Desintegration durch Medien
Homogenität und Assimilation	**Pluralismus und Multikulturalismus**
Agenda-Setting Funktion der Medien führt zu gemeinsamem Themenuniversum als Basis für die Bildung von konsentierter öffentlicher Meinung.	Pluralistische und tendenziell entpolitisierte Medienangebote, zusammen mit individualisierter Nutzung haben fragmentierte Teilöffentlichkeiten zur Folge.
Kultivierungsprozess: Homogene Fernsehrealität im Aufnahmeland kultiviert ähnliche Wirklichkeitsvorstellungen bei den Vielsehern des Aufnahmelandes.	Orientierung der Zuschauer mit Migrationshintergrund an Herkunftskultur (Medienghetto) verhindert Integration in die Kultur des Aufnahmelandes.
Quelle: eigene Darstellung.	

Aus einer *rezipientenorientierten Perspektive* wird gerade entgegengesetzt argumentiert, nämlich dass das über Kabel und Satellit empfangbare oder via Videokassetten zugängliche Medienmenu eine immer stärker individualisierte Nutzung zulässt. Mitglieder fremder Kulturen können so auch in der Schweiz ihrer Herkunftskultur verhaftet bleiben. Im Sinne einer Trendverstärkerhypothese kann so das Fernsehen durchaus dazu beitragen, dass die Ausländer in der Schweiz sich kaum integrieren, die Medien also tendenziell desintegrierend wirken. – Allerdings wird aus einer *transnationalen Perspektive* (Carøe Christiansen 2004: 187ff.) vermittelnd argumentiert, dass die anhaltende Nutzung von Fernsehnachrichten aus dem Heimatland als transnationale soziale Praxis betrachtet werden kann, welche qualitativ wertvolle kulturelle Bezüge zwischen dem Herkunftsland und dem Gastland ermöglicht, die nicht unbedingt nur als Ghettobildung oder Rückzug in die Isolation interpretiert werden müssen.

Fazit: Die Medien spielen besonders im Alltag von heutigen Kindern und Jugendlichen eine wichtige Rolle und üben eine entscheidende Funktion aus bei der Herausbildung der kulturellen Identität der Heranwachsenden. Als Fenster zur Welt ermöglichen vor allem die audiovisuellen Medien TV, Film und Musik über das Elterhaus hinaus den Kontakt zur neuen Kultur ebenso wie Bindungen an die Herkunftskultur, aber auch die Auseinandersetzung mit global verfügbaren kosmopolitischen Jugendkulturphänomenen.

1.2 Identität und Medien: Mikro-Perspektiven

In theoretische Hinsicht soll in einem weiteren Schritt etwas genauer auf zwei *theoretische Basiskonzepte* eingegangen werden, die unserer Untersuchung zu Grunde liegen. Zum einen handelt es sich um das Konzept der „Identität" und zum anderen um die Medienfunktionen im Prozess der Identitätsentwicklung. Diese allgemeinen Erörterungen sollen schließlich in einem dritten Schritt speziell auf Jugendliche mit einem Migrationshintergrund hin vertieft werden.

1.2.1 Identität

Das Bedürfnis, eine eigene *personale Identität* auszubilden, ist typisch für die Jugendphase als Übergang zwischen Kindheit und Erwachsensein (vgl. Erikson 1966). Das Konzept hat nach Hurrelmann (2004: 61) zwei miteinander verknüpfte und Seiten, die auch in einem Spannungsverhältnis zueinander stehen: a) Die Komponente der *persönlichen Identität* bezeichnet spezifisch die „Kontinuität und Konsistenz des Selbsterlebens im Verlauf wechselnder lebensgeschichtlicher und biographischer Umstände". b) Die Komponente der *sozialen Identität* bezieht sich darüber hinaus auf die sozialen Handlungsfelder als Umfeld der Person und die darin als Ansprüche geltend gemachten Normen und Rollenerwartungen verschiedenster gesellschaftlicher Einrichtungen wie Familie, Schule, Kirche, Politik etc., mit denen sich die Heranwachsenden auseinandersetzen und in die sie sich integrieren müssen. Mit zunehmendem Alter stabilisiert sich dann die Identität und fokussiert sich auf bestimmte Bereiche wie die Berufsidentität; allerdings ist die Identitätsarbeit nie völlig abgeschlossen. Jugendliche brauchen, suchen und finden im Prozess ihrer Identitätsentwicklung Identifikationen mit Vorbildern. *Identifikationsprozesse* sind notwendig, um zu einer Vorstellung von eigener Identität zu gelangen. Das Ausprobieren und Austesten von Identitätsentwürfen geschieht dabei über direkte Interaktionen im Peerkontext sowie über den Vergleich mit anderen wie Eltern und Freunden, aber auch Medienvorbildern (vgl. Winter/Thomas/Hepp 2003; Mikos/Hoffmann/Winter 2007).

Abb. 4: Klassische vs. neue Konzepte von Identität

Erik Erikson / Lothar Krappmann	Antony Giddens / Ulrich Beck & Elisabeth Beck-Gernsheim / Heiner Keupp
Stabile traditionale Gesellschaften: Homogene nationaler Kultur, stabile soziale Verortung; Einbettung des Individuums in Religion, Nachbarschaft, Vereine	*Postmoderne Gesellschaften im Umbruch:* Differenzierung, Individualisierung, Pluralisierung. Mobilität, dynamischer Arbeitsmarkt, Bildungserfordernisse, Familienstrukturen etc.
Normative Idee des autonomen und selbst bestimmten Subjekts mit kohärenter Identität	*Dezentrierte Identitäten* als Bastel-Identität (Hitzler), Patchwork Identity (Keupp) oder Reflexive Identität (Beck)
Identität: Lebenslang gültiges Selbstkonzept mit Einheitlichkeit, Kohärenz, Stabilität, Kontinuität. *Endprodukt* eines psychischen Entwicklungsprozesses zum Erwachsensein, der in Phasen verläuft	*Identität* als aktiver and reflexiver *Prozess* der Interpretation und symbolischen Konstruktion. Identitätsarbeit als permanente Eigenleistung und Konstruktionsaufgabe im Lebensvollzug
Homogen über verschiedene Kontexte und Situationen	*Fragmentiert*, hybrid, kurzfristig, kontextualisiert, eigene Ingroup vs. die Anderen
Basis der Identität: Direkte persönlich-biographische Erfahrungen, psychische Befindlichkeit, innere Werthaltungen, interpersonale Kommunikation	Erlebnisgesellschaft (Gerhard Schulze), ästhetische Stilisierung (Lebensstil), kulturelle Handlungen (Ausdruck), biographische Erzählungen (Kommunikation), Nutzung von Medien als symbolische Ressourcen
Soziokultureller Rahmen: Nationalstaat mit homogener Leitkultur, aber *lokalisiert* durch Familie, Peergruppen und lokale Netze (Vereine, Kirche etc.)	*Kulturelle Globalisierung* durch medialen Austausch von Symbolen und Identitätsschablonen (James Lull: Super Culture), aber auch lokalisiert (Glokalisierung)
Ausländer & Migranten: Rückzug ins Ghetto und Ausgrenzung als „Fremde" vs. Integration als Adaption an neue Gesellschaft mit „Leitkultur" bis hin zur Überanpassung	*Migranten:* Multikulturalismus als kulturelle Melange und Hybridität, „In-between-Space", Grenzüberschreitungen, kulturelle Übersetzungen, aber auch als „Zwischen-allen-Stühlen-Sein"

In der klassischen Sozialisationstheorie wurde Identität vor allem *psychologisch als Ich-Identität* betrachtet. Es handelt sich um einen „spezifischen Zuwachs an Persönlichkeitsreife" (Erikson 1966: 123), den das Individuum am Ende der

Adoleszenz auf dem Hintergrund seiner Kindheitserfahrungen herausbildet, um für die Aufgaben des Erwachsenenlebens gerüstet zu sein. Das Konzept der Identität drückt dabei ein dauerhaftes *inneres Sich-Selbst-Gleichsein* aus, wobei aber gleichzeitig in soziokultureller Hinsicht auch die Teilhabe an bestimmten „gruppenspezifischen Charakterzügen" und kulturellen Traditionen mit gemeint ist. Grundsätzlich erscheinen aber Gesellschaft und Kultur als homogene und stabile Kontexte für den Sozialisationsprozess als Hineinwachsen in die Gesellschaft und die Herausbildung einer stabilen Identität.

Im *psychoanalytisch geprägten Phasenmodell von Erik Erikson* ist die Adoleszenz die letzte und abschließende Phase der Kindheit. Sie kann als psychosoziales Moratorium nur erfolgreich abgeschlossen werden, wenn der Heranwachsende seine in der Kindheit gemachten Erfahrungen und Identifikationen im Rahmen und Prozess eines freien Rollen-Experimentierens umgruppiert und neu geordnet hat. Als Folge gewinnt der junge Erwachsene das „sichere Gefühl innerer und sozialer Kontinuität". Die Identität durchläuft im Verlauf ihrer Entwicklung mehrere Krisenphasen, die als *Entwicklungsaufgaben* bewältigt werden müssen und auch einen jeweils gegensätzlichen Ausgang haben können. Die jeweils positive Bewältigung einer Krise ist eine wesentliche Voraussetzung für die Stabilisierung und Sicherung der Identität und ermöglicht dann die Auseinandersetzung mit der nächsten Aufgabe. Am Ende der Adoleszenz entsteht somit als Endprodukt eine endgültige, kohärente und stabile Ich-Identität im Sinne eines mehr oder weniger lebenslang gültigen Selbstkonzepts. Es sichert die geglückte Integration in eine bestimmte Gesellschaft. Die Basis dieser personalen Ich-Identität bilden die persönlichen Erfahrungen und Identifikationen mit einzelnen wichtigen Beziehungspersonen.

Für die vorliegende Studie ist speziell die *Phase V der Jugendzeit* relevant (Erikson 1966: 106ff.), in der die 13-18jährigen in Auseinandersetzung mit den Peergruppen und gesellschaftlichen Vorbildern sich mit Lebensfragen beschäftigen wie: Wer bin ich bzw. bin ich nicht? Zu wem gehöre ich? Die Gefahr dieses Stadiums ist die Identitätsdiffusion. – Medien spielen speziell in dieser Phase eine wichtige Rolle, weil sie viele Beispiele und Vorlagen im Sinne von positiv bewerteten Vorbildern liefern.

Diese psychologische Konzeption der Ich-Identität wurde durch Krappmann (1971) in soziologischer Hinsicht kritisiert und auf der Basis der *symbolinteraktionistischen Handlungstheorie* von George Herbert Mead weiterentwickelt. Er versteht Identität weniger als stabiles und inhaltlich bestimmtes Gefühl der Übereinstimmung mit sich selbst und der umgebenden sozialen Gemeinschaft wie Erik Erikson, sondern mehr als *formale Handlungskompetenz:* Identität ist die im Sozialisationsprozess erworbene Fähigkeit, sich mit unterschiedlichen Erwartungen und Rollenanforderungen auseinanderzusetzen, auch wenn diese u.U. mehr oder weniger stark divergieren. Dabei spielen Fähigkeiten wie die Einnahme von Rollendistanz, Empathie und Rollenübernahme, aber auch die Ambiguitätstoleranz eine wichtige Rolle. Damit ist der Weg freigemacht für sog. *postmoderne Identitätskonzeptionen* etwa von Antony Giddens (1994), Ulrich Beck und Elisabeth Beck-Gernsheim (1994) oder Heiner Keupp (1999). Sie alle betonen den tiefgreifenden Strukturwandel, den moderne westliche Gesellschaften in den letzten Jahrzehnten durchgemacht haben: gestiegene Mobilität, Dynamik von Berufsbildern und Arbeitsmarkt, wachsende Bildungsabhängigkeit, veränderte Geschlechterverhältnisse und Familienstrukturen und Enttraditionalisierung. Diese Entwicklungen haben zu einer starken *Pluralisierung der Lebenslagen* und *Individualisierung der Werthaltungen* geführt, welche die Auflösung traditionsbestimmter und kulturell vordefinierter Identitätsmuster begünstigten.

Als Folge muss Identität immer mehr als *bewusste und reflexive Wahl* zwischen einer Vielzahl von Möglichkeiten verstanden werden: Identität als permanente flexible Eigenleistung und Konstruktionsaufgabe sowie Identitätsarbeit als riskante Chance. Angesichts der pluralisierten und widersprüchlichen Alltagswelt macht das Leitbild einer kohärenten und stabilen Identität darum nur noch einen begrenzten Sinn. Als Bilder und Metaphern werden nun von den postmodernen Soziologen Begriffe wie „reflexive Identität", „Bastelidentität" oder „Patchwork-Identität" bemüht.

Gemeinsam ist diesen Konzepten, dass sowohl aus dem fragmentierten Erfahrensbereich als auch aus den Medienangeboten einzelne Sinnangebote, symbolische Äußerungsformen, ästhetische Stilelemente und Verhaltensmuster heraus gebrochen und zu neuen hybriden Formen verknüpft werden. Betont wird dabei im Extremfall, dass das Individuum sich nicht mehr auf eine Identität festlege, sondern gerade jede Festlegung vermeide und ein ständiges Spiel mit wechselnden Selbstentwürfen und Identitäten betreibe. – Zur *Multiplizität* von Identität als Verknüpfung von vielfältigen Elementen kommen somit *Prozesshaftigkeit* und *Flexibilität* hinzu, indem Identität im konkreten Handlungsvollzug in unterschiedlichsten Alltagssituationen als je angepasste *Selbstdarstellung* ständig neu inszeniert werden muss.

Ein wichtiger Einflussfaktor bei der Veränderung ja Auflösung von traditional bestimmten und national geprägten Identitäten waren ohne Zweifel die *grenzüberschreitenden Migrationsbewegungen*. Gerade für Heranwachsende mit Migrationshintergrund gilt besonders ausgeprägt, dass sie sowohl mit der Herkunftskultur als auch mit der Kultur des Aufnahmelandes in Berührung kommen. Sie leben quasi in einem *Raum des Dazwischen*, indem es ständig gilt, zwischen der traditionalen Kultur zu Hause in der Familie und der Mehrheitskultur des Ausnahmelandes im Peerkontext zu wechseln und zu vermitteln.

Darüber hinaus findet im Zeitalter der globaler Medien und Kulturindustrien eine weltweite Verbreitung und Vermarktung von Symbolen, Ideen und Lebensstilen statt, indem auch für den Prozess der Identitätsbildung weltweit vorhandene Stilmuster und Identifikationsangebote bereitgestellt werden. Sowohl Schweizer als auch ausländische Jugendliche mit Migrationshintergrund können solche Medienangebote nutzen und sich beispielsweise gemeinsam als „Hip-Hop"-Fans definieren und verstehen.

1.2.2 Medien im Prozess der Identitätsentwicklung

Medien nehmen heute einen großen Stellenwert in den Prozessen der Identitätsentwicklung ein. Da der Umgang mit Medien zu einem integralen Bestandteil des Alltagslebens der Kinder und Jugendlichen geworden sind, konstituieren ihre Inhalte im Rezeptionsprozess einen medialisierten *Erfahrungsraum* und fungieren als *Orientierungsquelle*. Medien tun dies nach Krotz (2003: 41), indem sie Inhalte anbieten, die als *Attribute* für die Konstitution von Identitäten (1) verwendet werden können, etwa durch an Gruppen gebundene Lebensstile und die diese charakterisierenden Accessoires. Medien können zudem Beziehungen zu *Medienfiguren* und deren Werthaltungen sowie Handlungsweisen vermitteln (2), die als *Vorbilder* dienen können. Gerade die neuen interaktiven Medien wie das Internet gestatten aber nicht nur die oben erwähnte mehr oder weniger passive Nutzung, die parasoziale Interaktion und die Identifikation mit Medienidolen, sondern sie ermöglichen darüber hinaus, aktiv die eigene *Identität öffentlich zu präsentieren* (3), beispielsweise auf einer eigenen Homepage oder auf sog. Dating-Sites; gegebenenfalls können neue *Identitätsentwürfe sogar aktiv ausprobiert werden*, etwa in Casting-Shows im Fernsehen oder anonym und verbal in Form von Selbstinszenierungen in sog. Chat-Rooms oder interaktiv-virtuell im Rahmen von Rollenspielen bei den sog. MUDs (Turkle 1996; Vogelgesang 1999; Götzenbrucker 1999).

Mittels interaktiver Kommunikationsmedien können so eigenständige rollenbasierte Erfahrungen gemacht werden, und zwar auch solche, die sich nur über Medien realisieren lassen. Laut Döring (1997) regen solche sozialen Erfahrungen, die im virtuellen Umfeld gemacht werden, die Selbstreflexion an, haben eine selbstwertsteigernde Wirkung und können zudem auf das reale Leben übertragen werden. Einer solch positiven Bewertung stellen allerdings auch kritischere Einschätzungen unter Verweis auf die häufig nur *eskapistische Nutzung* der Online-Kommunikation gegenüber.

Eine notwendige Voraussetzung dafür sind jedoch entsprechende *identitätsrelevante Medienangebote*, und zwar sowohl in *dokumentarischer* als auch in *fiktionaler* Form.

Abb. 5: Funktionen der Medien bei der Identitätskonstruktion

Produktion von Medienangeboten und Medieninhalten	- Medien als *Trendscouts:* Interpretation und Framing von kulturellen Lifestyle-Phänomenen wie „Generation Golf" etc. - Medien als *Trendsetter:* Fabrikation und Vermarktung von Lebensstilen und kulturellen Identitäten, z.B. in der Soap „Gute Zeiten, schlechte Zeiten" - Medien bieten jugendkulturelle *Experimentierräume* an: Traumhochzeit, Dating-Shows, Big Brother, Casting- Shows etc.
Tendenzen	- *Glokalisierung:* Globalisierungsprozesse → standardisierte Super Culture vs. lokale Adaption wie z.B. bei „Züri-Date"
Nutzung von Medien und Medieninhalten	- Selektive Mediennutzung - Schweizer Medien vs. Medien aus dem Herkunftsland - Lokale vs. internationale Kulturen - Homogene vs. polymorphe kulturelle Symbole
Rezeptionsprozess und Produktionsprozess	- Medieninhalte als Erfahrungsraum und Orientierungsquelle: Medienframes → Rezipientenframes - Parasoziale Interaktion mit Medienfiguren als Basis für persönliche Orientierung und Identifikation sowie sozialen Vergleich - Artikulation, Konstruktion, Ausprobieren von Identität in interaktiven Medien wie dem Internet: Homepages, Dating-Sites, Chats, MUDs, MMORPGs
Wirkungen: Chancen vs. Risiken	- *Cultural Studies:* Individuelle Rezeption als bevorzugte, aushandelnde und oppositionelle Lesart von Medientexten - *Kultivierungsprozesse:* Homogenisierende Prägung von verzerrter Wahrnehmung der sozialen Realität

In der traditionellen Form berichten Printmedien, aber auch das Fernsehen über neue jugendkulturelle Phänomene, Lifestyles, Jugendszenen und Lebensentwürfe wie bspw. die „Generation Golf" oder die „e-Generation", wobei durch die Berichterstattung selbst wiederum solche Trends überhaupt erst in einer breiteren Öffentlichkeit bekannt werden und als Moden Verbreitung finden. Medien funktionieren auf dieser ersten Stufe als sog. Trendscouts, zugleich aber auch als Trendsetter. Dies geschieht aber nicht nur in dokumentarischer Form als Berichterstattung über Jugendszenen, Lebensstile oder kulturelle Identitäten, sondern auch in Unterhaltungssendungen des Fernsehens wie bspw. der Soap Opera „Gute Zeiten, schlechte Zeiten", wo die jungen Darsteller unterschiedliche Muster personaler und sozialer Identitäten verkörpern (Götz 2003).

Die Entwicklung des *Privatfernsehens* hat in den letzten Jahren zudem eine Flut neuer sog. *Reality-Formate* erzeugt, in denen nicht mehr professionelle Schauspieler aufgrund von Drehbüchern agieren, sondern junge Leute als Laien in medial umrissenen Experimentierräumen sich selbst präsentieren, und zwar mehr oder weniger authentisch. Es handelt sich um Sendungen wie *Big Brother* oder vergleichbare Camps, aber auch um *Dating- bzw. Casting-Shows* wie *Deutschland sucht den Super Star* und ähnliche Formate in immer wieder neuen Variationen. In der Medienöffentlichkeit wird dazu kritisch diskutiert, inwiefern solche medialen Inszenierungen mit der lebensweltlichen Realität von jungen Menschen noch zu tun haben. Aber unabhängig von der Authentizität solcher Selbstdarstellung: Viele dieser neuen Angebote haben Erfolg, und die vermeintliche Realitätsnähe, zusammen mit der öffentlichen Bekanntheit der jeweiligen Akteure, macht diese zu mehr oder weniger attraktiven symbolischen Modellen für eigene Identitätsentwürfe.

Während beim Fernsehen die meisten Heranwachsenden in der passiven Rolle des mehr oder weniger beteiligten Zuschauers verharren müssen, erlaubt das *Internet* seinen jugendlichen Nutzern, sich selbst produktiv einzubringen und sich mittels eigener Identitätsentwürfe auf der *eigenen Homepage* oder auf *Dating-Sites* darzustellen. Darüber hinaus besteht sogar die Möglichkeit, Identitätsfacetten anonym in Chats oder MUDs auszuprobieren.

Angesichts der noch dürftigen Forschungslage in diesem Bereich ist es nicht weiter erstaunlich, dass die neuen TV-Formate, aber auch die neuen Möglichkeiten des Internets kontrovers diskutiert werden. Zum einen werden die *produktiven Chancen* für die Identitätskonstruktion hervorgehoben, etwa im Zusammenhang mit dem spielerischen Ausprobieren neuer Facetten der eigenen Identität im Internet, zum anderen werden aber auch die u.U. wenig hilfreichen, ja gar verzerrten Selbstbilder kritisiert, welche durchaus erfolgreiche Protagonisten in Daily Soaps oder in Reality-Formaten verkörpern (vgl. Götz 2003; Themenheft merz 2004). – Welche Rolle aber fiktionale Medienfiguren oder Alltagsprotagonisten in Reality-Formaten im Hinblick auf die Entwicklung von personalen und soziokulturellen Identitäten spielen, bleibt bislang ein weitgehend unerforschtes Feld. Insbesondere bleibt unklar, ob der Beitrag der Medien eher als *Chance* in Richtung von mehr Vielfalt und aktiver Selbstaneignung oder eher als *Risiko* im Sinne eines verstärkten Konformitätsdrucks, von verzerrten Selbst- und Weltbildern oder der gesteigerten Verunsicherung oder gar Auflösung von Identitätsgrenzen bewertet werden muss.

Empirische Studien zeigen allerdings einschränkend, dass aus der Perspektive der Kommunikationswissenschaft die identitätsprägende Kraft der Medien nicht überschätzt werden sollte (Hoffmann 2004: 10). So gaben beispielsweise in der Shell-Jugendstudie 2000 nur 29% an, ein Vorbild zu haben (zit. in Wegener 2004: 20). Und in *Jugendmedien-Studien* identifizieren sich meist nur umfangmäßig kleine Gruppen mit den in der Medienberichterstattung stark portraitierten Jugend-Szenen. Aber auch nach neueren Kindermedienstudien (Paus-Hasebrink u.a. 2003) haben die befragten Kinder meist Schwierigkeiten, sich auf eine Lieblingsmedienfigur festzulegen. Die Präferenzen verteilen sich nicht nur auf wenige, sondern auf ein breites Spektrum an Nennungen. Gewisse Medienfiguren „Rambo" oder „Harry Potter" sind zwar mittlerweile global bekannt, scheinen aber doch nur für eng begrenzte Fangruppen von prägender Bedeutung zu sein.

Auf der theoretischen Ebene liefern der Cultural Studies Ansatz (Fiske 1999) einerseits und die Kultivierungsanalyse von George Gerbner (2000) andererseits unterschiedliche Antworten auf die Frage nach den Funktionen und Wirkungen der Medien für die Herausbildung von Weltsichten und kultureller Identität.

Kultivierungsanalyse

Die Kultivierungstheorie (Gerbner 2000) basiert auf längerfristig angelegten systematischen Analysen vor allem der Unterhaltungsprogramme des amerikanischen Fernsehens, die belegen, dass bestimmte Themen wie Gewalt, Frauenrollen und Familienbilder, aber auch Protagonisten und Werthaltungen im Vergleich zu sog. „Real-World"-Indikatoren homogen und konsistent abweichend dargestellt werden. Unter Bezugnahme auf diese stereotype symbolische Welt und zusammen mit der universellen Verbreitung, wenig selektiven Programmwahl und der hohen Nutzungsdauer wird als Kultivierungseffekt postuliert, dass das Fernsehen als sog. *Mainstream-Effekt* zu einer Homogenisierung der sozialen Realität führe. Die Vielfalt der Weltsichten bei Wenigsehern kontrastiert so zur angeglichenen Mehrheitssicht der Vielseher. Auf die Identitätsproblematik übertragen bedeutet dies, dass Heranwachsende Fernsehnutzer, die von den TV-Protagonisten vertretenen kulturellen Identitäten und Lebensstile ähnlich wahrnehmen, aufnehmen und im eigenen Alltag imitieren.

Cultural Studies

Gerade umgekehrt argumentieren die *Cultural Studies* (vgl. Fiske 1999; Ang 1999), der davon ausgeht, dass Medientexte prinzipiell „offen" sind, d.h. von den Rezipienten aufgrund von Persönlichkeit, sozialer Lage und kultureller Herkunft je unterschiedlich interpretiert werden können. Die jugendlichen Mediennutzer wählen somit aufgrund von Motivation und Bedürfnislage *aktiv* aus dem vorhandenen vielfältigen Medienangebot aus, wenden sich *selektiv* den von ihnen präferierten medialen Bezugspersonen zu, setzen sich aufgrund von parasozialer Interaktion mit diesen auseinander und konstruieren aktiv Sinnzuschreibungen. Dabei spielt nach Stuart Hall (1980) die eigene soziokulturelle Einbettung insofern eine Rolle, als die Medieninhalte konsonant im Sinne der *präferierten Leseart*, aber auch *oppositionell* quasi „gegen den Strich" decodiert werden können. In vielen Fällen wird es jedoch im aktiven Prozess der Bedeutungskonstruktion zu einer Vermischung – engl. „negotiated reading" – zwischen der eigenen Identität und den im Medientext vertretenen Ansichten kommen. Als Fazit ergibt sich, dass im Rahmen der Auseinandersetzung mit medialen Vorbildern diese nicht einfach kritiklos übernommen oder sogar eins-zu-eins nachgeahmt werden, sondern dass aus dem medialen Angebot bruchstückhaft nur jene symbolischen Elemente herausgegriffen, ausprobiert und vielleicht sogar angeeignet werden, welche für die eigene Lebenswelt relevant sind und in den eigenen Identitätsentwurf eingepasst werden können.

1.2.3 Identitätsentwicklung im Migrationskontext

Identitätsentwürfe orientieren sich nicht nur an privaten Wünschen und Vorstellungen, enthalten also nicht nur persönliche Momente, sondern sind immer eingebunden in einen weiteren *gesellschaftlichen Kontext*. Das soziokulturelle Umfeld, in dem Heranwachsende aufwachsen, umfasst *tradierte Normen und Werte* als Zielvorgaben der Gesellschaft, die gerade in traditionalen Gesellschaften nicht zuletzt stark religiös bestimmt sind. Bestimmte soziokulturell definierte Haltungen dienen dabei als *Orientierungsrahmen und Mustervorlagen* für die Heranwachsenden. Solche gesellschaftlich definierten und akzeptierten Vorstellungen etwa von dem, was man sich unter „typisch schweizerisch" vorzustellen hat, werden regelmäßig im Familienkontext, aber auch in den Medien thematisiert. Häufig geschieht dies im Zusammenhang mit beispielhaften Fällen von Grenzüberschreitung oder Regelverletzung.

Obwohl auch Schweizer Jugendliche nicht in einem völlig homogenen soziokulturellen Milieu aufwachsen, und sich die von ihren Eltern vertretenen Normen und Werte durchaus von denjenigen unterscheiden können, welche in der Peergruppe oder den Medien propagiert werden, befinden sich *Migrationsjugendliche* doch in einer grundsätzlich anderen Situation. Sie wachsen in der mehr oder weniger fremden *Mehrheitskultur des Aufnahmelandes* auf, die ihnen vor allem im Schulkontext und im Umgang mit Kameraden, aber auch in den Medien begegnet. Gleichzeitig bewegen sie sich vor allem im Familienkontext in der *Herkunftskultur ihrer Eltern* und Grosseltern. Da die jeweiligen Normen und Werte und die damit verknüpften Erwartungen durchaus widersprüchlich, ja gar unvereinbar sein können, entstehen immer wieder Konflikte. Als Folge fühlen sich Migrationsjugendliche mehreren Kulturen und ihren jeweiligen Traditionen verhaftet und müssen die jeweils unterschiedlichen Ansprüche in ihrer Identitätsentwicklung miteinander zu verbinden versuchen.

In der Öffentlichkeit wird insbesondere die *kulturelle Unverträglichkeit des Islams* mit der demokratischen und auf Gleichheit basierenden Kultur moderner westlicher Gesellschaften und die dadurch entstehenden Integrationsprobleme mit jungen Migranten aus der Türkei und Ex-Jugoslawien, aber auch aus Afrika kontrovers diskutiert. Wichtige Punkte auf die immer wieder hingewiesen wird, sind die repressiven Geschlechterverhältnisse, welche Frauen oft jegliche Teilnahme am öffentlichen Leben verbieten und sie zu Objekten von Zwangsheiraten oder gar sexueller Verstümmelung machen, die starren hierarchischen Machtverhältnisse in den Familien, die Betonung von familiärer Loyalität, Ehre und Blutrache, und nicht zuletzt die unreflektierte Unterordnung unter konservativ ausgelegt religiöse Vorgaben, welche keinen Freiraum für eigene Gewissensentscheidungen zulassen würden (Zähringer 2006; Hirsi Ali 2006).

Im Unterschied zu modernen westlichen Ländern, wo national geprägte Identitäten und Freiheit und Selbstbestimmung auf der persönlichen Ebene meist im Vordergrund stehen, verstehen sich Migranten mit islamischer Religion in erster Linie als Muslime, und dementsprechend ist der Islam die wichtigste oder gar die einzige Quelle nicht nur für alle persönlich-privaten Fragen des Alltags, sondern auch für den öffentlich-sozialen Bereich. Im familiären Bereich korrespondieren dazu meist patriarchalische Verhältnisse mit hierarchisch-autoritären Einstellungen gegenüber dem Vater als Familienoberhaupt. Zur Dominanz und Überbetonung des Männlichen gehört ein mehr oder weniger frauenfeindliches Geschlechterverhältnis: Mädchen gelten im Vergleich zu Knaben wenig oder werden gar als Besitz der Väter, Brüder und weiteren Verwandtschaft betrachtet (vgl. Hirsi Ali 2006: 7ff.). Weil Mädchen wenig gelten, genießt deren Bildung keine Wertschätzung, und umgekehrt ist es üblich, dass Mädchen jungfräulich in durch die Familie arrangierte Ehen zu gehen haben. Parallel dazu ergeben sich weitere Gebote wie die Kopftuch-Pflicht oder die Kontrolle der Frauen. Werden aber muslimische Frauen der ersten Generation aus dem öffentlichen Raum verbannt, können sie auch nicht die neue Sprache des Aufnahmelandes erlernen und sich mit dessen Normen und Wertvorstelllungen auseinandersetzen. Für die jungen muslimischen Frauen, aber auch Männer wiederum erwachsen aus der widersprüchlichen Auseinandersetzung mit und der teilweisen Adoption von Normen, Werthaltungen und Lebensstilen des Aufnahmelandes etwa im öffentlichen Raum der Schule mehr oder weniger stark ausgeprägte Konflikte mit den Wertvorstellungen, Rollenbildern und Verhaltensweisen von Familie und Verwandtschaft.

Diese Konstellation des Pendelns zwischen unterschiedlich strukturierten Lebenswelten und Wertesystemen (Eggert/Theunert 2002: 290) wird im Rahmen der *älteren Identitätskonzepte* vor allem *als problematisch und belastend* definiert, weil Migrationsjugendliche sich entscheiden müssen, ob sie die kulturelle Identität ihres Herkunftslandes beibehalten wollen und damit in der neuen Kultur marginalisiert bleiben, oder ob sie sich an die kulturelle Identität der Aufnahmegesellschaft anpassen wollen, aber um den Preis der Entfremdung zur Herkunftskultur. Daraus resultieren Risikopotentiale in Form von Identitätskrisen und Identitätsdiffusion oder offensive Gewaltreaktionen meist im Gruppenkontext der gleichaltrigen Clique. Allerdings kann das Balancieren zwischen Herkunfts- und aktueller Lebenskultur auch als Chance gesehen werden, interkulturelle Kompetenz auszubilden, indem versucht wird, die verschiedenartigen und zum Teil sogar gegensätzlichen Rollenanforderungen und Wertesysteme zu integrieren (Eggert/Theunert 2002: 290).

Vor diesem Hintergrund gehen *neuere Perspektiven der kulturellen Identität*, die im Rahmen der sog. Cultural Studies entwickelt worden sind (Ang 1999; Fiske 1999; Göttlich 2003; Krotz 2003), zum vornherein nicht mehr davon aus, dass eine kohärente und abgeschlossene Identität am Ende der Jugendphase quasi als Endprodukt resultiert. Vielmehr wird postuliert, dass Identitäten sich aus unterschiedlichen Elementen zusammensetzen, immer bis zu einem gewissen Grad auch Brüche enthalten und darum hybrid bleiben würden (Grixti 2006; Nilan/Feixa 2006). Identitäten sind nach diesen Ansätzen somit nicht fest gegeben, sondern sind etwas Prozesshaftes, das in je konkreten Handlungskontexten und Interaktionssituationen immer wieder von neuem in Prozessen der *Selbstsozialisation* (Zinnecker 2000; Süss 2004: 67ff.; Aarnett 2007) und Selbstfindung erworben, aktiv dargestellt und ausgehandelt werden muss. *Positiv betrachtet* leben Migrationsjugendliche also in einem kulturellen Zwischenraum und erbringen ständig kulturelle Übersetzungsleistungen. Identität ist, so gesehen, keine Eigenschaft, die man einmal erworben hat und weiter besitzt, sondern als reflexive *Identitätsarbeit* etwas, was ständig neu zu leisten ist (Barker 1997; Eickelpasch/Rademacher 2004; Mikos/Hoffmann/Winter 2007). Und die modernen Medien können diese Identitätsprozesse im Sinne einer *Brückenfunktion* unterstützen, indem sie Informationen, Hintergrundwissen und Orientierung liefern, und zwar sowohl über die schweizerische Gesellschaft als auch über die Herkunftsgesellschaft der Migrationsjugendlichen. Dabei spielen aber nicht nur die dokumentarischen Medienangebote etwa der Printmedien eine wichtige Rolle, sondern nicht zuletzt auch die fiktionalen Angebote der audiovisuellen Medien wie etwa Fernsehserien, Spielfilme und Unterhaltungsshows oder Musik. Sie böten die Möglichkeit, sich konkret mit den verschiedenen kulturellen Kontexten auseinanderzusetzen.

Abb. 6: Typologie kultureller Orientierung

		Orientierung an Aufnahmekultur der Schweiz	
		tief	hoch
Orientierung an Herkunftskultur	tief	Ungebundene	Schweizorientierte
	hoch	Herkunftsorientierte	Dualisten

Betrachtet man Ausländer mit einem Migrationshintergrund, welche in der Schweiz leben, sind idealtypisch nach Abb. 6 folgende vier Ausprägungen von kultureller Identität möglich (vgl. Berry 2001; Adoni/Caspi/Cohen 2006: 19):

- **Dualisten:** Ausländer können sich bezüglich ihrer kulturellen Identität an die Kultur der Schweiz als Aufnahmeland anpassen, aber gleichzeitig auch den kulturellen Hintergrund ihrer Herkunftskultur weiter wahren und auch leben.

- **Schweizorientierte:** Ausländer, die in die Schweiz gezogen sind, können die Kultur der Schweiz als Aufnahmeland übernehmen und dabei gleichzeitig die Kultur ihres Herkunftslandes mehr oder weniger aufgeben.

- **Herkunftsorientierte:** Ausländer, die in die Schweiz gezogen sind, orientieren sich weiterhin via Medien stark an ihrer Herkunftskultur und integrieren sich – z.b. auch sprachlich – nur minimal oder gar nicht an der neuen Kultur ihres Aufnahmelandes.

- **Ungebundene:** Ausländer, die in die Schweiz gezogen sind, übernehmen weder die neue Kultur der Schweiz noch orientieren sie sich weiterhin an der Kultur ihres Herkunftslandes. Unter Umständen sind für sie die vom Fernsehen vertretenen globalen kulturellen Inhalte und Wertvorstellungen zentraler.

Man kann die Hypothese formulieren, dass je höher der Bildungshintergrund, der sozioökonomische Status, die Sprachkompetenz und die Vielfalt der genutzten Medien einer Person ist, desto stärker ist die Tendenz, sich nicht ausschließlich an der Herkunftskultur, sondern auch an der Kultur des Aufnahmelandes zu orientieren (Ogan 2001: 69). Allerdings kann umgekehrt Integration auch als Mediennutzungsmotiv betrachtet werden (Trebbe 2007; Trebbe/Weiß 2007; Adoni/Caspi/Cohen 2006).

2. Forschungsstand

Aufbauend auf dem theoretischen Hintergrund wird im folgenden Kapitel der Forschungsstand im Bereich „Mediennutzung von Migranten" dargestellt (vgl. Müller 2005; Piga 2007; Themenheft 2007).

2.1 Forschungsentwicklung

Forschungsdefizit

Die Mediennutzung von Migranten war in der Kommunikationswissenschaft lange Zeit kaum ein Forschungsthema. Obwohl die praxisorientierte Erforschung der Radio- und später auch der Fernsehnutzung der Ausländer bzw. der damals sog. Gastarbeiter durch die öffentlich-rechtlichen Rundfunkanstalten schon relativ früh begann – in Deutschland ab Mitte der 60er Jahre –, war und blieb die ausländische Wohnbevölkerung in Deutschland und noch stärker in der Schweiz *keine relevante Zielgruppe* des Rundfunks und blieb deshalb lange Zeit weitgehend unbeachtet. Bis jetzt existieren darum nur vereinzelte empirische Untersuchungen, und zwar mit unterschiedlicher Repräsentativität. Allerdings ist jüngstens speziell in Deutschland eine verstärke Forschungsaktivität sichtbar. So hat z.B. die ARD/ZDF-Medienkommission im Frühling 2007 die Ergebnisse einer ersten bundesweit repräsentativen Studie über Mediennutzung von Migranten vorgestellt, und auch in Nordrhein-Westfalen ist 2006 eine größere Studie zu den Einstellungen junger Erwachsener mit türkischer Herkunft durchgeführt worden (Westdeutscher Rundfunk 2007).

Migranten im Medienghetto?

Die Forschungslage änderte sich etwa um 2000, insofern vor allem die Integrationsproblematik der Gruppe der Migranten mit muslimischem Hintergrund in der Öffentlichkeit sowohl in Deutschland als auch in der Schweiz stärker als Problem thematisiert wurde, und in diesem Zusammenhang ebenfalls die Rolle der Medien ganz allgemein und speziell diejenige des Fernsehens kontrovers diskutiert wurde. Exemplarisch lässt sich dies an zwei gegensätzlich argumentierenden Beiträgen im Themenheft der Zeitschrift „tendenz" aus dem Jahr 2002 illustrieren. Während Joachim Schulte rhetorisch fragte „Medienghetto – nutzen türkische Migranten hauptsächlich deutsche Medien?" und die Frage mit einem klaren „Ja" beantwortete, verneinte dies Hans-Jürgen Weiß aufgrund von empirischen Daten aus einer eigenen Untersuchung. Und schon 1996 hatte dazu Josef Eckhardt aufgrund von Daten der Hörer- und TV-Forschung der Rundfunkan-

Abb. 7: Neuere empirische Studien zur Mediennutzung von Migranten

Autoren	Stichproben	Fragestellungen und Hauptbefunde
Mediennutzung von Erwachsenen		
Anker/Steinmann/Ermutlu 1995	N=3'464, Ausländer aus Italien, Spanien, Portugal, Türkei, Ex-Jugoslawien; schriftliche Befragung in der Schweiz 1995	Fragen: Mediennutzung Radio, TV, Print; Themeninteressen Radio und TV. Befunde: Ausländer besser mit Sat-TV und VCR ausgestattet; TV- dominiert Radio-Nutzung; es werden nicht nur ausländische, sondern auch CH-Programme genutzt.
Güntürk 1999, 2000	N=2'052 Migranten türkischer Herkunft; Telefonbefragung, Ende 1996 in Deutschland	Fg.: Mediennutzung von Print, Hörfunk, TV nach Sprache der Medien. Befund: Ghettoisierungsthese wird zurückgewiesen; einseitige Perspektive ist untauglich.
Carøe Christiansen 2004	N=12 Familien aus Jugoslawien, Türkei, Somalia, Irak etc.; 1999 in Dänemark	Fg.: Nutzung von TV-Info. Befunde: TV-Programme/News in der eigenen Sprache werden bevorzugt; aber auch News aus dem Gastland sind gewünscht; Sprachkompetenz wichtig.
Trebbe/Weiß 2001; Weiß 2002	N=1'842 türkische Bevölkerung Deutschlands; mündliche Befragung in Deutsch; 2000	Fg.: Mediennutzung und Sprachkompetenz; Integrationsindikatoren. Befund: Mit stärkerer Integrationstendenz steigt die Nutzung deutschsprachiger Mainstream-Medien, vorab Privatrundfunk.
Ogan 2001	Gespräche mit türkischen Familien in Amsterdam	Fg.: Mediennutzung; Medienfunktionen; Sprachkompetenzen, kulturelle Orientierungen. Befund: Interdependenzen.
Mediennutzung von Kindern und Jugendlichen		
Granato 2001	N=255 6-13jährige Kinder mit türkischer Herkunft	Fg.: Vielfalt in der Freizeit und Mediennutzung. Befund: Vergleichsweise große Übereinstimmung zwischen Kindern aus deutschen und türkischen Familien.
D'Haenens 2000+2002	N=368 12-19jährige Türken, Marokkaner, Surinamesen und N=64 holländische Jugendliche	Fg.: Zugang und Nutzung von alten und neuen Medien. Befund: Soziodemographische Unterschiede sind relevanter als die ethnokulturelle Orientierung.

stalten ähnlich prononciert behauptet, dass sich die Türken sehr weitgehend von den deutschen Medien abgewandt und den türkisch zugewandt hätten.

Vergleich bezüglich Sprache und Medien

Die umstrittene Kernfrage der meisten Studien zur Mediennutzung von Migranten ist damit umrissen: Nutzen Migranten vorwiegend die in den Aufnahmeländern verkauften ausländischen Printmedien oder die im Aufnahmeland selbst produzierten sog. Ethnomedien bzw. die aus dem Ausland via Satellit oder Kabel empfangbaren Rundfunkprogramme *in der Sprache ihrer Herkunftskultur?* Und welche Rolle spielt dazu im Vergleich das für die Migranten fremdsprachige Medienangebot der Aufnahmekultur? Neben dem *Vergleich der genutzten Medien bezüglich Sprache* steht zudem der *Vergleich zwischen Printmedien und Rundfunk* im Zentrum der meisten Studien.

Erwachsene vs. Kinder und Jugendliche

Während sich die Forschung anfänglich nur mit der Mediennutzung der *Erwachsenen* befasste, hat sich das Interesse jüngst ebenfalls auf den Medienumgang der Kinder und Jugendlichen aus Familien mit Migrationshintergrund verlagert. Eine wichtige Rolle spielten diesbezüglich sicher die sprachbezogenen Befunde der sog. PISA-Studien.

Indikatoren der Mediennutzung wie der Integration

Für die Interpretation der z.T. widersprüchlichen Befunde ist anzumerken, dass unterschiedliche Indikatoren der Mediennutzung verwendet werden, die von Relevanz für die Interpretation der Befunde sind. Insbesondere spielt eine Rolle, ob nur davon ausgegangen wird, ob überhaupt fremdsprachliche Medienangebote genutzt werden (= weitester Nutzerkreis WNK), oder ob ein härteres Kriterium verwendet wird wie etwa die Stammnutzer (= Nutzung an mindestens 4 Tagen in der Woche) in der Studie von Trebbe/Weiß. Zur Operationalisierung der Integration werden Indikatoren verwendet wie die Neigung zur Einbürgerung oder die Kontakte zu Personen der Aufnahmekultur.

Von der Deskription zur Erklärung

Während die älteren Studien meist nur deskriptiv orientiert sind, versuchen die neueren Studien die gefundenen Unterschiede im Medienumgang auch zu erklären, sei das nun über das empfangbare Angebot oder die Sprachkompetenz der Zuschauer. Insbesondere besteht die Tendenz, auch Folgerungen aus der Mediennutzung bezüglich der Integration der Migranten zu ziehen. Allerdings ist dabei auf verschiedene Probleme hinzuweisen. 1) Oft unterliegen den kulturellen Unterschieden auch *soziale Differenzen*, insofern Personen mit Migrationshintergrund meist über ein *geringeres Bildungsniveau* verfügen als die jeweilige Gesamtbevölkerung. 2) Dementsprechend limitiert sind auch meist deren *Sprachkenntnisse*. 3) Hinzu kommt, dass gerade in südlichen Ländern Europas der *Stellenwert der Printmedien* im Vergleich zu Deutschland und der Schweiz deutlich geringer ist. Dementsprechend besteht in diesen Ländern eine klare Medienhierarchie, und zwar mit dem *Fernsehen als Leitmedium*. 4) Weiter muss berücksichtigt werden, dass die *Zugänglichkeit der Medienangebote* aus der Herkunftskultur variiert. Dies gilt z.B. für das Radio, ist bei diesem Medium der UKW-Empfang in Deutschland oder der Schweiz meist nicht gegeben. 5) Schließlich muss die *Dauer des Aufenthalts* im Aufnahmeland kontrolliert werden, bestehen doch deutliche Unterschiede zwischen der sog. ersten und der folgenden Generationen. Oder anders formuliert: Mit der Zunahme der Aufenthaltsdauer nehmen sowohl die Kenntnisse der Fremdsprache des Aufnahmelands zu und es steigt meist auch der Grad der formalen Bildung der Migranten. 6) Und ein letzter Diskussionspunkt betrifft die Richtung der (kausalen) Einflussprozesse: Umstritten ist, ob jetzt die Mediennutzung in der Sprache der Aufnahmekultur vorab die Integration in die neue Kultur fördert oder ob umgekehrt eine bessere Integration Rückwirkungen auf den Medienumgang hat. Plausibel erscheint sicher die These, dass es sich hier um wechselseitig sich verstärkende Prozesse handelt.

Im Folgenden werden selektiv Studien und Befunde zur Mediennutzung von Migranten vorgestellt. Eine umfassende Übersicht der Forschung in Deutschland gibt Müller (2005). Im engeren Sinn sind für das vorliegende Projekt vor allem zwei empirische Studien relevant, und zwar diejenige von Mona Granato aus Deutschland und jene von Leen d'Haenens aus den Niederlanden.

2.2 Befunde: Erwachsene

2.2.1 Schweiz

Der *SRG Forschungsdienst* führte 1995 eine schriftliche Befragung bei 3'464 in der Schweiz lebenden Ausländern durch, wobei Personen aus Italien, Spanien, Portugal, Türkei und Ex-Jugoslawien berücksichtigt wurden (Anker/Ermutlu/ Steinmann 1995). Erhoben wurden Daten zur Empfangbarkeit von Programmen, zur Nutzung von Radio, TV, Presse sowie zur Nutzung der Sendungen für Ausländer im TV und am Radio und zu den medienbezogenen Themeninteressen.

Fernsehen und Radio. Der Empfang via Satellit ist mit 18% deutlich höher als in Schweizer Haushalten (5%). Ebenso sind Videorecorder stärker verbreitet (78% vs. 59%). 83% sehen häufig fern. Die Programme aus der Heimat sind mit 76% fast so gut empfangbar wie die Programme aus der Schweiz (83%). Die Sendungen für Ausländer erreichen zwischen 10% und 30%; diese Werte sind

höher als bei Radiosendungen für Ausländer in der Schweiz. Die *Radionutzung* liegt aber deutlich tiefer; Radiohören ist auch weniger wichtig als Fernsehen. 86% hören schweizerische und zwei Drittel ausländische Radioprogramme.
Presse. Tageszeitungen werden weniger häufig gelesen; es werden aber primär Zeitungen aus der Heimat gelesen (75%), Zeitungen aus der Schweiz werden aber auch zu 70% gelesen.
Themeninteressen. Ausländer sind in erster Linie an Nachrichten und aktueller Information aus ihrer Heimat interessiert (80%); Aktuelles aus der Schweiz interessiert immerhin 58%.

Zusammenfassend ergibt sich, dass das Fernsehen für die Ausländer in der Schweiz deutlich wichtiger ist als das Radio; es werden aber nicht nur Programme und Printmedien aus ihren Heimatländern genutzt, sondern auch die schweizerischen Medienangebote. Die speziellen Radio- und TV-Programme für Ausländer erreichen zwischen 10% und 30%.

2.2.2 Deutschland

Eckhardt (2000) bilanziert die Befunde von drei Studien, die von ARD und ZDF 1981, 1990 und 1995 zur TV-Nutzung von Ausländern durchgeführt wurden. Er betont, dass die Nutzung deutschsprachiger Medien bei Ausländern im Allgemeinen stark mit ihren *Deutschkenntnissen* zusammenhänge. Dies gelte vor allem ausgeprägt für die Printmedien, welche erst mit fortschreitenden Deutschkenntnissen genutzt würden. Als Folge der Verbreitung von Satellit und Kabel bilanziert er negative Tendenzen: „…haben sich große Teile der Ausländer diesen Medienangeboten zu- und dabei von den deutschen Angeboten abgewandt. Besonders bei den Türken besteht dadurch die Gefahr, dass sie sich (…) in eine massenkommunikative Isolation begeben. Der gewünschten Integration dieser großen Volksgruppe in die deutsche Gesellschaft ist eine solche Entwicklung zweifellos abträglich" (Eckhardt 2000: 471).

Das *Zentrum für Türkeistudien* führte im Auftrag des Presse- und Informationsamts der Bundesregierung Ende 1996 eine Telefonbefragung von rund 2'000 Migranten türkischer Herkunft *in Deutschland* durch, wobei die Frage nach der Integrationsleistung der Medien im Zentrum stand (Güntürk 1999+ 2000; Müller 2005: 359ff.). Als *Hauptbefund* wurde dabei die sog. *Ghettoisierungsthese* als polar formulierte These der heimatsprachlichen vs. deutschsprachigen Orientierung in der Mediennutzung der Migranten zurückgewiesen. Nur etwa ein Viertel derjenigen 512 Befragten, die alle drei Mediengattungen (Print, Radio, TV) nutzten, wiesen nämlich eine einheitliche, d.h. entweder deutsch- oder türkischsprachige Orientierung in ihrer Mediennutzung auf. Im Medienvergleich zeigte sich allerdings eine Dominanz der Lektüre von nur türkischen Tageszeitungen bei 56% der Befragten und eine ebensolche Dominanz bezüglich der ausschließlichen Nutzung von türkischen Radioprogrammen bei 49% der Befragten. Beim Fernsehen zeigte sich hingegen eine relativ ausgewogene Nutzung, insofern zwar mit 93% von fast allen Befragten türkische Programme, aber doch auch von 60% der Befragten deutsche Programme gesehen wurden. Immerhin lagen die Anteile jener, die nur türkischsprachige Medien nutzten, je nach Mediengattung zwischen 40% (TV) und 56% (Tagespresse). Umgekehrt waren die Segmente jener, die jeweils eine Mediengattung sowohl in türkischer als auch deutscher Sprache nutzten, etwa gleich stark, d.h. lagen zwischen 38% (Presse) und 53% (TV). Zudem konnte nach soziodemographischem Hintergrund differenziert werden: Je jünger, je gebildeter und je höher der soziale Status einer Person ist, desto mehr werden deutsche Medien genutzt.

Trebbe/Weiß (2001) untersuchten Ende 2000 insgesamt 1'842 Personen, repräsentativ für die türkische Bevölkerung in Deutschland. Neben der Erfassung der Mediennutzung interessierte sowohl die Sprachkompetenz als auch das Ausmaß der Integration der Befragten. Zudem wurden die Informationsinteressen am aktuellen und politischen Geschehen in Deutschland wie in der Türkei erhoben, wobei das Interesse für aktuelle Themen aus der Türkei (71%) deutlich stärker war als für solche aus Deutschland (38%); die gleiche Tendenz, aber auf deutlich tieferem Niveau besteht auch bezüglich Interesse an der Politik (41% vs. 27%). Im Vergleich zum Interesse am Heimatland ist das relative Interesse am Aufnahmeland nur bei etwa 53% resp. 66%.

Im Vergleich zur oben dargestellten Studie von Güntürk konstatiert die neuere Studie von Trebbe/Weiß fünf Jahre später ein Überwiegen des deutschsprachigen Fernsehens mit einem Anteil von 70% Stammnutzern. Aber auch bei der Presse sind die Relationen deutlich ausgewogener, insofern die Anteile der Stammnutzer mit je 29% sowohl bezüglich deutschsprachiger als auch türkischer Tageszeitungen gleich hoch waren. Rein quantitativ äußerte sich dabei im Medienvergleich die dominante Stellung des Fernsehens mit einer durchschnittlichen Nutzungsdauer von über 5 Stunden pro Tag. Schließlich wurden aufgrund der Integrationsindikatoren sechs verschiedene Gruppen gebildet, wobei festgehalten wurde, dass mit stärkerer Integration auch die Nutzung deutschsprachiger Medien zunehme.

Komplementär zur quantitativ orientierten Studie von Trebbe/Weiß (2001) wurde im Rahmen desselben Projekts für das Presse- und Informationsamt der Bundesregierung zudem eine qualitative Studie von Kai Hafez durchgeführt, welche allerdings nur auf einer kleinen Stichprobe von 93 Personen basiert, welche mittels Tiefeninterviews befragt wurden. Hafez (2002) relativiert und warnt aufgrund seiner Befunde davor, die Nutzung von türkischsprachigen Medien als Integrationshemmnis zu begreifen. Er ist zudem in Gegensatz zu Trebbe/Weiß (2001) der Meinung, dass die Integration in die Kultur der Aufnahmegesellschaft eher die Voraussetzung als die Folge der Nutzung deutschsprachiger Medienangebote sei (vgl. auch Müller 2005: 365ff.).

Und jüngst hat die ARD/ZDF-Medienkommission (2007) eine erste bundesweit repräsentative Studie zur Mediennutzung von Migranten öffentlich vorgestellt. Auch sie kommt zum Schluss, dass keine ausgeprägte mediale Parallelgesellschaft erkennbar sei: Alle Migrantengruppen würden von deutschen Medien gut erreicht; insofern sei die mediale Integration für Zuwanderer gut.

2.2.3 Dänemark und Schweden

Qualitativ angelegt ist die Studie von Carøe & Sell, zitiert in Carøe Christiansen (2004), welche auf 12 Gesprächen mit Migratenfamilien aus unterschiedlichen Herkunftsländern beruht. Aufgrund der starken *Verbreitung des Satellitenfernsehens*, aber auch *beschränkten Sprachkompetenzen*, besteht eine Tendenz, prioritär die Nachrichtenprogramme des jeweiligen Herkunftslands zu nutzen. Es werden aber auch News aus dem Gastland Dänemark gewünscht. Ein relativ großes Segment nutzt darum die TV-Nachrichten sowohl aus dem Herkunfts- als auch aus dem Gastland. Allerdings bestehen aufgrund der spezifischen Diaspora-Identität anders gelagerte Präferenzen und dementsprechend wird die Nachrichtenauswahl der nationalen TV-Anbieter auch kritisiert, welche sich zu stark an einer unhinterfragten nationalen „Wir" orientierten: „According to the Danish study, ethnic minorities perceive themselves as excluded from the flow of national news in their society" (Carøe Christiansen 2004: 196). – Die Autoren sehen somit die Hauptursache der Orientierung an den Fernsehnachrichten der Herkunftsländer also nicht in der mangelnden Integration der Migranten, sondern vielmehr darin, dass deren spezifische Informationsbedürfnisse in den nationalen Fernsehnachrichtenprogrammen zu wenig berücksichtigt würden: „… ethnic minorities compensate for their exclusion from national media target groups by seeking more news" (a.a.O.: 196).

Ebenfalls auf qualitativen Leitfadengesprächen mit türkischen Migrantenfamilien in Amsterdam basiert die Untersuchung von Ogan (2001). Türkisches Fernsehen bedeutet für viele türkische Frauen eine Verbindung zu ihrer Heimat und ist so ein Mittel gegen das Heimweh. Aber auch die Kinder in diesen Familien nutzen die ausländischen Fernsehprogramme, auch wenn die internationalen jugendkulturellen Musik- und Video-Angebote vielfach wichtiger werden. Im Vergleich zum Fernsehen sind sowohl die holländische wie auch die türkische Presse von untergeordneter Bedeutung, nicht zuletzt auch wegen der Kosten. Die türkische Presse besitzt zudem eine tiefe Glaubwürdigkeit. Was die Wirkungen der Fernsehnutzung anbelangt meint Ogan (2001: 145): „… the higher the migrants' literacy in Dutch, the more they viewed Dutch television. And the less literate they are in Dutch, the more Turkish television they watch."

Für sie ist die Fernsehnutzung aber nicht zuletzt ein Ausdruck von kultureller Identität, die mehr oder weniger stark an der Herkunftskultur orientiert sein kann. Es besteht somit ein *komplexes Wechselverhältnis* zwischen kultureller Orientierung und Medienumgang, wobei die Mediennutzung in der Herkunftssprache zur Verstärkung der Bindung an die Herkunftskultur benützt wird, während sich in der Nutzung von holländischen Fernsehprogrammen im Sinne einer Brückenfunktion eine stärkere Hinwendung zur neuen Kultur des Aufnahmelandes manifestiert.

2.3 Befunde: Kinder und Jugendliche

Mona Granato (2000) untersuchte 255 Kinder türkischer Herkunft im Alter zwischen 6-13 Jahren in Deutschland, wobei sie sich für deren Freizeitgestaltung und Medienumgang interessierte. Leitend war nicht zuletzt das oft gehörte Vorurteil der einseitigen Freizeitaktivitäten von Kindern aus türkischen Familien, und zwar mit einer Dominanz des Fernsehens. Die *Befunde* relativierten dabei vorhandene Stereotype: 1) Kinder türkischer Herkunft haben *keineswegs einseitige* Gewohnheiten der Freizeitgestaltung und Mediennutzung, wie vielfach angenommen. 2) Es besteht zudem eine *vergleichsweise grosse Übereinstimmung* zwischen Kindern aus deutschen und türkischen Familien. 3) Kinder türkischer Herkunft fühlen sich in Deutschland *überwiegend wohl*.

Leen d'Haenens (2000+2002) untersuchte 368 12-19jährige mit Migrationshintergrund (Türken, Marokkaner, Surinamesen) in den Niederlanden und verglich diese Heranwachsenden mit Migrationshintergrund mit 64 holländischen Jugendlichen. Im Zentrum ihrer Studie standen der Zugang und die Nutzung verschiedener alter, aber auch neuer Medien. Unabhängige Dimensionen waren zum einen die *ethnokulturelle Position* der Befragten und zum anderen deren *Religiosität*.

Hauptbefunde ihrer Studie waren: 1) Das Fernsehen dominiert die Freizeit und die übrigen Medien sowohl bei den Jugendlichen der Majoritäts- als auch bei denjenigen der Minoritätskultur. Zudem stellt sie fest, dass türkische Jugendliche das TV mehr als holländische Jugendliche nutzen. 2) Türkische Jugendliche nutzten das Radio deutlich weniger als ihre holländischen Kameraden. 3) Türkische Jugendliche verfügten zwar in geringerem Ausmaß zu Hause über neue Medien (PC und Internet), nutzen diese Medien aber etwas mehr als holländische Jugendliche. Und: 4) Türkische Jugendliche mit starkem religiösen Hintergrund nutzten die neuen Medien mehr als solche mit schwach ausgeprägter Religiosität.

Als *Fazit* hält sie fest: Die üblichen soziodemografischen Charakteristika wie Alter, Geschlecht und soziodemografischer Hintergrund (SES) korrelieren in den meisten Fällen stärker mit Medienbesitz und Mediennutzung als die ethnokulturelle Orientierung der Heranwachsenden.

2.4 Befunde zur Mediennutzung: Fazit

Im Folgenden werden zusammenfassend die wichtigsten Befunde aus der vorliegenden empirischen Forschung zur Mediennutzung von Migranten in Form von Thesen zusammengefasst. Die Forschungslage muss allerdings als heterogen und disparat charakterisiert werden, was die Synthese erschwert (vgl. Müller 2005; Piga 2007; Themenheft Media Perspektiven 2007):

1. Im Medienvergleich besitzt das *Fernsehen* bei Migranten (speziell für Türken) eine dominante Stellung und hat einen deutlich größeren Stellenwert als die *Presse*, was die Mediennutzung anbelangt.
2. Die Nutzung des Fernsehens ist deutlich unterhaltungsorientiert, wobei für die Migranten aber auch Orientierungsfunktionen (Hilfe im Alltag), soziale Motive (sich nicht allein fühlen) und das gemeinsame Fernsehen in der Familie wichtig sind.
3. Das *Radio* hat, ähnlich wie die Presse, ebenfalls einen nur geringen Stellenwert bei Migranten (Türken), dies offenbar vor allem wegen des Fehlens eines zugänglichen fremd- / türkischsprachigen Angebots.
4. Der Zugang zum *Internet* ist bei Migranten (Türken) im Vergleich zur übrigen Bevölkerung (Niederlande, aber auch Deutschland) zwar deutlich geringer, die Nutzung hingegen ist ausgeprägter.
5. Bezüglich der heimatsprachlichen Mediennutzung kann *nicht von einer ausgeprägten Ghettoisierung* gesprochen werden, d.h. ein signifikanter Anteil der Migranten nutzt Medienangebote sowohl heimat- als auch fremdsprachliche Medienangebote.
6. Die Gruppen jener, die nur heimatsprachliche (türkische) Medienangebote nutzen, sind allerdings immer stärker als die Gruppen jener, die nur fremdsprachige (deutsche) Medienangebote nutzen.
7. Im Medienvergleich ist die *heimatsprachliche (türkische) Medienorientierung bei den Printmedien deutlich stärker* als beim Fernsehen.
8. Je *jünger, gebildeter und höher der soziale Status* einer Person ist, desto mehr werden auch deutschsprachige Medien genutzt.
9. Je besser die *Kenntnisse der Sprache* des Aufnahmelandes (Deutsch, aber auch Holländisch) sind, desto mehr werden Medienangebote in dieser Sprache genutzt und desto geringer ist der Stellenwert der Medienangebote in der Sprache der Herkunftskultur (türkisch).

10. Je länger die *Aufenthaltsdauer* und je stärker die *Integrationstendenz* ist, desto intensiver werden fremdsprachige (deutsche) Medienangebote genutzt; je geringer die ethnokulturelle Integration ist, desto stärker werden ausländische Medienangebote in der eigenen Herkunftssprache genutzt. Allerdings ist diese Tendenz nicht linear.

11. Die üblichen soziodemographischen Dimensionen, insbesondere Bildung und sozialer Status, aber auch Alter und Geschlecht, korrelieren freilich oft stärker mit Medienbesitz und Mediennutzung als die ethnokulturelle Orientierung der Befragten mit Migrationshintergrund.

3. Die Studie: Design, Methoden, Stichprobe

Im folgenden Kapitel wird auf die Fragestellung und den Kontext unserer empirischen Studie näher eingegangen. Insbesondere werden vertiefende Informationen zu wichtigen Dimensionen und deren Operationalisierung gegeben und die Datenerhebung sowie die Stichprobe genauer beschrieben.

3.1 Fragestellung und Kontext der Studie

Das im Rahmen des Nationalen Forschungsprogramms „Kindheit, Jugend und Generationenbeziehungen" (NFP 52) des Schweizerischen Nationalfonds zur Förderung der Wissenschaften durchgeführte Forschungsprojekt untersucht die Rolle und Funktionen der klassischen, aber insbesondere auch der neuen Medien – Stichwort „Internet" – im Lebenszusammenhang und speziell bezüglich der Identitätsentwicklung von Jugendlichen mit Migrationshintergrund, wobei folgende *Fragestellungen* im Zentrum stehen:

- Welche Rolle spielen die klassischen Massenmedien und die neuen Informations- und Kommunikationstechnologien (IuKT) bezüglich Medienzugang, Nutzungsintensität, Medienfunktionen und bevorzugten Sendungen im Leben von Jugendlichen mit Migrationshintergrund im Vergleich zu Schweizer Jugendlichen?
- Wie stark prägt der kulturelle Hintergrund (Herkunft, Religion etc.) neben anderen demografischen Faktoren (Gender, Bildung, familiärer Hintergrund) den Medienumgang?
- Welche Rolle spielen Medien und IuKT für die Identitätsentwicklung bei Jugendlichen im familiären und generationsübergreifenden und interkulturellen Setting?

3.2 Zentrale Dimensionen: Definitionen und Operationalisierung

Um möglichst umfassende Informationen zur Mediennutzung und zur Identität von Jugendlichen mit und ohne Migrationshintergrund zu erhalten, wurden anhand eines *schriftlichen Fragebogens* Daten zu folgenden Themenbereichen erhoben:

Medienzugang, Mediennutzung, Freizeitaktivitäten: Stellenwert der Medien im Kontext anderer Freizeitaktivitäten, die Nutzungsdauer und Nutzungshäufigkeit verschiedener alter wie auch neuer Medien und deren Angebote, die Sprache der Mediennutzung und die gesuchten Mediengratifikationen.

Soziales Umfeld: Mediale und nichtmediale Interaktionen (Gespräche) in Familie und mit den Kameraden (Peergroup).

Migration: eigener Migrationskontext, Einstellung zum Zusammenleben verschiedener Kulturen.

Persönliche Werte & Einstellungen: Einschätzung von Medienleistungen, Zukunftspläne, politische Einstellungen, Werthaltungen.

Soziodemografie: Geschlecht, Alter, SES, Bildung, Religion, Familiengröße, Position in der Geschwisterreihenfolge.

Um die verwendeten Begrifflichkeiten empirisch messbar zu machen, wurde mit folgenden *Definitionen* gearbeitet:

Migrationshintergrund: Ist ein Schüler selbst, sind beide Eltern oder ein Elternteil in einem anderen Land als der Schweiz geboren und aufgewachsen, so wird er im Rahmen unserer Untersuchung als „Schüler mit Migrationshintergrund" bezeichnet. Ist ein Schüler selbst und sind beide Eltern in der Schweiz geboren und aufgewachsen, so wird er als „Schweizer" bezeichnet und ein allfälliger Migrationskontext kann nur noch via Sprache, die zu Hause gesprochen wird bzw. via Nationalität festgestellt werden.

Bei den Auswertungen werden die Befragten aus den Ländern, die zum früheren Jugoslawien gehörten, unter „Balkan" zusammengefasst (vgl. Abb. 9).

Kulturelle Orientierung: Um den Grad der Verankerung in der Kultur des Herkunftslandes sowie den Grad der kulturellen Orientierung an der Schweiz messen zu können, gehen wir von einer idealtypischen Vierfelder-Tabelle aus (vgl. auch Abb. 6), wobei folgende vier Typen unterschieden werden:

		Orientierung an Aufnahmekultur der Schweiz	
		tief	hoch
Orientierung an Herkunftskultur	tief	Ungebundene	Schweizorientierte
	hoch	Herkunftsorientierte	Dualisten

Um die Kulturelle Orientierung möglichst breit abzustützen, wurde aus folgenden Teildimensionen je ein Index für die Orientierung an der Schweiz bzw. am Herkunftsland errechnet: 1) Sprache: Sprache der Mediennutzung, Sprache, die zu Hause und mit den Kollegen gesprochen wird, Einschätzung der eigenen Sprachkenntnisse (Deutsch und Herkunftssprache). 2) Soziales Umfeld: Herkunftsland der Kollegen, Vereinszugehörigkeit, Wohlbefinden in der Schweiz bzw. unter Schweizern. 3) Differenzwahrnehmung: Gefühl des „Dazugehörens" bzw. des „Ausgeschlossen-Seins", Wahrnehmung der Familienkultur im Vergleich zu Schweizer Familien etc. 4) Interesse an der Schweiz bzw. am Herkunftsland: Interesse an Politik, Kultur etc.

Diese Vorgehensweise erlaubt es, für jeden Schüler die Stärke der Orientierung an der Schweiz bzw. am Herkunftsland zu messen und durch je eine Zweiteilung in „hoch" und „tief" (Median-Wert) die genannten Typen zu bilden. Zusätzlich wurde anhand analoger Variablen auch für alle Schüler ein Index „Globale Orientierung" berechnet.

Der sozioökonomische Status einer Familie wurde durch die Variablen „Beruf von Vater und Mutter" und „Schulabschluss von Vater und Mutter berechnet, wobei jeweils der höhere Ausbildung- und Berufsstatus berücksichtigt worden ist. Aufgrund der Tatsache, dass durch Migration die Einlösbarkeit von Bildungsabschlüssen vermindert werden kann, wurde dabei in erster Linie der Bildungsabschluss der Eltern berücksichtigt, und die Angaben zum Beruf dienten zur Anpassung dieser Werte. Für Bildung und Beruf wurden folgende Punkte verteilt, die anschließend zu drei Kategorien (1 = Unterschicht, 2 = Mittelschicht, 3 = Obere Mittelschicht bzw. Oberschicht) zusammengefasst wurden.

3.3 Datenerhebung und Stichprobe

Die Daten der Studie wurden *im Sommer 2004* mittels einer *schriftlichen Befragung* von 12- bis 16-jährigen Schülerinnen und Schülern in der Stadt Zürich und ihren Agglomerationsgemeinden erhoben. Die Befragung erfolgte im Klassenverband, wobei jeweils eine Projektmitarbeiterin bzw. ein Mitarbeiter anwesend war, um allfällige Fragen, die beim Ausfüllen des Fragebogens auftauchten, beantworten zu können. Bei der Auswahl der Schulklassen wurde darauf geachtet, dass a) der Anteil an Schülern mit Migrationshintergrund mindestens 25% beträgt und dass b) jeder dieser Schulklassen mindestens ein Schüler bzw. eine Schülerin mit türkischem Migrationshintergrund angehört.

Befragt wurden Schüler der 6. bis 9. Schulstufe, wobei auf der Oberstufe die in der Schweiz gängigen drei verschiedenen Bildungsniveaus berücksichtigt worden sind: Sek A (Sekundarschule), B (Realschule) und C (Oberschule). Gymnasien wurden nicht in die Stichprobe aufgenommen, weil der Anteil an Migrantenkindern auf diesem höchsten Schulniveau sehr gering ist. – Insgesamt haben sich 88 Schulklassen mit zusammen *1'468 Schülerinnen und Schülern* an der schriftlichen Befragung beteiligt.

Abb. 8: Struktur der Stichprobe

Total / N=1'468			
Geschlecht			
Mädchen		Knaben	
713 (49%)		755 (51%)	
Altersstufe			
Primarschule	1. Oberstufe	2. Oberstufe	3. Oberstufe
313 (22%)	432 (29%)	353 (24%)	370 (25%)
Bildungsniveau (nur Oberstufe, N=1154)			
Sek A	Sek B		Sek C
433 (38%)	526 (46%)		195 (17%)
Migrationshintergrund			
Schweiz		Mind. ein Elternteil aus anderem Land	
499 (34%)		969 (66%)	
Herkunft Ausland (66%)			
Türkei	Italien	Balkan	übrige Länder
136 (9%)	166 (11%)	350 (24%)	317 (22%)
Kulturelle Orientierung (nur Schüler mit Migrationshintergrund, N=969)			
Schweizorientierte	Dualisten	Herkunftsorientierte	Ungebundene
346 (36%)	115 (12%)	347 (36%)	161 (17%)

Die Stichprobe ist als Klumpenstichprobe insofern repräsentativ, als jeweils alle Schüler ein Klasse befragt wurden. Allerdings wurden die Gemeinden und Schulhäuser nicht repräsentativ ausgewählt, sondern es wurden Schulen mit hohem Ausländeranteil gezielt ausgesucht. Die Anteile der verschiedenen Ausländergruppen stimmen darum nur bedingt mit den entsprechenden Bevölkerungsanteilen in der Ausländerstatistik überein, was auch mit der regional ungleichen Verteilung der verschiedenen Ausländergruppen zusammenhängt.

4. Soziokultureller Hintergrund

Ein Hauptziel der vorliegenden Studie liegt darin, zu untersuchen, inwiefern der Migrationshintergrund von Schülerinnen und Schülern bzw. deren kulturelle Orientierung im Vergleich zu anderen soziodemografischen Merkmalen maßgebend für den Umgang mit Medien ist. In diesen einführenden Kapitel werden darum die zentralen ethnokulturellen Dimensionen wie Migrationshintergrund, kulturelle Orientierung, Religion, Bildung und der sozioökonomische Status der befragten Heranwachsenden mit Schweizer, aber auch Migrationshintergrund anhand der erhobenen Daten genauer dargestellt und erläutert.

4.1 Migrationshintergrund

Die befragten Jugendlichen haben gemäß unserer Definition einen Migrationshintergrund, wenn sie selber oder mindestens ein Elternteil in einem anderen Land geboren bzw. aufgewachsen sind. Insgesamt sind es über 70 verschiedene Länder, aus welchen die Eltern der Befragten oder sie selbst zugewandert sind.

Abb. 9: Land, in dem Schüler bzw. Eltern geboren und aufgewachsen sind

Kinder	%	(N)	Mutter	%	(N)	Vater	%	(N)
Schweiz	83	(1220)	Schweiz	43	(632)	Schweiz	41	(632)
Kosovo	4	(61)	Türkei*	8	(124)	Italien	10	(147)
Mazedonien	2	(35)	Kosovo*	8	(120)	Türkei*	9	(132)
Serbien	2	(23)	Italien	7	(106)	Kosovo*	8	(122)
Portugal	1	(12)	Mazedonien	4	(56)	Serbien	6	(83)
Türkei	1	(11)	Bosnien	3	(49)	Mazedonien	4	(54)
Sri Lanka	1	(11)	Portugal	3	(36)	Bosnien	3	(43)
Ghana		(7)	Kroatien	2	(31)	Spanien	2	(35)
Bosnien		(7)	Spanien	2	(23)	Portugal	2	(34)
Kroatien		(6)	Deutschland	1	(21)	Kroatien	2	(24)
Dominik. Republik		(6)	Sri Lanka	1	(20)	Sri Lanka	1	(20)
Italien		(5)	Brasilien	1	(14)	Albanien	1	(14)
Deutschland		(5)	Albanien	1	(12)	Deutschland	1	(12)
Tunesien		(5)	Ghana	1	(7)	Griechenland	1	(10)
Irak		(5)	Dominik. Rep.	1	(9)	Tunesien	1	(8)
Albanien		(5)	Chile	1	(9)	Chile	1	(8)
Spanien		(3)	Philippinen	1	(7)	Ghana	1	(8)
Indien		(3)	Griechenland	1	(7)	Tschechien		(6)
Somalia		(3)	Österreich		(6)	England		(6)
Chile		(3)	Peru		(6)	Irak		(6)

* aufgrund der Stichprobenbildung in Vergleich zur Gesamtbevölkerung stark übervertreten

Während die befragten Schülerinnen und Schüler selber zu 83% in der Schweiz geboren und aufgewachsen sind, macht dieser Anteil bei den Müttern 43% und bei den Vätern 41% aus. Die meisten Kinder, welche erst im Schulalter in die Schweiz gekommen sind, stammen aus dem ehemaligen Jugoslawien. In den folgenden Auswertungen werden jeweils Vergleiche von Schülern mit und ohne Migrationshintergrund gezogen; spezielle Auswertungen werden zusätzlich für die Herkunftsländer Italien, Balkan (Ex-Jugoslawien) und Türkei gemacht. Die Konzentration auf *türkische Jugendliche* ergibt sich aus dem Forschungsdesign des Gesamtprojektes, welches im qualitativen Teilprojekt auf türkische Familien fokussiert ist. Die Gruppe der Jugendlichen mit italienischem Migrationshintergrund wird genauer betrachtet, weil *Italiener* einen sehr großen Anteil der Schweizer Bevölkerung ausmachen, und weil es sich hierbei um ein Land mit langer Einwanderungstradition in die Schweiz handelt. Die Gruppe *Einwanderer bzw. Flüchtlinge aus dem Balkan* wird genauer betrachtet, weil die Migration von dort eher neu ist, und Personen aus Ex-Jugoslawien in der Schweiz zurzeit den größten Ausländeranteil bilden (Abb. 10).

Abb. 10: Ausländeranteile im Vergleich: Schweiz vs. Schüler-Survey

Anteile in % / Ausländer = 100%	Italien	Balkan	Türkei
Bundesamt für Statistik 2005 Ausländer total: 1.54 Mio. = 20.7%	19.3	22.9	4.9
Migranten im Schüler-Survey: 969 = 66%	16.8	36.1	13.9

4.2 Ethnokulturelle Orientierungen

Im Fragebogen wurden verschiedenste Fragen gestellt, um die ethnokulturellen Orientierungen der Kinder und Jugendlichen mit Migrationshintergrund genauer zu erfassen. Einige davon sind in Abb. 11 dargestellt.

Praktisch alle befragten Kinder und Jugendlichen haben den größten Teil ihrer Kindheit, d.h. im Durchschnitt 12 Jahre, in der Schweiz verbracht. Und die Eltern der Heranwachsenden leben sogar schon deutlich länger, im Schnitt gut 20 Jahre, in der Schweiz. Es mag überraschen, dass nur eine kleine Minderheit von etwa 5% der Familien erst seit weniger als fünf Jahren in der Schweiz weilt.

Grundsätzlich gefällt es der überwiegenden Mehrheit der Heranwachsenden mit Migrationshintergrund ziemlich und gut der Hälfte sogar sehr gut in der Schweiz; bei den Eltern liegen die Werte nach Auskunft der Kinder tiefer. Aber auch bei ihnen sind es nur 10%, welchen es nicht so gut in der Schweiz gefällt.

Abb. 11: Dimensionen kultureller Orientierung

Wie viele Jahre leben die Migranten schon in der Schweiz?			
Heranwachsende: 12 Jahre	Väter: 22 Jahre		Mütter: 20 Jahre
Wie gefällt es den Migranten in der Schweiz?			
In % / Migranten, N=969	sehr gut	ziemlich gut	nicht so gut	gar nicht gut
Heranwachsende	57	36	5	2
Eltern	47	43	9	1
Schwierigkeiten in der Schweiz, weil man aus einem anderen Land stammt			
In % / Migranten, N=969	häufig	manchmal	selten	(fast) nie
	3	11	24	62
Einschätzung der eigenen Sprachkompetenzen			
In % / Migranten, N=969	sehr gut	ziemlich gut	weniger gut	gar nicht gut
Schweizerdeutsch sprechen	62	30	6	2
Herkunftssprache sprechen	50	34	12	4
Hochdeutsch sprechen	31	55	13	1
Herkunftssprache schreiben	30	30	24	16

Konsonant zur *recht hohen persönlichen Zufriedenheit in der Schweiz* ist der Befund, dass 62% angeben, *fast nie Schwierigkeiten in der Schweiz* zu haben, weil sie aus einem anderen Land in die Schweiz gekommen sind. Nur gerade 14% der Migrationsjugendlichen geben an, manchmal Schwierigkeiten zu haben. 15% erwähnen, dass sich diese Schwierigkeiten zumindest „teils teils" zeigen, wenn sie ihren Namen sagen müssen oder wenn sie eine Lehrstelle suchen. Am wenigsten Schwierigkeiten gibt es beim Zusammensein mit Kolleginnen und Kollegen in der Peer Gruppe.

Gefragt wurde auch nach den *Sprachkenntnissen*. Nach eigener Einschätzung beherrschen die Kinder und Jugendlichen das Schweizerdeutsche am Besten, gefolgt von der Herkunftssprache, während das Hochdeutsche offenbar weniger gut beherrscht wird. Interessant ist, dass ebenfalls nur 30% angeben, die Herkunftssprache sehr gut schreiben zu können. Das hängt sicher damit zusammen, dass die meisten Befragten mit Migrationshintergrund praktisch ihre ganze Kindheit in der Schweiz verbracht haben; immerhin geben 60% an, ihre Herkunftssprache mindestens ziemlich gut schreiben zu können.

In Abb. 12 sind weitere Aspekte des Aufwachsens in einem multikulturellen Kontext aufgeführt, die zeigen, wie vielschichtig und nicht zuletzt auch widersprüchlich die Situation ist, in der sich Kinder und Jugendliche mit Migrationshintergrund tagtäglich bewegen.

Zum einen ist der ethnokulturelle Hintergrund im Familienbereich präsent, indem gut 60% der Migrationskinder angeben, dass die Eltern viel über ihr Heimatland erzählen. Fast 40% der Befragten geben zudem an, dass es ihnen wohler ist, wenn sie mit Leuten aus ihrem ursprünglichen Heimatland zusammen sind. Und etwa gleich viele betonen, dass Kinder, deren Eltern aus einem anderen Land in die Schweiz gekommen sind, in zwei verschiedenen Kulturen leben würden; ein Hinweis auf die von ihnen gelebte hybride Identität (vgl. Kap. 1.2.3 i.d.B.). Gleichzeitig betont aber auch gut die Hälfte der Kinder mit Migrationshintergrund, dass sie in ihren Familien etwa gleich wie Schweizer Kinder leben würden und immerhin 30% meinen, anders als die eigenen Eltern zu sein, weil sie in der Schweiz aufgewachsen sind.

Abb. 12: Aspekte des multikulturellen Aufwachsens

Zustimmung in % zu den Aussagen Migranten, N=969	sehr stark	etwas	teils teils	eher nicht	überhaupt nicht
Eltern erzählen viel über das Heimatland	27	35	23	6	9
In meiner Familie lebe ich etwa gleich wie Schweizer Kinder in ihren Familien	28	24	19	15	14
Mir ist es wohler, wenn ich mit Leuten aus meinem Herkunftsland zusammen bin	21	17	27	13	22
Migrationskinder leben in zwei Kulturen	18	20	29	11	21
Ich bin ganz anders als meine Eltern, weil ich in der Schweiz aufgewachsen bin	15	15	17	15	38

Schließlich wurden sowohl die Schweizer als auch die Kinder und Jugendlichen mit Migrationshintergrund zu ihren Vorstellungen zum multikulturellen Zusammenleben befragt (vgl. Abb. 13). Schweizer Kinder unterstützen dabei im Vergleich zu Heranwachsenden mit Migrationshintergrund deutlich stärker Vorstellungen in Richtung von *soziokultureller Assimilation:* Fast zwei Drittel finden, dass man sich anpassen müsse, wenn man aus einem anderen Land in die Schweiz komme; immerhin knapp die Hälfte der Heranwachsenden mit

Migrationshintergrund befürworten dies auch. Im kulturellen Vergleich ist interessant, dass sowohl Kinder mit Eltern aus Italien oder dem Balkan das Assimilationsmodell mit je 50% im Vergleich zu 37% deutlich stärker unterstützen als Heranwachsende aus türkischen Familien.

Im Vergleich zwischen Heranwachsenden aus der Schweiz und solchen mit Migrationshintergrund sticht weiter ins Auge, dass Schweizer Kinder bedeutend weniger bejahen, dass sie etwas von Leuten aus anderen Herkunftskulturen lernen könnten, bzw. dass es interessant sei, dass Leute aus verschiedenen Ländern hier in der Schweiz zusammenleben. Der *positive Wert von Multikulturalität* wird jedoch von der Mehrheit der Kinder mit Migrationshintergrund betont.

Allerdings vertreten immerhin gut 60% der Schweizer Kinder, aber drei Viertel mit Migrationshintergrund *multikulturelle Vorstellungen,* insofern sie anerkennen, dass es nichts schade, wenn nicht alle Leute in einer Gesellschaft gleich seien, denn auch Schweizer wären ja nicht alle gleich.

Abb. 13: Einstellungen zum multikulturellen Zusammenleben

Anteile in Prozent Migranten, N=969 / Schweizer, N=499		Aussage trifft zu …		
		genau	ungefähr	gar nicht
Wenn sich Schweizer und Leute aus anderen Ländern gegenseitig respektieren, gibt es keine Probleme.	Mig.	81	16	3
	CH	79	18	3
Es schadet nichts, wenn nicht alle Leute gleich sind, denn auch Schweizer sind nicht alle gleich.	Mig.	74	23	3
	CH	62	30	8
Schweizer können etwas lernen von Leuten aus anderen Herkunftsländern.	Mig.	71	26	3
	CH	38	49	13
Es ist interessant, dass Leute aus verschiedenen Ländern hier in der Schweiz leben.	Mig.	62	32	6
	CH	39	46	15
Wenn man aus einem anderen Land in die Schweiz kommt, muss man sich anpassen.	Mig.	49	43	8
	CH	64	33	3

Immerhin gilt sowohl für Schweizer als auch für Migrationsjugendliche, dass beide Gruppen übereinstimmend und mit einer großen Mehrheit von 80% der

Meinung sind, dass es keine Probleme geben würde, wenn sich Schweizer und Leute aus anderen Ländern gegenseitig respektieren würden.

Abb. 14: Typologisierung ethnokultureller Orientierungen der Kinder

Anteile in Prozent Migranten, N=969	Schweiz-Orientierte	Dualisten	Herkunfts-Orientierte	Ungebundene
Italien	30	10	43	17
Balkan	30	13	38	18
Türkei	35	13	38	14
Migranten total	36	12	36	17

Abb. 14 zeigt die Verteilung der ethnokulturellen Orientierungen der befragten Heranwachsenden mit Migrationshintergrund. Im Durchschnitt stehen sich dabei die Gruppen mit Orientierung an der Schweiz bzw. an der Herkunftskultur mit je 36% gegenüber. *Dualismus* als stark ausgeprägt Orientierung sowohl an der Herkunfts- als auch an der Schweizer Kultur findet sich nur bei einer Minderheit von 12%; 17% haben auf beiden Dimensionen tiefe Werte und werden darum als Ungebundene bezeichnet. Im Kulturvergleich überrascht, dass Kinder mit italienischer Herkunft am stärksten ihrer Herkunftskultur verhaftet sind, während überraschenderweise bei Heranwachsenden aus der Türkei die Orientierung an der Schweiz am stärksten ausgeprägt ist.

Abb. 15: Typologisierung ethnokultureller Orientierungen der Eltern

Anteile in Prozent Migranten, N=969	Schweiz-Orientierte	Dualisten	Herkunfts-Orientierte	Ungebundene
Italien	19	10	57	14
Balkan	22	10	51	17
Türkei	13	9	66	12
Insgesamt	25	9	50	15

Auf einer reduzierten Indikator-Basis wurde zudem auch eine Typologie der kulturellen Orientierung für die Eltern die befragten Kinder erstellt (Abb. 15).

Dabei ist zu berücksichtigen, dass es sich um Fremdeinschätzungen ihrer Kinder handelt, weil die Eltern selbst nicht befragt werden konnten. Zudem basiert die Typologie auf deutlich weniger Dimensionen. Sie kann auch darum nicht direkt mit den Werten der Kinder verglichen werden, weil die Eltern bezüglich der Schweizer Orientierung tiefere und bezüglich der Orientierung am Herkunftsland höhere Werte aufwiesen.

Im Vergleich zu den Kindern sind die Eltern deutlich stärker an ihrer Herkunftskultur orientiert. Nur ein Viertel der Eltern hat eine ausgeprägte Schweiz Orientierung, während die Hälfte als herkunftsorientiert bezeichnet werden muss. Dies gilt besonders ausgeprägt für die Eltern aus der Türkei, deren Kinder im Vergleich zu den Heranwachsenden aus Italien und dem Balkan (Ex-Jugoslawien) interessanterweise sich aber eher stärker an der Schweiz orientieren.

Mit zunehmender *Aufenthaltsdauer in der Schweiz* gilt, dass sich die Orientierung am Aufnahmeland Schweiz signifikant verstärkt, und zwar sowohl für die befragten Kinder und Jugendlichen (Korr.: +0.16) und sogar noch stärker für deren Eltern (Korr: +0.25 Vater bzw. +0.31 Mutter); und umgekehrt schwächt sich die Orientierung am Herkunftsland mit zunehmender Aufenthaltsdauer signifikant ab (Korr. -0.14 Kinder, -0.19 Vater, -0.22 Mutter). Im Falle der Dualisten mit Orientierung sowohl an der Herkunftskultur wie an der Kultur des Aufnahmelandes Schweiz lassen sich hingegen keine signifikanten Korrelationen ausmachen; vielmehr scheint es sich hier um eine Gruppe von Migranten zu handeln, für welche von Anfang an der Bezug zu beiden Kulturen einen hohen Stellenwert hat, und sich diese Haltung im Laufe der Zeit nicht verändert.

4.3 Religion

95% der befragten Kinder und Jugendlichen haben im Fragebogen ihre Religionszugehörigkeit angegeben. Während 99% der Schweizer Jugend sich zum Christentum bekennen, trifft dies nur zu 46% für Migranten zu (vgl. Abb. 16); 40% von ihnen orientieren sich am Islam.

Abb. 16: Religionszugehörigkeit im Vergleich

Angaben in % N=1'384	Schweiz	Migration	Italien	Balkan	Türkei
Christentum	99	46	99.5	16	5
Orthodox	0.5	11	0	24	0
Islam	0.5	40	0.5	59	95

Darüber hinaus wurde gefragt, wie häufig sie a) die Kirche, eine Moschee oder Synagoge besuchen, b) beten und c) religiöse Texte lesen würden. Mit 40% ist am häufigsten, dass mindestens einmal pro Woche gebetet wird, gut 20% besuchen wöchentlich ein Gotteshaus oder lesen religiöse Texte. Aufgrund der Daten muss etwa ein Viertel der Heranwachsenden als kaum religiös bezeichnet werden, geben sie doch an, nie zu beten resp. auch nie einen religiösen Ort aufzusuchen.

Abb. 17: Häufigkeit religiöser Handlungen nach sozialen Gruppen

Wöchentlich ausgeübt in %		Beten	Gottesdienst	Religiöse Texte
Alle mit Religion / N=1'440		**40**	**21**	**21**
Religion	Christentum	38	19	18
	Islam	**47**	**29**	**31**
Geschlecht	Frauen	**42**	20	**23**
	Männer	37	21	19
Alter	16 und älter	35	17	17
	15 Jahre	**40**	20	21
	14 Jahre	**43**	19	19
	12-13 Jahre	**40**	27	27
Schicht	hoch	41	21	21
	mittel	39	20	19
	tief	38	21	23

Abb. 17 zeigt, dass Heranwachsende mit islamischem Religionshintergrund ihre Religion deutlich intensiver ausüben als Christen. Allerdings geben je 45% der Heranwachsenden sowohl mit christlicher wie islamischer Religion an, höchstens einmal pro Jahr die Kirche resp. Moschee zu besuchen. Zudem verlieren religiöse Aktivitäten mit dem Alter an Bedeutung und werden von Frauen häufiger ausgeübt als von Männern. Unterschiede nach Schicht bestehen hingegen offenbar nicht.

5. Soziales Umfeld

Die Heranwachsenden sind aber nicht nur durch ihre ethnokulturelle Herkunft geprägt, sondern bewegen sich ebenfalls in einem sozialen Kontext. Während die *Familie* für die Kindheit das zentrale und prägende soziale Umfeld darstellt, gewinnen die Peers, also Freunde und Freundinnen bzw. Kolleginnen und Kollegen im Freizeitkontext einen immer wichtigeren Stellenwert. In diesem Kapitel stehen darum das Freizeitverhalten, die Beziehungen zu den Peers und das familiäre Umfeld der Kinder und Jugendlichen im Zentrum.

5.1 Freizeit

Das Freizeitverhalten der Kinder und Jugendlichen ist vielfältig, variiert zwischen Aktivität und Passivität und wird mit unterschiedlicher Intensität ausgeübt. An der Spitze stehen: mit Freunden etwas tun, im Freien sein und Sport treiben, aber auch im Haushalt mit helfen müssen oder ausruhen und gar nichts tun. Diese Tätigkeiten werden von gut 30% der Befragten jeden Tag ausgeübt.

Abb. 18: Freizeitaktivitäten

Anteile in Prozent / N=1'468	täglich	mehrmals pro Woche	einmal pro Wo.	einmal pro Mt.	weniger
Mit Freunden etwas tun	34	47	12	3	4
Im Haushalt helfen	34	34	16	5	11
Sport treiben	25	57	11	1	6
Im Freien sein	30	36	14	6	14
Ausruhen / Faulenzen	29	29	19	5	19
Einkaufen / Shoppen	3	21	35	25	16
Mit Familie etwas unternehmen	5	22	35	19	19
Basteln / Malen / Zeichnen	6	18	31	11	34
Selber Musik machen	9	12	9	4	66
Ausgehen (Kino, Disco etc.)	3	18	29	27	23
Fotografieren	2	5	7	17	69
Jugendtreff besuchen	1	6	13	7	73

Dann gibt es Aktivitäten, die von 20% - 25%, aber eher in einem wöchentlichen Rhythmus ausgeübt werden: Einkaufen gehen, mit der Familie zusammen etwas unternehmen und Basteln oder selber Musik machen. Beim „selber Musik machen" ist der Anteil jener, der dies gar nicht tut, mit zwei Dritteln am höchsten.

In den Freizeitaktivitäten äußern sich ausgeprägte alters- und geschlechtsspezifische Unterschiede. In *Altersverlauf* verlieren Aktivitäten wie Basteln und Draußen etwas tun, aber noch stärker mit der Familie zusammen etwas unternehmen an Bedeutung, während das Shoppen und noch mehr das Ausgehen wichtiger werden. *Geschlechtsspezifische Unterschiede* bestehen immer noch, und zwar insofern Mädchen deutlich häufiger im Haushalt mithelfen (müssen) und auch lieber Shoppen gehen, während Knaben sich signifikant häufiger für Sport interessieren. Der *Schichthintergrund* äußert sich in organisierten Freizeitaktivitäten wie Sporttreiben, aber noch stärker beim aktiv Musik machen.

Abb. 19: Freizeitaktivitäten und ethnokultureller Hintergrund

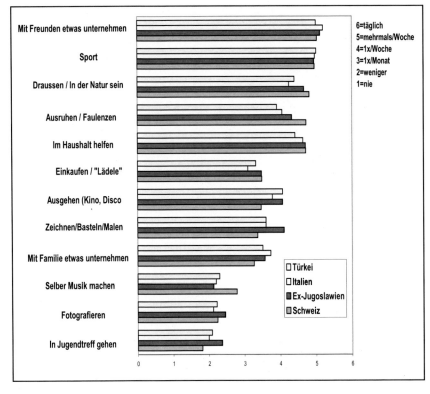

Abb. 19 weist Ähnlichkeiten, aber auch Unterschiede im Freizeitverhalten zwischen den verschiedenen ethnokulturellen Gruppen aus. Schweizer Schüler geben häufiger an, in der Freizeit auszuruhen und spielen häufiger ein Instrument als ihre Kollegen mit Migrationshintergrund; sie gehen hingegen im Vergleich zu Migrationsjugendlichen seltener aus, unternehmen weniger häufig etwas mit der Familie und besuchen auch seltener einen Jugendtreff.

Abb. 20: Freizeitaktivitäten und Mediennutzung

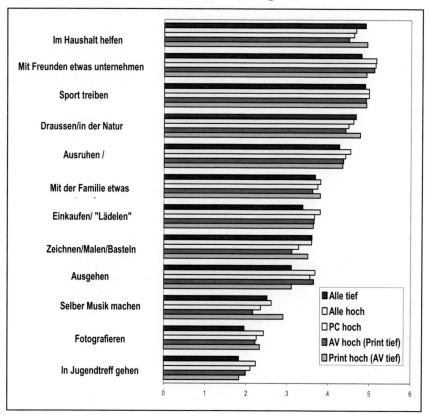

Abb. 20 illustriert, dass verschiedene Muster der Mediennutzung mit bestimmten Freizeitaktivitäten korrelieren. Vergleicht man Schüler mit *hohem Fernsehkonsum* und Schüler mit *hoher Printmediennutzung*, so zeigt sich, dass letztere in ihrer Freizeit mehr im Haushalt mithelfen, sich in der Natur aufhalten, zeichnen, Musik machen oder fotografieren. Hingegen unternehmen Vielleser etwas weniger häufig mit Kollegen, gehen weniger aus und verbringen ihre Freizeit weniger in Jugendtreffs. Eine vielfältige Freizeit korrespondiert auch mit intensiver Mediennutzung mit hohen Werten sowohl bei kreativen Feizeitbeschäftigungen wie bei konsumorientierten oder sozial-interaktiven Tätigkeiten auf.

Abb. 21: Mitgliedschaft in Vereinen

Angaben in % / N=1'468	Schweiz	Italien	Balkan	Türkei
Sportverein	45	43	33	36
Religiöser Verein	19	8	2	2
Musik / Tanz / Theater	12	9	4	4
Eigene Band	4	2	1	2
Vereinszugehörigkeit insg.	**64**	**55**	**37**	**42**

Die Mitgliedschaft in Vereinen hat in der Freizeit einen relativ großen Stellenwert. Fast zwei Drittel der Schweizer Jugendlichen sind Mitglied eines Vereins. An der Spitze stehen Sportvereine. Besonders *Knaben* (61%), vor allem wegen dem Sport, sind deutlich häufiger Vereinsmitglieder als Mädchen (43%), während letztere öfters Mitglied in einem Musikverein sind. Interessanterweise verbringen Kinder und Jugendliche aus privilegierten Familien (59%) ihre Freizeit deutlich häufiger in Vereinen als Kinder aus *bildungsfernen Familien* (40%). Mit 46% sind Kinder und Jugendliche mit Migrationshintergrund etwas weniger häufig in Vereinen aktiv, wobei die Vereinzugehörigkeit bei Herkunfts-Orientierten und den Ungebundenen am seltensten ist.

Abb. 22: Mitgliedschaft in Vereinen und ethnokulturelle Orientierung

Anteile in Prozent Migranten / N=969	Schweiz-Orientierte	Dualisten	Herkunfts-Orientierte	Un-gebundene
Sportverein	42	46	33	24
Religiöser Verein	8	4	4	3
Musik / Tanz / Theater	8	10	9	5
Vereinsmitglieder insg.	**53**	**59**	**41**	**31**

5.2 Peers

Wie oben schon ausgeführt, verbringen Kinder und noch stärker Jugendliche einen großen Teil ihrer Freizeit mit *Freuden und Kollegen*, aber auch anderen sozialen Bezugsgruppen. Um genauer einschätzen zu können, welchen Anteil Familienmitglieder, Verwandte und Freunde am Freizeitleben der Jugendlichen haben, wurden genaue Informationen anhand einer weiteren Frage erhoben.

Abb. 23: Mit wem verbringen Kinder und Jugendliche ihre Freizeit?

In Prozent / N=1'468	oft	manchmal	selten	nie
Mit Freund / Freundin	63	30	5	2
In Gruppe mit KollegInnen	49	33	15	3
Mit der ganzen Familie	18	43	34	5
Mit der Mutter	19	42	34	5
Mit dem Vater	12	37	40	11
Mit der Schwester	25	34	26	15
Mit dem Bruder	24	37	27	12
Mit Cousine oder Cousin	9	22	42	27
Allein	7	23	47	23
Mit den Grosseltern	4	15	43	38

Unabhängig vom Herkunftsland verbringen Kinder Jugendliche am meisten Freizeit mit einem *Freund oder Freundin*, an zweiter Stelle stehen Aktivitäten in der Peer *Gruppe*. Mit der ganzen Familie oder mit Familienmitgliedern verbringen Schweizer Jugendliche weitaus weniger Zeit als solche mit Migrationshintergrund (vgl. Abb. 24); die einzige Ausnahme bilden hierbei die Grosseltern, die in Migrationsfamilien allenfalls im Ausland leben. Andererseits spielen die Eltern, aber auch Brüder oder Schwestern in der Freizeit von Kindern mit Migrationshintergrund eine deutlich wichtigere Rolle. Dass die Freizeit auch alleine verbracht wird, kommt unter Schweizer Jugendlichen häufiger vor als in Migrantenfamilien. Im Vergleich der verschiedenen Herkunftsländer zeigt sich, dass die Schüler italienischer Abstammung Werte aufweisen, die denjenigen der Schweizer am ähnlichsten sind, während für Schüler mit Herkunft aus der Türkei oder dem Balkan deutlichere Unterschiede festzustellen sind.

Abb. 24: Mit wem verbringen Kinder und Jugendliche ihre Freizeit?

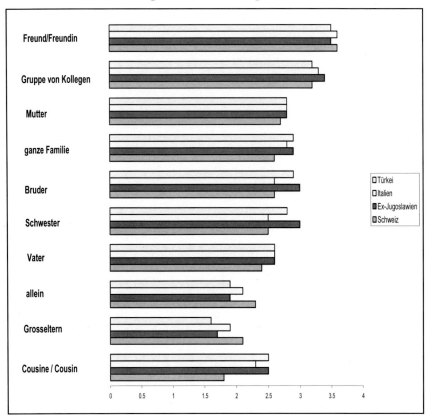

Bezogen auf die Peers, also Kolleginnen und Kollegen, wurde zudem nach dem *Herkunftsland* gefragt (vgl. Abb. 25 und Abb. 26).

Die Befunde dazu zeigen, dass Kinder und Jugendliche in ihrer Freizeit tendenziell mit Peers aus dem eigenen ethnokulturellen Umfeld zusammen sind. Bei fast der Hälfte der Migrationsjugendlichen kommen die Kolleginnen und Kollegen aus dem gleichen Land oder haben auch einen Migrationshintergrund. Die *Orientierung der Wahl der Peers an der eigenen Kultur* ist bei Schweizern noch ausgeprägter, geben doch zwei Drittel an, dass die meisten ihrer Kolleginnen und Kollegen auch aus der Schweiz stammten. Weniger als 20% haben offenbar einen starken Kontakt mit Migranten.

Abb. 25: Herkunftsland von Kolleginnen und Kollegen

Schweizer Jugendliche				
In % / Schweizer, N=499	sehr viele	einige	wenige	gar keine
Schweiz	67	23	9	1
Anderes Herkunftsland	18	40	35	7
Jugendliche mit Migrationshintergrund				
In % / Migranten, N=969	sehr viele	einige	wenige	gar keine
Anderes Herkunftsland	47	37	15	1
Gleiches Herkunftsland	44	33	18	5
Schweiz	20	39	31	10

Abb. 26: Herkunftsland der häufigsten Kolleginnen und Kollegen

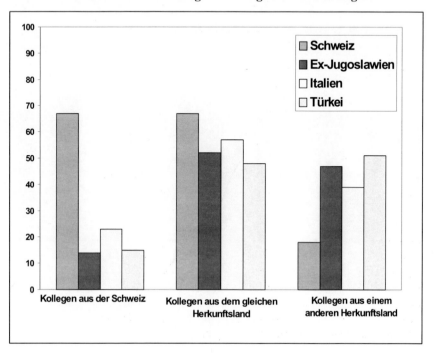

Wie aus Abb. 26 hervorgeht, ist der kulturelle Austausch zwischen Schweizer Schülern und Schülern, deren Eltern in einem anderen Land aufgewachsen sind, eher gering: Schweizer Schüler geben zu rund 70% an, sehr viele Schweizer Kollegen zu haben und nur ca. 20% haben auch viele Freunde aus einem anderen Herkunftsland. Migrantenkinder geben zu 50% an, sehr viele Kameraden aus dem gleichen Herkunftsland zu haben, zwischen 15% und 25% haben auch viele Schweizer Kollegen und auch der Kollegenkreis aus anderen Ländern ist bei Migrantenkindern mit rund 45% wesentlich größer als derjenige der Schweizer. Im Nationalitätenvergleich fällt zudem auf, dass Kinder italienischer Abstammung mehr soziale Kontakte zu Schweizer Kindern aufweisen als solche, deren Eltern aus Ex-Jugoslawien oder der Türkei stammen, und dass umgekehrt der soziale Kontakt von italienischen Schülern untereinander enger ist als derjenige der türkischen oder jugoslawischen Schüler.

Parallel zum Befund, dass die Peers tendenziell aus dem gleichen ethnokulturellen Umfeld stammen, gibt es auch *genderspezifische Affinitäten* bezüglich der Zusammensetzung der Peergruppen: Mädchen treffen sich in ihrer Freizeit vor allem mit Mädchen und Knaben bewegen sich vor allem in männlichen Gruppen, wie Abb. 27 aufgrund der hohen Anteile „sehr viele" illustriert.

Abb. 27: Wer hat welche Kolleginnen bzw. Kollegen?

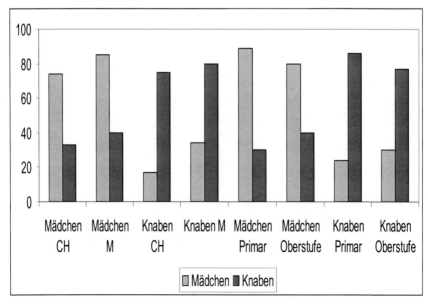

Schließlich wurde noch nach der Sprache gefragt, in welcher am häufigsten mit den Kolleginnen und Kollegen gesprochen wird, und ob noch in einer anderen Sprache mit den Peers gesprochen werde.

Abb. 28 zeigt, dass sowohl Schweizer als auch ihre Kollegen mit Migrationshintergrund zu rund 90% miteinander Deutsch sprechen. Knapp zwei Drittel mit Herkunft aus Ex-Jugoslawien sprechen aber auch in ihrer Herkunftssprache mit ihren Freizeitpartnern; bei Jugendlichen mit Herkunft aus Italien oder der Türken sind es sogar 70% resp. 74%.

Abb. 28: In welcher Sprache wird mit den Peers gesprochen?

Prozentanteile Migranten, N=969	Häufigste Sprache		Weitere Sprache	
	Deutsch	Andere	Deutsch	Andere
Schweiz	99	1	1	13
Italien	89	11	10	70
Balkan	88	12	7	64
Türkei	93	7	6	74

5.3 Familie

Als primäre Sozialisationsinstanz nimmt die Familie eine wichtige Rolle ein – auch was den Umgang mit Medien betrifft. Im Fragebogen wurden darum verschiedene Aspekte zur familiären Sozialisation erhoben wie die Familiengröße und die Häufigkeit von Konflikten mit den Eltern. Im Migrationskontext interessierte zudem die in den Familien vorherrschend gesprochene Sprache.

Abb. 29: Familiengrößen im Vergleich

Prozent	Schweiz	Migration	Italien	Balkan	Türkei
Einzelkind	10	6	7	4	4
2 Kinder	50	39	48	33	45
3 Kinder	29	30	31	29	30
4 u.m.	11	25	14	34	21
Mittelwerte	**1.4**	**1.9**	**1.6**	**2.2**	**1.9**

Während 10% der Kinder in Schweizer Familien als Einzelkinder aufwachsen, macht dieser Anteil bei Migranten nur 6% aus. Die Hälfte der Schweizer Kinder wächst in Familien mit zwei Kindern auf; in Migrationsfamilien sind häufiger auch drei oder mehr Geschwister vorhanden. Zudem äußern sich diese Unterschiede auch in der Familiengröße, welche in den Migrantenfamilien mit 1.9 deutlich höher liegt als bei Schweizer Familien mit 1.4 Kindern.

Abb. 30: Berufliche Situation der Eltern und Bildung der Jugendlichen

	Sozioökonomischer Hintergrund der Familien		
Anteile in %	tief	mittel	hoch
Schweizer	6	62	32
Migranten	34	40	26
Bildungsniveau der Jugendlichen (nur Oberstufe; N=1'154)			
Anteile in %	tief	mittel	hoch
Schweizer	5	44	51
Migranten	24	46	30

Abb. 31: Bildung der Jugendlichen in Abhängigkeit der Bildung der Eltern

Anteile in %	Jugendliche	Bildungsniveau der Jugendlichen		
		tief	mittel	hoch
Eltern: hohe Bildung	Schweizer	0	29	71
	Migranten	20	42	38
Eltern: mittlere Bildung	Schweizer	4	52	44
	Migranten	22	49	19
Eltern: tiefe Bildung	Schweizer	7	52	44
	Migranten	34	49	17

Der größte Unterschied zwischen den Schweizer und Migrantenfamilien liegt jedoch im sozialen Status bzw. im Beruf der Eltern. Die Eltern von Migrationsjugendlichen arbeiten signifikant häufiger in unqualifizierten Berufen (Abb. 30). Während nur 6 % der Schweizer Familien einen tiefen sozialen Status haben, trifft dies für einen Drittel der Migrationsfamilien zu. Und diese Diskriminierung schlägt in einem zweiten Schritt auf die Jugendlichen durch, wenn man das Bildungsniveau der Oberstufe betrachtet. Zu denken gibt zudem (vgl. Abb. 31), dass selbst dann, wenn die Eltern der Migrationsjugendlichen einen guten Beruf ausüben bzw. über ein hohes Bildungsniveau verfügen, ihre Kinder in der Schule offensichtlich weniger erfolgreich sind, d.h. signifikant weniger häufig das höchste Bildungsniveau erreichen.

Abb. 32: Zufriedenheit zu Hause, mit Kollegen und in der Schule

Prozentanteile / N=1'468		sehr	ziemlich	nicht so
Mit Freundinnen / Freunden	Schweiz	82	17	1
	Migranten	77	20	3
Zu Hause	Schweiz	79	18	3
	Migration	75	21	4
Mit SchulkollegInnen	Schweiz	57	38	5
	Migranten	59	36	5
Mit den Verwandten	Schweiz	54	37	9
	Migranten	64	30	6
Im Schulunterricht	Schweiz	20	62	18
	Migranten	30	55	15

Abb. 32 dokumentiert, dass sich die meisten Jugendlichen wohl fühlen. Am höchsten ist die *Zufriedenheit mit den Peers*, aber auch mit den *Eltern*, und zwar sowohl der Schweizer Kinder und Jugendlichen als auch derjenigen mit Migrationshintergrund. Mädchen haben etwas tiefere Zufriedenheitswerte als Knaben, und im Altersverlauf nimmt die Familienzufriedenheit ab. Aber auch mit den Schulkollegen und Verwandten sind die meisten zufrieden, wobei die Schweizer Kinder sich den Verwandten gegenüber etwas reservierter zeigen. Die Zufriedenheit ist mit 30% im Schulunterricht deutlich am tiefsten. Wobei die Schüler mit Migrationshintergrund sich in der Schule noch wohler fühlen.

Bei heutigen Kindern und Jugendlichen sind *Meinungsverschiedenheiten mit den Eltern* nichts Unübliches: 36% berichten, dass das häufig und weitere 50%, dass das manchmal vorkomme. Bei nur 15% der Kinder herrscht offenbar in der Familie weitgehende Harmonie(vgl. Abb. 33).

Abb. 33: Meinungsverschiedenheiten mit Eltern nach Sex, Alter, SES

Prozentanteile / N=1'468		häufig	manchmal	selten	(fast) nie
Herkunft	Schweiz	37	55	7	1
	Migration	36	47	12	5
	Italien	27	53	13	5
	Balkan	**38**	50	8	4
	Türkei	32	35	26	7
Geschlecht	Frauen	**41**	48	8	3
	Männer	32	50	13	5
Alter	16 +älter	**40**	46	10	4
	15 Jahre	36	48	12	4
	14 Jahre	30	50	10	2
	12-13 Jahre	32	54	10	4
Schicht	hoch	37	45	13	5
	mittel	38	51	9	2
	tief	33	52	11	4

Im Vergleich der sozialen Gruppen untereinander fällt auf, dass *Mädchen* häufiger über solche Meinungsverschiedenheiten berichten als *Knaben*, und Konflikte mit dem *Alter* deutlich zunehmen. Der *Schichthintergrund* der Familie spielt aber interessanterweise keine wesentliche Rolle, wobei die Konflikthäufigkeit in der Unterschicht tendenziell etwas niedriger zu sein scheint.

Im Vergleich nach dem *Migrationshintergrund* sind die Unterschiede nicht besonders ausgeprägt, außer dass Konflikte mit den Eltern in italienischen Familien am wenigsten vorzukommen scheinen. Betrachtet man dann allerdings noch den *Geschlechtsaspekt*, so zeigt sich, dass vor allem Mädchen aus Migrationsfamilien viel mehr über häufige Konflikte mit ihren Eltern berichten als Knaben: 42% vs. 31%. In Schweizer Familien sind diese Unterschiede viel weniger ausgeprägt: 39% Mädchen vs. 35% Knaben. Dies gilt besonders ausgeprägt für italienische und ex-jugoslawische Familien, während sich erstaunlicherweise keine Geschlechtsunterschiede in türkischen Familien äußern.

Abb. 34 zeigt, dass bei Meinungsverschiedenheiten in den meisten Familien diskutiert wird, und wenn Kinder und Jugendliche gute Argumente haben, können sie ihre Eltern überzeugen. Das ist der dominante Modus bei 61% der Schweizer Familien aber nur bei 45% der Familien mit Migrationshintergrund. Im Unterschied dazu bestimmen in Migrationsfamilien und am stärksten in

Familien aus dem Balkan die Eltern, d.h. sie erklären ihre Meinung, bis die Kinder verstehen, wieso die Eltern dagegen sind. Ganz autoritäre Haltungen im Sinne, dass die Eltern allein bestimmen oder dass umgekehrt die Kinder meistens machen, was sie wollen, sind eher selten.

Abb. 34: Strategien der Konfliktlösung und ethnokultureller Hintergrund

Prozent / N=1'468	Schweiz	Migration	Italien	Balkan	Türkei
Argumente zählen	61	45	48	40	42
Eltern erklären ihre Haltung	22	38	36	44	38
Mache meist was ich will	10	7	8	6	7
Eltern bestimmen	7	10	8	10	13

In Schweizer Familien (nach unserer Definition) wird als erste Sprache in der Regel deutsch gesprochen, als Zweitsprache wird von insgesamt 11% der befragten Schüler englisch, französisch oder italienisch angegeben. Während bei den Schülern *jugoslawischer Herkunft* zu 73% in erster Linie die Herkunftssprache gesprochen wird, macht dieser Anteil bei Familien italienischen Ursprungs 55% und bei denjenigen türkischen Ursprungs 69% aus. Als Zweitsprache wird von den Migrantenkindern zu 43% bis 52% Deutsch genannt.

Abb. 35: Sprachen, die zu Hause gesprochen werden

Prozentanteile Migranten, N=969	Häufigste Sprache		Weitere Sprache	
	Deutsch	Andere	Deutsch	Andere
Schweizer Familien	**98**	2	2	11
Migrationshintergrund	38	**62**	37	31
Italien	45	**55**	46	27
Balkan	27	**73**	52	20
Türkei	31	**69**	43	26

Die Resultate zur Zusammensetzung des Kollegenkreises und zur Umgangssprache zu Hause und in den Peer Gruppen sind insofern relevant für unser

Projekt als sich dadurch auch etwas darüber aussagen lässt, inwiefern via Kommunikation über Medien Inklusion bzw. Exklusion stattfinden kann: Zwar sind die Medienpräferenzen von jugendlichen Schweizern und Migranten sehr ähnlich, ein Austausch über Medien kann aber durch die geringe Durchmischung des Kollegenkreises bezüglich Herkunftsland nur begrenzt stattfinden. Für Mediengespräche in der Familie muss berücksichtigt werden, dass die Kommunikationssprache zu Hause häufig eine andere Sprache als Deutsch ist und dass Eltern Medien häufiger als ihre Kinder in einer anderen Sprache nutzen, wodurch sich weniger Überschneidungen des potentiellen Gesprächsstoffs ergeben oder sich Mediensprache und Sprache der Anschlusskommunikation nicht decken.

Abb. 36: Bewertung von Sprachkursen zum Erwerb der Herkunftssprache

Prozent / Basis: Kursbesuch, N=390		Insg.	Italien	Balkan	Türkei
Fand es gut, dass ich die (Heimat) Sprache besser gelernt habe		57	**68**	52	53
Ich fand es interessant, etwas über mein Herkunftsland zu lernen		54	51	58	63
Eltern wollten, dass ich hingehe	Hat mir gefallen	47	**54**	43	42
	Hat nicht gefallen	27	32	23	31
Ich fand es gut, Andere aus dem gleichen Herkunftsland kennen zu lernen		45	**52**	36	36
Ich fand es langweilig		19	20	21	18

Im Zusammenhang mit der *Sprachsozialisation* wurden die Kinder und Jugendlichen mit Migrationshintergrund auch noch gefragt, ob sie Kurse besucht haben oder noch besuchen, in denen sie die Sprache des Herkunftslandes kennen lernen. 40% der befragte Schüler besuchen offenbar solche Kurse zum Erwerb der Herkunftssprache ihrer Eltern.

Grundsätzlich bewertet eine Mehrzahl jener 40% der Heranwachsenden mit Migrationshintergrund, welche Kurse zum Erwerb der Herkunftssprache besucht, besucht hat oder hat besuchen müssen, diese Kurse als positiv. Nur rund einem Drittel haben die Kurse nicht gefallen, und knapp 20% fanden diese langweilig. Kinder mit italienischem Hintergrund schätzen es besonders, dort andere Italiener kennen gelernt zu haben.

Abb. 37 zeigt noch den Wohnort der Verwandten. Hier äußern sich beträchtliche Unterschiede zwischen den Schweizer Familien und jenen mit Migrationshintergrund. Bei letzteren wohnen die meisten Verwandten nicht in der Schweiz, sondern im Ausland. Dies bleibt natürlich nicht ohne Folgen für die Kommunikation mit den Verwandten, die im Falle der Kinder mit Migrationshintergrund bedeutend schwieriger ist.

Abb. 37: Wohnort der Verwandten

Prozent / N=1'468	Schweiz	Migration	Italien	Balkan	Türkei
(Fast) alle leben in der Deutschschweiz	45	6	8	5	5
An verschiedenen Orten in der Schweiz	40	5	2	7	3
Gleich viele in der Schweiz wie Ausland	13	46	46	51	53
Die meisten wohnen in einem anderen Land	2	43	44	37	39

Der Kontakt zu den Verwandten wird in allen Familien dadurch gepflegt (vgl. Abb. 38), dass gegenseitig häufig oder manchmal Besuche gemacht und empfangen werden (80%). Rund zwei Drittel der befragten Kinder und Jugendlichen berichten zudem, dass man die Verwandten in den Ferien besuche oder dass man zusammen etwas unternehme. Bei den indirekten Kontakten steht das *Schreiben von Briefen* noch vor dem Telefonieren, dem Senden von SMS und dem Chatten deutlich an der Spitze.

Wie bereits im Rahmen der Freizeitaktivitäten diskutiert wurde (Abb. 24) zeigt sich, dass der *Kontakt zu Verwandten von Migrantenfamilien* intensiver gepflegt wird als von Schweiz Familien, und zwar sowohl was das direkte Zusammentreffen als auch was die Kontakte über Distanz betrifft. Deutlich wird die *Rolle der neuen Medien* als Verbindung zu Verwandten in Migrantenfamilien: Während Schweizer Schüler nur selten mit Verwandten chatten oder ihnen Emails schreiben, wird dies von Schülern mit Migrationshintergrund deutlich häufiger gemacht. Im Vergleich der Herkunftsländer äußert sich wiederum, dass die Werte der italienischen Migrantenkinder näher an den Werten der Schweizer Jugendlich liegen als diejenigen der Schüler mit türkischer oder ex-jugoslawischer Herkunft.

Abb. 38: Formen des Kontakts zu den Verwandten

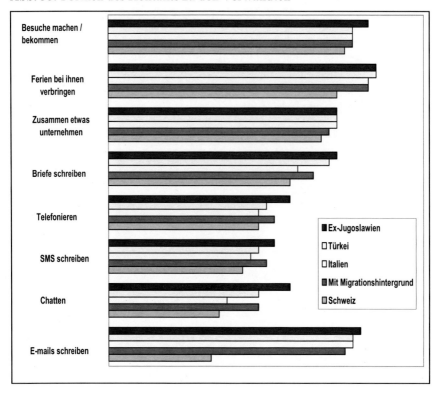

6. Personale Identität

Neben dem Freizeitbereich und dem sozialen Umfeld, in dem sich Kinder und Jugendliche bewegen, interessierten in einer Migrationsperspektive vor allem auch die *persönlichen Lebensentwürfe der Heranwachsenden*, also die Frage, ob und wie sich Kinder und Jugendliche aus Familien mit Migrationshintergrund allenfalls hinsichtlich ihrer persönlichen Werthaltungen, Berufsziele und des politischen Interesses von ihren Peers mit Schweizer Hintergrund unterscheiden.

6.1 Werthaltungen

Die befragten Jugendlichen wurden anhand einer Liste (vgl. Abb. 39) in einem ersten Schritt gebeten anzugeben, wie wichtig ihnen „die folgenden Dinge für ein schönes Leben" seien; in einem zweiten Schritt wurden sie zudem gefragt, welche Dinge ihrer Meinung nach bei Schülerinnen und Schülern ihres Alters „in" bzw. „out" seien.

Abb. 39: Werthaltungen im ethnokulturellen Vergleich

Prozent „wichtig" / N=1'468	Schweiz	Migration	Italien	Balkan	Türkei
Gute Freunde haben	97	96	99	95	96
Nicht arbeitslos sein	97	96	95	97	99
Eine gute Ausbildung haben	92	93	95	93	96
Interessante Arbeit haben	92	89	93	91	81
Schönes Familienleben	88	**94**	90	**97**	**97**
Kein Stress haben	70	**76**	70	**78**	**81**
Gefühle offen zeigen können	66	67	60	**70**	62
Das tun können, was gefällt	64	**77**	77	78	77
Viel Freizeit	62	67	66	69	71
Tolerant sein	61	65	60	**66**	**68**
Umweltbewusst leben	56	52	43	**54**	**64**
An etwas glauben	45	**68**	63	**72**	**78**
Viel Geld haben	35	**58**	48	**68**	**63**
Sich politisch engagieren	16	18	8	**20**	**29**
Macht haben	13	**25**	15	**36**	**35**

Gesamthaft betrachtet zeigt sich bei den heutigen Heranwachsenden in der Schweiz ein komplexes und ambivalentes, aber zugleich pragmatisches Wertgefüge. Eine stark *pragmatische Zukunftsorientierung* äußert sich in der hohen Priorität von guter *Schulausbildung* einerseits und starker *Berufsorientierung* andererseits. Zugleich werden aber ebenso von über 90% der Befragten soziale und private Lebensorientierungen wie ein *guter Freundeskreis* einerseits und zukunftsorientiert ein *schönes Familienleben* als wichtig betrachtet.

Die heutige Jugend ist im Vergleich zu früher aber sicher *offener und stärker hedonistisch orientiert*, was sich im mittleren Bereich mit Prioritäten zwischen 60% und 70% äußert, und zwar in Bezug auf Werte wie kein Stress haben, Gefühle offen zeigen können, das tun können was gefällt, und viel Freizeit haben, aber auch tolerant sein

Interessant ist, dass sich idealistisch-postmaterialistische Werthaltungen wie *„umweltbewusst leben"* von immerhin gut der Hälfte der Befragten bejaht werden; im Vergleich dazu ist das politische Interesse der 12-16jährigen aber noch vergleichsweise schwach ausgeprägt, und nur jeder siebte Befragten findet ein *politisches Engagement* persönlich wichtig. Traditionelle Werthaltungen wie „viel Geld haben" oder „Macht haben" sind in diesem Lebensabschnitt ebenfalls noch unwichtig. Demgegenüber erstaunt vielleicht, dass es für die Hälfte der Befragten wichtig ist, „an etwas glauben" zu können.

Es entspricht der heutigen stark individualistisch geprägten Gesellschaft, dass sich zwischen den verschiedenen sozialen Gruppen relativ starke Unterschiede in den Wertprioritäten zeigen (vgl. Abb. 39 und Abb. 40):

Migrationskontext. Grundsätzlich stimmt die Wertepyramide zwischen den Schweizer Jugendlichen und jenen mit Migrationshintergrund in den zentralen Wertebereichen wie Ausbildung, Beruf und gute Freunde stark überein. Dann gibt es aber doch Unterschiede, wobei Migrationsjugendliche aus Schweizer Perspektive in verschiedenen Wertebereichen sich deutlich traditioneller definieren, wobei dies vor allem für Heranwachsende aus dem Balkan und der Türke gilt, während sich die Kontexte Schweiz und Italien kaum unterscheiden. Für Jugendliche aus dem Balkan bzw. der Türkei ist „ein schönes Familienleben", und „viel Geld haben" relativ wichtiger; sie betonen – vielleicht überraschend – auch Werte wie „Toleranz" und vor allem „an etwas glauben" signifikant stärker als Jugendliche aus der Schweiz oder Italien. Überraschend mag auch sein, dass Heranwachsende aus der Schweiz und Italien zwar zu 70% betonen, dass es ihnen wichtig sei, „keinen Stress zu haben", der entsprechende Wert bei türkischen und Balkan Jugendlichen sogar noch 10% stärker ausgeprägt ist.

Gender. Überraschenderweise setzen sowohl Knaben als auch Mädchen in vielen Bereichen ähnliche Wertprioritäten. Es gibt aber auch Ausnahmen, insofern es für Mädchen (75%) deutlich wichtiger ist als für Knaben (60%), Gefühle offen zeigen zu können. Knaben, aber auch Mädchen mit Migrationshintergrund betonen mit rund 75% zudem deutlich stärker, keinen Stress haben zu wollen, während dieser Wert nur bei 62% der Mädchen wichtiger ist. Das Gleiche gilt auch für den Wert „das tun können, was mir gefällt", der bei Knaben und Mädchen mit Migrationshintergrund wichtiger ist. Viel Geld bzw. Macht haben als Ausdruck materialistischer Werthaltungen wird demgegenüber von den Knaben stärker betont; das gilt auch für das politische Interesse. Umgekehrt sind Mädchen nach wie vor weniger politisch interessiert, gleichzeitig spielt das Geld für sie offenbar eine deutlich geringere Rolle. Auffällig ist schließlich, dass sich der Migrationshintergrund sowohl bei Mädchen als auch bei Knaben darin äußert, dass der Glaube im Vergleich zu den Schweizern signifikant wichtiger ist.

Abb. 40: Werthaltungen im Gender-Vergleich

Prozent „wichtig" N=1'468	Mädchen		Knaben	
	Schweiz	Migration	Schweiz	Migration
Gute Freunde haben	99	96	95	95
Nicht arbeitslos werden	98	96	94	97
Eine gute Ausbildung haben	93	92	95	95
Schönes Familienleben	90	94	93	93
Interessante Arbeit haben	89	86	91	91
Gefühle offen zeigen können	**78**	**75**	60	60
Keinen Stress haben	62	**75**	77	77
Tolerant sein	59	**66**	65	65
Umweltbewusst leben	**58**	50	54	54
Da tun können, was gefällt	57	**78**	71	**77**
Viel Freizeit haben	57	61	74	74
An etwas glauben	43	**65**	47	**70**
Viel Geld haben	25	**49**	46	**65**
Sich politisch engagieren	11	15	22	22
Macht haben	8	22	19	**30**

Soziale Herkunft. Der Schichthintergrund des Elternhauses äußert sich ebenfalls in den Werthaltungen der Kinder, aber nur noch abgeschwächt und in wenigen Bereichen. Für Heranwachsende aus bildungsfernen und sozial benachteiligten Familien sind im Vergleich *materialistische Werthaltungen* wie Geld und

Macht wichtiger; gleichzeitig betonen sie die Orientierung am Glauben stärker, wobei sich hier vor allem der Migrationshintergrund bemerkbar macht.

Abb. 41: Was ist bei Heranwachsenden „in"?

Prozent „in" / N=1'468	Schweiz	Migration	Italien	Balkan	Türkei
Toll aussehen	93	94	96	96	89
Markenkleider tragen	81	86	88	89	84
Treu sein	81	77	77	81	65
Karriere machen	71	79	81	81	74
Verantwortung übernehmen	69	69	67	71	71
Technische Neuerungen	59	62	69	59	68
An etwas glauben	58	69	65	72	71
Drogen nehmen	39	21	27	16	14
Umweltbewusstsein	37	39	39	40	41
Sich politisch engagieren	15	15	7	17	15
Die Differenzen zu 100% entsprechen den Anteilen von „ist out".					

Interessant ist schließlich ein Vergleich zwischen eigenen Werthaltungen und dem, was man bei den Gleichaltrigen als „in" bzw. „out" wahrnimmt (Abb. 41). Vielleicht erstaunt im Kontext der heutigen Mediengesellschaft nicht, dass dem Aussehen und der Mode von allen Heranwachsenden eine gleichermaßen sehr hohe Priorität eingeräumt wird. Im Vergleich dazu ist aber konsonant zu den persönlichen Werthaltungen, dass Karriere und Verantwortung (im Beruf) ebenfalls als „in" angesehen werden. Bei Jugendlichen mit Migrationshintergrund entspricht weiter zu den eigenen Werthaltungen, dass „an etwas glauben" bei einer Mehrzahl von 70% als „in" gilt. Im starken Kontrast dazu ist, dass 39% der Schweizer Jugendlichen das Konsumieren von Drogen als „in" betrachten; die vergleichbaren Werte liegen bei Jugendlichen aus dem Balkan resp. der Türkei mit etwa 15% deutlich tiefer.

6.2 Vorbilder

Die befragten Jugendlichen konnten in einer offenen Frage zudem ihr persönliches Vorbild nennen. Die Angaben wurden in einem zweiten Schritt inhaltsanalytisch aufgrund eines Kategoriensystems codiert. Insgesamt haben zwei Drittel ein Vorbild genannt; ein Drittel der befragten Kinder und Jugendlichen orientiert sich offenbar nicht an einem Vorbild. Wie Abb. 42 zeigt, stehen Familienmitglieder als Vorbilder deutlich an der Spitze, gefolgt von Stars aus dem *Sport* sowie aus der *Musik*. Mit etwas Abstand folgen dann Vorbilder aus dem Freundeskreis oder aus der *Politik*. *Idealistische Vorbilder* wie z.B. Che Guevara oder ein prominenter Tierschützer, aber auch religiöse Vorbilder wie Ghandi, Mutter Theresa oder Jesus sind dagegen vergleichsweise selten. Schließlich wurden auch literarische Figuren wie Harry Potter oder Pippi Langstrumpf als Vorbildung genannt. Im Migrationskontext ist zu erwähnen, dass Familienmitglieder mit 30% im Vergleich zu 25% bei den Schweizern etwas häufiger als Vorbild genannt werden. Während sich Knaben Sportler signifikant häufiger zum Vorbild nehmen (25% vs. 3%), orientieren sich Mädchen stärker an der Familie (36% vs. 31%) und an Stars aus dem Musikbereich (14% vs. 9%).

Abb. 42: Vorbilder der Heranwachsenden

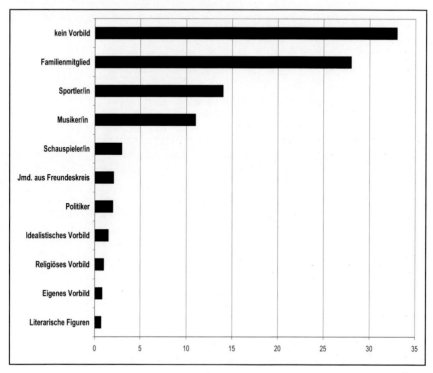

Für jene Schüler, die ein Vorbild genannt haben, welches nicht zur Familie oder zum Freundeskreis gehört, und die nicht sich selber als Vorbild gewählt haben, wurde untersucht, aus welchem Land das Vorbild stammt. Hierbei wurde unterschieden nach Schweiz, dem eigenen Herkunftsland und internationalen Berühmtheiten. Von den 518 Nennungen entfielen bei den Jugendlichen aus der Schweiz 18% und bei den Migrationsjugendlichen 13% der Vorbilder auf das eigene (Herkunfts-)Land. Die Jugendlichen aus der Türkei nannten dabei mit 26% besonders viele Vorbilder aus ihrem eigenen Land. Grundsätzlich dominierten aber mit 75% bis 85% *Vorbilder aus dem internationalen Kultur- und Sportbereich*.

6.3 Persönliche Diskriminierung

In der Medienöffentlichkeit werden von Migrationsorganisationen immer wieder Vorwürfe geäußert, in der Schweiz würden Ausländer, Asylsuchende oder Fremde ganz allgemein diskriminiert. Vor dem Hintergrund solcher Vorwürfe wurden alle Kinder und Jugendlichen nach allfälligen *persönlichen Erfahrungen mit Benachteiligung* gefragt. Menschen können ja nicht nur wegen ihrer ethnokulturellen Herkunft, sondern auch wegen ihrem Alter, Geschlecht oder politischer wie religiöser Überzeugungen auffallen und diskriminiert werden.

Abb. 43: Empfundene Benachteiligungen

Gründe in % / N=1'469	oft	ab und zu	selten	nie
Alter	8	31	27	34
Aussehen	5	12	28	55
Herkunftsland	3	12	23	62
Namen	3	8	16	73
Geschlecht	2	9	26	63
Religiöse Überzeugung	3	8	15	74
Politische Überzeugung	1	7	17	75

Die Werte in Abb. 43 belegen, dass die Befragten mehrheitlich von wenigen Benachteiligungen berichten. Interessant ist, dass dabei Benachteiligungen aufgrund des *Alters* einerseits und des *Aussehens* andererseits noch am ehesten eine Rolle zu spielen scheinen. Nur etwa 15% der Befragten berichten von Benachteilungen aufgrund des Herkunftslandes. Praktisch keine Rollen spielt auch die Diskriminierung wegen religiöser oder politischer Überzeugungen.

Abb. 44 spezifiziert zudem noch genauer, wobei interessant ist, dass Schweizer Jugendliche im Vergleich zu solchen mit Migrationshintergrund empfindlicher auf Benachteiligungen aufgrund ihres Alters reagieren, das gilt übrigens auch für Jugendliche italienischer Abstammung. In allen anderen Bereichen, und speziell in Bezug auf das Herkunftsland, erleben sich Jugendliche aus der Türkei am stärksten als benachteiligt. Bei Jugendlichen aus dem Balkan sind es wiederum der Name und das Herkunftsland, wo die Unterschiede zu Schweizer Jugendlichen signifikant stärker ausgeprägt sind. – Grundsätzlich gilt aber auch für Jugendliche mit Migrationshintergrund, dass Benachteiligungen eher selten sind bzw. nicht häufig wahrgenommen werden.

Abb. 44: Empfundene Benachteiligungen nach Migrationshintergrund

Prozent „oft/manchmal"	Schweiz	Migration	Italien	Balkan	Türkei
Alter	**44**	36	41	31	**44**
Aussehen	**20**	16	15	14	**23**
Herkunftsland	10	**17**	12	18	**27**
Namen	8	**13**	9	14	**19**
Geschlecht	12	11	7	11	16
Religiöse Überzeugungen	8	**13**	7	11	**29**
Politische Überzeugungen	9	8	8	7	11

6.4 Berufsorientierung

Es wurde schon im Zusammenhang mit den Wertorientierungen darauf hingewiesen, dass die berufliche Zukunft für die heutigen Heranwachsenden einen wichtigen Stellenwert hat. Für gut 90% ist es wichtig, eine interessante Arbeit zu haben, und rund drei Viertel geben an, dass „Karriere machen" bei den Peers „in" sei.

Vor diesem Hintergrund und speziell in Bezug auf den Lieblingsberuf der Zukunft wurde darum noch nachgefragt: „Glaubst Du, dass Du dieses berufliche Ziel erreichen wirst?" – Die Befunde in Abb. 45 zeigen dazu, dass die befragten Kinder und Jugendlichen ihre *Berufschancen optimistisch und zugleich auch realistisch* einschätzen: 35% meinen, dass sie ziemlich sicher seien, ihr berufliches Ziel zu erreichen, und weitere 55% sehen immerhin eine realistische Chance und antworten mit „vielleicht schon"; im Vergleich dazu sind nur rund 10% insofern pessimistisch als sie davon ausgehen, dass sie ihren Lieblingsberuf vermutlich oder sogar sicher nicht erreichen werden. Im Migrationsvergleich sind die Unterschiede erstaunlicherweise nicht sehr ausgeprägt, d.h. auch Jugendliche mit Migrationshintergrund hoffen, ihre Berufsziele zu erreichen. Am wenigsten sicher scheinen sich hier die Jugendlichen aus dem Balkan zu sein. Darüber hinaus bestehen kaum Unterschiede zwischen Knaben und Mädchen; jedoch sind sozial privilegierte Jugendliche und auch solche mit einem bessern eigenen Bildungshintergrund signifikant optimistischer in Bezug auf erreichen ihrer Berufsziele.

Abb. 45: Berufsorientierung und Migrationshintergrund

In Prozent / N=1'468		Schweiz	Migration	Italien	Balkan	Türkei
Interessante Arbeit haben		92	89	93	91	81
Karriere machen ist „in"		71	79	81	81	75
Glaubt man, das Berufsziel zu erreichen?	Ziemlich	35	30	32	26	31
	Vielleicht	55	58	56	61	55
	Eher nicht	10	12	12	13	14

6.3 Politische Orientierungen

Wie schon aufgrund von Abb. 39 und Abb. 41 ausgeführt, finden nur rund 15% der Kinder und Jugendlichen im Alter zwischen 12 und 16 Jahren es wichtig, sich politisch zu engagieren, und praktisch gleich viele meinen, dass Politik „in" sei, wobei das politische Interesse bei Heranwachsenden mit Migrationshintergrund sogar noch etwas stärker ausgeprägt ist als bei der Schweizer Jugend.

Abb. 46: Über Politik in der Schweiz und im Ausland informiert sein

Prozent / Migranten, N=969		wichtig	teils teils	unwichtig
Wissen, was politisch geschieht ...	in der Schweiz	33	44	23
	im Herkunftsland	43	43	14
	in anderen Ländern	38	44	18
Wissen, was kulturell läuft ...	in der Schweiz	54	35	11
	im Herkunftsland	47	36	17
	in anderen Ländern	33	44	23

In einer Migrationsperspektive wurden die Befragten mit Migrationshintergrund zudem auch noch gefragt, wie wichtig sie selber es finden, über das politische sowie das kulturelle Geschehen in der Schweiz oder aber im Heimatland auf dem Laufenden zu sein. Abb. 46 zeigt dazu, dass sich Migrationsjugendliche deutlich stärker für das politische Geschehen in ihrem Heimatland interessieren, als dafür, was politisch in der Schweiz passiert. Im Vergleich dazu ist ihr Interesse für internationale News sogar noch stärker ausgeprägt. Im Kulturbereich (Musik, Kino, TV) hingegen steht die lokale Orientierung an der Schweiz an der Spitze.

Abb. 47: Politik- / Kulturinteresse und ethnokulturelle Orientierung

Prozentanteile „wichtig" Migranten, N=969		Schweiz-Orientierte	Dualisten	Herkunfts-Orientierte	Unge-bundene
Wissen was politisch läuft	Schweiz	45	58	19	16
	Herkunftsland	30	67	53	30
	International	33	51	44	22
Wissen was kulturell läuft	Schweiz	73	78	38	30
	Herkunftsland	32	76	59	28
	International	31	47	36	20

Die ethnokulturelle Orientierung der Heranwachsenden mit Migrationshintergrund bestimmt sehr stark, ob sie bezüglich des politischen oder kulturellen Geschehens sich an der Schweiz oder an der Herkunftskultur orientieren (vgl. Abb. 47). Interessant ist, dass sich die sog. *Dualisten* im Sinne einer *Brückenfunktion* überhaupt am stärksten für die Medienberichterstattung über das politische wie auch kulturelle Geschehen interessieren, und zwar sowohl in der Schweiz als auch im Heimatland. Umgekehrt äußert sich die *Isolation der Ungebundenen* auch in einer speziell tiefen Nutzung der politischen wie kulturellen Medienberichterstattung. Für die *Schweiz-Orientierten* wiederum ist typisch, dass sie sich am stärksten für das Geschehen in der Schweiz interessieren, während die Politik und Kultur des Heimatlands für die *Herkunfts-Orientierten* zentra*l ist*.

Schließlich wurde noch die *politischen Identität* angesprochen, d.h. danach gefragt, ob die Jugendlichen eher eine regionale, nationale, europäische oder sogar globale politische Orientierung haben.

Abb. 48 zeigt, wie komplex die nationalen Identitäten heute ausgeprägt sind. *Schweizer Jugendliche fühlen sich mehrheitlich als Schweizer;* immerhin zwei Drittel betrachten sich aber auch als Europäer und gut die Hälfte sogar als Weltbürger. Im Unterschied dazu identifizieren sich mit rund 80% etwa gleich viele Jugendliche mit Migrationshintergrund mit ihrem Herkunftsland. Nur jeweils ein gutes Viertel gibt an, sich auch als Schweizer bzw. Schweizerin zu fühlen. Die *Identifikation mit Europa* ist mit 76% hingegen besonders stark bei den Italienern; Italien gehört ja schließlich auch zur EU; andererseits sind die Werte bei den Türken relativ tief, aber doch fast die Hälfte der Jugendlichen mit türkischer Herkunft fühlen sich auch als Europäer.

Abb. 48: Politische Identität zwischen „lokal" und „international"

„Sich sehr stark / stark fühlen als ..." in %	Schweiz	Migration	Italien	Balkan	Türkei
Schweizer	**83**	33	25	28	28
Angehöriger des Herkunftslandes	74	**81**	85	83	76
Europäer	65	62	**76**	62	47
Weltbürger	53	50	50	47	48

7. Medienumwelt und Mediennutzung

Im Zentrum der vorliegenden Untersuchung steht die Mediennutzung von Jugendlichen aus der Schweiz, und zwar im Vergleich zu Heranwachsenden mit Migrationshintergrund. Da die Nutzung der Medien aber immer auch stark vom Medienangebot abhängt, das zu Hause und eventuell sogar im eigenen Zimmer der Befragten vorhanden ist, wird in einem ersten Schritt die *Medienumwelt* skizziert, in der sich die heutigen jungen Menschen bewegen.

Vor diesem Hintergrund wird dann in einem zweiten Schritt auf die quantitative Nutzung der Medien eingegangen, wobei zwischen der Häufigkeit und dem zeitlichen Umfang der Mediennutzung unterschieden wird.

7.1 Medienzugang

Betrachtet man zunächst nur den Medienbesitz in den Familien außerhalb des eigenen Zimmers (Abb. 49), so zeigt sich eine generell reichhaltige Medienausstattung auf einem hohen Niveau in praktisch allen Familien, und zwar sowohl bei den audiovisuellen als auch bei den auditiven Medien. Das *Fernsehen* muss aufgrund seiner Reichweite nach wie vor als *Leitmedium* bezeichnet werden. Im Vergleich dazu liegen die Werte für abonnierte *Printmedien* deutlich tiefer.

Abb. 49: Medienzugang zu Hause außerhalb des eigenen Zimmers

Prozent / N=1'468	Schweiz	Migration	Italien	Balkan	Türkei
Fernsehen	89	85	99	97	99
Satelliten TV	24	**61**	**56**	**74**	**71**
Video	85	80	84	78	74
DVD	**75**	64	**70**	53	59
Radio	**77**	68	**74**	63	66
Stereoanlage	**70**	63	65	59	53
Computer	**81**	52	60	38	40
Internet	**80**	49	57	38	34
Games (Playstation)	**52**	40	43	34	34
Zeitungs-Abonnement	**89**	61	64	55	63
Zeitschriften-Abo	**65**	46	48	45	56

In Familien aus dem Balkan und der Türkei spielen *Radio und Stereoanlagen* im Vergleich ebenfalls eine untergeordnete Rolle. Schließlich stehen außerhalb der Kinderzimmer zudem vergleichsweise wenige Computer, d.h. aber nicht, dass dieses neue Medium nicht vorhanden wäre, wie ein Blick in Abb. 50 zeigt: PCs mit und ohne Internetanschluss, aber auch PC-Spiele (z.B. Playstation) stehen nämlich vorwiegend in den Zimmern der Kinder und Jugendlichen selbst.

Im Bereich der *Printmedien* hingegen sind Heranwachsende aus Migrationsfamilien deutlich schlechter gestellt, dies betrifft vor allem auch die den Kindern selbst gehörenden Bücher: Während Schweizer Kinder angeben, im Durchschnitt 37 Bücher (ohne Schulbücher) zu besitzen, finden sich in den Kinderzimmern der Migrationshaushalte gerade mal 23 Bücher, wobei der Wert für die Kinder aus Ex-Jugoslawien mit 16 besonders tief ist.

Abb. 50: Medienzugang im eigenen Zimmer

Prozent / N=1'468	Schweiz	Migration	Italien	Balkan	Türkei
TV	32	**46**	**50**	**52**	**39**
Satelliten TV	6	6	8	8	5
DVD	27	**39**	**36**	**44**	**46**
Video	18	**23**	**25**	**25**	22
Radio	**89**	74	78	72	69
Stereoanlage	87	78	83	74	81
PC	45	**56**	**51**	**61**	**68**
Internet	30	**49**	**40**	**56**	**64**
Games (Playstation)	25	**37**	**40**	**41**	**43**
Zeitschriften-Abo	**24**	17	11	21	10
Ø Anzahl Bücher	**37**	23	22	16	24

7.2 Digitale Klüfte

Obwohl in ausländischen Studien immer wieder die Rede davon ist, dass Heranwachsende in Migrationshaushalten benachteiligt seien, was den Zugang zu den neuen Medien anbelangt, d.h. deutliche Digitale Klüfte bestehen würden, zeigen die Befunde aus unserer Schweizer Studie, dass zwar Computer und Internet außerhalb der Kinderzimmer in Haushalten von Migrantenfamilien im Vergleich zu Schweizer Familien tatsächlich weniger vorhanden sind, aber nicht weil es diese nicht gäbe, sondern weil die neuen Medien vor allem in den Zimmern der Heranwachsenden selber stehen. Vermutlich lässt sich dieser Sachverhalt damit erklären, dass in Schweizer Familien auch die Eltern Computer und Internet benutzen, in Migrantenfamilien verfügen vermutlich aber nur die Kinder über die entsprechenden Computerfertigkeiten. – Zusammenfassend gibt es in fast 90% der untersuchten Familien heute Zugang zum Internet und die Versorgung in Migrantenfamilien liegt nur 5% tiefer.

Im Vergleich sind, wenigstens in der Schweiz, somit nicht ethnokulturelle, sondern soziale Zugangsklüfte von Bedeutung: Wie Abb. 51 zeigt, haben Knaben, Heranwachsende aus privilegierten sozialen Milieus und die besser gebildeten Schüler auf der Oberstufe einen signifikant besseren Zugang zu Computer und Internet, vor allem auch im eigenen Zimmer.

Abb. 51: Zugangsklüfte beim Internet

Zugang in Prozent Alle Befragten, N=1'468		Im eigenen Zimmer	Nur in der Familie	Zugang überhaupt
Migrations- hintergrund	nein ja	30 **49**	62 38	92 87
Geschlecht	Knaben Mädchen	47 37	44 49	91 86
Sozialer Hintergrund der Familie	hoch mittel tief	40 40 **48**	53 49 34	93 90 82
Eigene Bildung (nur Oberstufe)	hoch mittel tief	41 **46** **46**	54 42 32	96 88 78
Insgesamt		**42**	**47**	**89**

Abb. 52 verdeutlicht, dass es nicht nur „Digitale Klüfte" gibt, sondern dass auch ausgeprägte *Zugangsklüfte bei den Printmedien* bestehen, wobei in diesem Bereich der Migrationshintergrund zusammen mit dem sozialen Status des Elternhauses sich in doppelter Weise als Barriere auswirkt: Zum einen ist die Versorgung mit Zeitungen und Büchern in Migrationshaushalten signifikant schlechter als in Schweizer Haushalten, und zum anderen wird dieser Zusammenhang noch dadurch verstärkt, dass Migrationshaushalte vielfach sozial unterprivilegiert sind. Kinder aus sozial unterprivilegierten Migrationshaushalten besitzen in der

Folge im Durchschnitt nur gerade 16 Bücher, während der Buchbesitz bei Schweizer Kindern aus privilegierten bzw. bildungsnahen Elternhäusern mit 49 mehr als dreimal so umfangreich ist.

Abb. 52: Zugangsbarrieren bei Printmedien

Mittelwerte und Prozent Alle Befragten, N=1'468	Sozialer Familienstatus			Insg.
	tief	mittel	hoch	
Anzahl eigene Bücher: Mittelwerte				
Schweizer Familien	24	32	**49**	37
Migrationshintergrund	**16**	24	30	23
Insgesamt	17	28	37	28
Zeitungs-Abonnement: Anteile in Prozent				
Schweizer Familien	77	88	**92**	89
Migrationshintergrund	**55**	64	63	61
Insgesamt	57	74	74	70

7.3 Häufigkeit der Mediennutzung

Die Kinder und Jugendlichen wurden neben dem Medienzugang gefragt: „Wie häufig brauchst Du in Deiner Freizeit folgende Medien?"

Analog zum Medienbesitz zeigt sich auch hier (vgl. Abb. 53: Häufigkeit der Mediennutzung), dass die heutigen Heranwachsenden als *Mediengeneration* bezeichnet werden können, nutzt doch der größte Teil von ihnen jeden Tag mehrere Medien, wobei auch hier dem *Fernsehen* die wichtigste Rolle – als Leitmedium quasi – zukommt und zwar noch verstärkt bei Heranwachsenden mit Migrationshintergrund. Ein praktisch gleich großer Stellenwert besitzt auch die *Musik* ab Tonträger, und zwar unabhängig vom ethnokulturellen Hintergrund. Fernsehen und Musikhören üben rund 70% der Befragten täglich aus, und es gibt nur eine kleine Gruppe von etwa 5% der Heranwachsenden, welche diese Medien nicht nutzen.

Gut die Hälfte der Befragten hört zudem mindestens mehrmals pro Woche *Radio*; aber beim Hörfunk existiert bereits eine Gruppe von 35%, die dieses Medium wenig bis gar nicht nutzt.

Etwa die Hälfte der Befragten nutzt die *Zeitung* mindestens mehrmals pro Woche und zwei Drittel tun dies mindestens wöchentlich. Damit hat die Zeitung im Vergleich zu den Erwachsenen auf dieser Altersstufe noch nicht den Status eines täglich genutzten Mediums. Noch stärker werden *Bücher* und *Zeitschriften* eher in einem wöchentlichen Rhythmus genutzt, und zwar von gut der Hälfte der Befragten. Allerdings muss heute fast die Hälfte der Jugendlichen eher als Lesemuffel bezeichnet werden.

Schließlich haben *Computer und Internet* als neue Medien bei den heutigen Heranwachsenden relativ rasch einen deutlich wichtigeren Stellenwert als die klassischen Printmedien erlangt: 40% der Befragten surfen täglich und sogar 70% mehrmals die Woche im Internet.

Video bzw. DVD und PC-Spiele auf Spielkonsolen werden ähnlich wie die Bücher eher in einem wöchentlichen Rhythmus genutzt. Bei beiden Medien gibt es aber auch Heranwachsende, die diese nicht nutzen

Abb. 53: Häufigkeit der Mediennutzung

In Prozent Alle, N=1'468	täglich	mehrmals pro Wo.	einmal pro Wo.	weniger	nie
Fernsehen	69	25	3	2	1
Musik (CD)	70	20	4	1	5
Radio hören	37	20	7	25	11
Zeitung	21	25	20	25	9
Bücher	16	21	15	39	9
Zeitschriften	8	26	25	31	10
Computer	19	38	17	20	6
Internet	39	31	10	10	10
Video/DVD	15	27	25	32	2
Playstation	14	19	13	26	28

Im *Migrationsvergleich* (vgl. Abb. 54: Häufigkeit der Mediennutzung im Migrationsvergleich) zeigen sich bei den AV-Medien einerseits und bei den Printmedien andererseits zwischen Schweizer Schülern und ihren Kameraden mit Migrationshintergrund deutliche Akzentunterschiede. Während Kinder und Jugendliche mit Migrationshintergrund signifikant häufiger fernsehen (73% vs. 60% täglich), lesen Schweizer Schüler deutlich häufiger als ihre Kameraden mit

Migrationshintergrund Bücher (43% vs. 33% mehrmals pro Woche). – Was sich schon beim Zugang zu den Printmedien andeutete, äußert sich also auch in deren Nutzung: Der Stellenwert der Printmedien ist im Leben der Kinder und Jugendlichen mit Migrationshintergrund bedeutend geringer; interessanterweise greifen sie aber ähnlich häufig wie Schweizer Jugendliche zur *Gratis- bzw. Pendlerzeitung.*

Aufhorchen lässt schließlich der Befund, dass Heranwachsende mit Migrationshintergrund entgegen öfters geäußerten Befürchtungen sogar noch etwas mehr als Schweizer Jugendliche *Computer und Internet* nutzen.

Abb. 54: Häufigkeit der Mediennutzung im Migrationsvergleich

In Prozent	Schweiz		Migration		Italien		Balkan		Türkei	
Fernsehen	89	3	96	0	99	0	95	0	94	2
Musik (CD)	89	1	90	1	89	1	91	1	96	1
Radio	70	5	**50**	14	**55**	10	**49**	17	**35**	19
Zeitung	47	7	44	11	36	12	**46**	13	38	15
Bücher	**43**	5	33	11	31	13	33	13	34	7
Zeitschriften	**41**	5	30	13	27	15	30	13	22	16
Internet	67	7	71	11	61	19	73	8	72	14
Computer	53	4	**60**	7	48	10	**63**	9	**60**	7
Playstation	31	30	34	27	33	22	30	30	40	19
DVD	28	10	**41**	8	**39**	8	**47**	8	**37**	7
Video	25	11	**35**	8	36	9	**41**	3	27	10
Ausgewiesen sind jeweils die Anteile "mindestens mehrmals pro Woche" vs. „nie"										

Obwohl die etablierten wie auch die modernen Medien praktisch von allen Kindern und Jugendlichen stark habitualisiert genutzt werden, gibt es doch gewisse Unterschiede, wenn man die Mediennutzung zwischen den verschiedenen sozialen Segmenten vergleicht:

Das *Fernsehen* wird am häufigsten genutzt, und zwar durchgängig von allen Befragten, wobei sich bei Kindern mit Migrationshintergrund mit 96% mehrmals pro Woche fernsehen der höchste Werte findet.

Musikhören ist ebenfalls durchgängig beliebt, und zwar mit einem Spitzenwert von 93% mehrmals pro Woche bei den Mädchen.

Sozial am heterogensten ist das *Buchlesen:* Mit 54% ist es bei den jüngsten, d.h. den 12-13jährigen noch sehr beliebt, allerdings reduziert sich dann die Häufigkeit des Buchlesens auf nur noch 25% bei den 16jährigen. Beim Lesen äußert sich zudem auch die Bildungsnähe des Elternhauses signifikant.

Beim *Internet* sind es umgekehrt die Älteren und die besser Gebildeten, die besonders häufig surfen, chatten oder mailen.

Abb. 55: Mediennutzung in Vergleich von sozialen Gruppen

Anteile „mehrmals pro Woche" in % / N=1'468		TV	Musik hören	Buch- lesen	Internet
Migrations- hintergrund	nein	89	89	43	67
	ja	**96**	90	33	**71**
Geschlecht	Frauen	94	**93**	45	69
	Männer	92	87	30	70
Alter	16 +älter	94	91	25	**74**
	15 Jahre	94	91	30	**75**
	14 Jahre	91	88	**41**	65
	12-13 Jahre	95	89	**54**	63
Schicht der Familie	hoch	90	90	**45**	73
	mittel	95	90	37	69
	tief	94	91	29	67

7.4 Dauer des Medienkonsums

Im Vergleich zu den Häufigkeiten der Mediennutzung äußert sich in der Dauer des Medienkonsums noch prägnanter die Zuwendung von freier Zeit der Heranwachsenden auf die Medien. Die Befragten wurden in einer offenen Frage gebeten, jeweils pro Medium anzugeben, wie viele Stunden sie dafür pro Woche in ihrer Freizeit verwenden. Es handelt sich also um ungestützte Selbsteinschätzung, die zum Teil etwas zu hoch liegen dürften. – Zusammengenommen ergibt sich so nämlich ein *wöchentliches Gesamtmedienbudget* von 51 Stunden für die Schweizer Jugendlichen und sogar von fast 55 Stunden für die Jugendlichen mit Migrationshintergrund, d.h. von mehr als sieben Stunden pro Tag.

Die Heranwachsenden mit Migrationshintergrund wenden pro Woche mehr als 18 Stunden für *AV-Medien*, d.h. Fernsehen und Filme ab Video- oder DVD auf; das entspricht pro Tag mehr als 2.5 Stunden. Im Vergleich dazu liegt der

AV-Konsum der Schweizer Schüler nur bei etwa 15 Stunden, was pro Tag gut 2 Stunden beträgt. – Der Anteil der AV-Medien am Medienbudget liegt bei 30%.

Abb. 56: Zeitlicher Medienkonsum im Migrationsvergleich

Pro Woche	Schweiz	Migration	Italien	Balkan	Türkei
Fernsehen	10:15	**13:00**	**13:20**	**13:35**	**12:15**
Video	2:15	2:40	2:10	**3:25**	2:35
DVD	2:45	2:50	2:55	2:30	3:10
Musik (CD)	10:30	10:20	11:35	9:30	9:40
Radio	**6:30**	3:50	4:35	3:20	2:15
Zeitung	1:30	1:30	1:40	1:20	1:30
Bücher	**3:10**	2:40	2:30	2:10	**3:00**
Zeitschriften	**2:00**	1:40	1:40	1:40	1:45
PC offline	5:10	**6:00**	**7: 25**	**6:15**	5:25
Internet	8:25	**10:30**	9:35	**11:00**	**10:20**
Spielkonsole	3:35	3:35	4:00	3:00	3:25
Total	**51:10**	**54:50**	**57:30**	**54:20**	**52:15**

Bei den *auditiven Medien*, also Musik per Radio oder Tonträger, liegt die Nutzung der Schweizer Kinder und Jugendlichen mit 17 Stunden pro Woche an der Spitze; der Musikkonsum der Migrationsjugendlichen liegt mit gut 14 Stunden deutlich tiefer. Dies ist darauf zurückzuführen, dass Radiogeräte in den Migrationsfamilien weniger häufig vorhanden sind und auch Radioprogramme aus dem Herkunftsland kaum empfangbar sind (vgl. Trebbe 1999; d'Haenens 2002).

Der Anteil der *Printmedien* am Gesamtmedienbudget ist dabei mit 6:40 Std. bei den Schweizer Jugendlichen und mit 5:50 bei den Migrationsjugendlichen deutlich tiefer; am Gesamtmedienbudget entspricht dies etwa 13% resp. 10%. Interessant ist hier, dass die Migrationsjugendlichen aber gleich viel Zeit für die Lektüre vor allem der im Raum Zürich gratis verteilten Pendlerzeitung „20minuten" aufwenden wie die Schweizer Jugendlichen. Zudem scheinen Heranwachsende aus der Türkei deutlich mehr Bücher zu lesen als ihre Kameraden aus dem Balkan oder Italien.

Schließlich verbringen Migrationsjugendliche signifikant mehr Zeit als ihre Schweizer Peers mit *Computer und Internet,* und der zeitliche Umfang ist mit 16:30 Std. pro Woche fast gleich hoch wie der AV-Konsum. Dies hängt nicht zuletzt damit zusammen, dass Migrationsjugendliche in ihren eigenen Zimmern Zugang zum Internet haben.

In Abb. 57 wird der Medienkonsum der Kinder und Jugendlichen zudem noch nach der vorherrschenden ethnokulturellen Orientierung ausgewiesen. Hier ist vor allem auf den Befund hinzuweisen, dass Heranwachsende mit einer dualistischen Orientierung in praktisch allem Bereichen die Medien am intensivsten nutzen; und dies gilt nicht nur für die AV-Medien. Auffällig ist insbesondere, dass *Dualisten* besonders viel Zeit fürs Bücherlesen aufwenden. Im Gegensatz dazu ist der Medienkonsum der Ungebundenen in praktisch allen Bereichen am tiefsten. Die *Herkunftsorientierten* wiederum hören zwar nicht weniger Musik, aber kaum ab Radio. Umgekehrt nutzen sie das Internet deutlich intensiver als beispielsweise die Schweiz-Orientierten.

Abb. 57: Zeitlicher Medienkonsum nach ethnokultureller Orientierung

Pro Woche	Schweiz	Schweiz-Orientierte	Dualisten	Herkunfts-Orientierte	Ungebundene
Fernsehen	10:15	13:00	13:00	13:00	12:20
Video	2:15	2:00	**4:30**	2:20	3:10
DVD	2:45	2:25	**3:30**	2:50	**3:30**
Musik (CD)	10:30	9:55	**11:00**	10:00	9:00
Radio	6:30	4:15	4.25	3:00	2:50
Zeitung	1:30	1:20	**2:10**	1:30	1:35
Bücher	3:10	2:30	**4:30**	2:40	1:45
Zeitschriften	2:00	1:50	**2:05**	1:50	1:30
PC offline	5:10	6:15	**8:30**	5:55	4:90
Internet	8:25	9:15	**13:40**	12:15	7:40
Spielkonsole	3:35	3:25	3:00	3:10	3:20
Total	**51:10**	**54:40**	**64:30**	**56:40**	**45:55**

In Abb. 58 werden für die zeitliche Dauer der Nutzung von Fernsehen, Büchern und Internet neben dem Einfluss des Migrationshintergrunds auch noch Unterschiede nach Geschlecht, Alter und Schicht betrachtet.

Beim *Fernsehen* bestehen die größten Unterschiede aufgrund des Migrationshintergrunds, gefolgt vom familiären Schichthintergrund, wie dies auch die Multiple Regressionsanalyse zeigt (Beta: -0.14 Migration; -0.07 Schicht).

Das *Buchlesen* ist im Vergleich zum Fernsehen deutlich individualisierter, wobei die Einflüsse des Alters (Beta: -0.26), gefolgt von Geschlecht (Beta: -0.19), Schichthintergrund der Familie (Beta: +0.11), persönlicher Schulbildung (Beta: +0.10) und des Migrationshintergrunds signifikant sind (Beta: +0.06).

Und bei der zeitlichen Nutzung des *Internets* sticht vor allem die Entwicklung im Altersverlauf (Beta: +0.15), aber auch die deutlich intensivere Nutzung bei den Jugendlichen mit Migrationshintergrund (Beta: -0.07) ins Auge.

Abb. 58: Medienkonsum nach Herkunft und Soziodemographie

Konsum Std./Woche Alle, N=1'468		Fernsehen		Buchlesen		Internet	
		CH	Mig.	CH	Mig.	CH	Mig.
Geschlecht	Frauen	8:50	12:25	3:40	3:15	9:10	10:20
	Männer	11:40	13:40	2:35	2:05	7:00	11:15
Alter	16 +älter	10:55	14:30	2:25	2:00	9:30	14:15
	15 Jahre	10:20	12:55	2:25	2:15	10:20	11:00
	14 Jahre	8:40	12:25	3:30	2:35	6:05	10:40
	12-13 J.	11:00	12:30	4:20	3:15	7:20	6:20
Schicht	hoch	9:05	11:25	3:35	3:05	6:20	9:40
	mittel	10:40	13:25	2:45	2:50	8:45	11:20
	tief	8:40	13:00	1:45	2:10	10:10	10:35
Alle Befragten		**10:15**	**13:05**	**3:10**	**2:40**	**8:25**	**10:30**

Für Korrelations- und Multiple Regressionsanalysen werden verwendet: Migrationshintergrund (Mig.) = 0, Schweizer (CH) = 1; Frau = 1, Mann = 2.

7.5 Nutzung von Computer und Internet

Für Computer und Internet als neue Medien wurde noch separat gefragt, zu welchem Zweck diese Medien vor allem genutzt werden.

Abb. 59 zeigt, dass die Heranwachsenden den *Personal Computer* nicht pädagogisch orientiert verwenden, sondern in erster Linie für Computerspiele benutzen, und zwar gilt dies sowohl für Jugendliche aus der Schweiz wie auch für solche mit Migrationshintergrund; interessanterweise ist dies aber für Heranwachsende aus Italien am wenigsten typisch. Im Vergleich zu den Schweizer

Jugendlichen nutzen ihre Peers mit Migrationshintergrund den PC aber vielfältiger, indem sie mehr Texte schreiben, mehr Grafiken oder Fotos bearbeiten und auch häufiger selber programmieren.

Auch bei Internet zeigen sich Unterschiede. Jugendliche aus dem Balkan und der Türkei chatten untereinander im Vergleich zu Schweizer Jugendlichen viel häufiger. Aber auch das Versenden von Mail oder das ungezielte Surfen im Web scheint bei ihnen beliebter zu sein.

Abb. 59: Nutzung von Computer und Internet im Migrationsvergleich

Mehrmals/Wo. in %		Schweiz	Migration	Italien	Balkan	Türkei
PC	PC Spiele	34	36	22	**39**	35
	Texte schreiben	24	**28**	31	33	23
	Grafiken/Fotos	14	**21**	18	**25**	19
	Programmieren	10	**20**	14	21	**26**
Internet	Surfen	59	64	54	**67**	63
	Email	44	45	36	**46**	44
	Chatten	33	**50**	40	**55**	45

Abb. 60: Nutzung von Computer und Internet nach Geschlecht

Mehrmals/Wo. in % Alle Befragten, N=1'468		Schweiz		Migrationshintergrund	
		Knaben	**Mädchen**	**Knaben**	**Mädchen**
PC	PC Spiele	**48**	19	**47**	24
	Texte schreiben	22	26	27	29
	Grafiken/Fotos	14	14	23	19
	Programmieren	**14**	5	**26**	13
Internet	Surfen	**61**	57	**69**	58
	Email	32	**54**	41	**49**
	Chatten	30	35	**52**	48

Die Nutzung von Computer und Internet ist aber nicht nur durch den *Migrationshintergrund*, sondern auch und zum Teil sogar stärker durch das *Geschlecht* geprägt (vgl. Abb. 60). Erwartungsgemäß nutzen Knaben und Mädchen die Möglichkeiten von PC und Internet nicht auf die gleiche Weise: In der Offline-

Nutzung zeigt sich der geschlechtsspezifische Unterschied insbesondere in der deutlich tieferen Nutzung von *PC-Spielen* durch die Mädchen (Korr.: +0.56**). Was die Online-Nutzung angeht, weisen die Knaben, und zwar unabhängig vom Herkunftsland ebenfalls höhere Werte beim *Surfen* auf als die Mädchen; sie nutzen aber die sozial-interaktiven Elemente des Internets wie Chat und insbesondere Email (Korr.: -0.15**) signifikant weniger häufig als ihre weiblichen Peers. Eine Ausnahme bildet hierbei das sehr häufige Chatten der Knaben mit Migrationshintergrund, welches höher liegt als bei den Mädchen mit Migrationshintergrund.

Abb. 61: Nutzung von Computer und Internet nach Bildung

Mehrmals pro Woche in % Oberstufenschüler, N=1'149		Insg.	Bildung		
			tief	mittel	hoch
PC	PC Spiele	33	**35**	32	31
	Texte schreiben	27	23	27	**30**
	Grafiken/Fotos	19	19	18	20
	Programmieren	14	14	17	11
Internet	Surfen	64	57	64	**71**
	Email	48	42	47	**51**
	Chatten	47	48	46	46

Während sich für das Bearbeiten von Grafiken und Fotos kaum Unterschiede bildungsspezifischer Art bei den Schülern der Oberstufe zeigen, sind Schüler mit hohem Bildungsniveau häufiger am Computer, um Texte zu verfassen (r = +0.13**), spielen aber gleichzeitig etwas weniger regelmäßig Computerspiele als Schüler des tiefern Bildungsniveaus (Korr.: -0.08**). Für das Programmieren am PC zeigen sich aber bezüglich Bildung interessanterweise keine signifikanten Effekte, mit 17% sind es hier die Schüler des mittleren Bildungsniveaus (Sek B), welche den höchsten Wert erreichen. Was die *Internetnutzung* betrifft, sind für das Surfen und Emailen mit Korrelationen von +0.15** bzw. +0.11** signifikante Einflüsse des Bildungsniveaus festzustellen, beim Chatten jedoch äußern sich keine Bildungseffekte. – Allerdings muss darauf hingewiesen werden, dass das höchste gymnasiale Bildungsniveau in unserer Studie nicht berücksichtigt wurde.

7.6 Mediennutzungstypen

Um Aussagen darüber machen zu können, welche Medientypen von Jugendlichen mit und ohne Migrationshintergrund von besonderer Bedeutung sind, wurde aufgrund der Nutzungsdauer einzelner Medien eine Typologie erstellt. Hierbei wurde die klassische Unterscheidung zwischen Print-Typus (Bücher, Zeitung Zeitschriften) und AV-Nutzern (TV, Video, DVD) ergänzt um die Dimension der Computernutzung (Nutzung von PC on- und offline). In einem zweiten Schritt wurden aufgrund der jeweiligen Einteilung in hohe vs. tiefe Nutzung (Medianwert) acht verschiedene Typen der Mediennutzung gebildet: Abb. 62.

Abb. 62: Mediennutzungstypen in ethnokulturellen Vergleich

Anteile in %	Schweiz	Migration	Italien	Balkan	Türkei
Viel-Nutzer	15	18	13	**18**	16
AV & Print	9	8	7	7	**15**
AV & PC	9	**16**	20	19	12
Print & PC	**13**	10	10	7	8
AV-Typ	9	10	12	9	10
Print-Typ	**18**	9	12	6	9
Computer-Typ	7	**10**	5	**10**	13
Wenig-Nutzer	20	20	21	**23**	17

Abb. 63: Verteilung der Mediennutzungstypen nach sozialen Gruppen

Anteile in %	Migration	Sex	Alter	Bildung	Schicht
Viel-Nutzer		15% / 19%		12% / 17%	
AV & Print			12% / 8%		
AV & PC	9% / 16%	10% / 17%	11% / 17%	21% / 13%	17% / 12%
Print & PC				4% / 16%	7% / 16%
AV-Typ				15% / 5%	13% / 7%
Print-Typ	18% / 9%	15% / 9%	15% / 9%	3% / 15%	8% / 13%
Computer-Typ			5% / 11%	13% / 9%	
Wenig-Nutzer				25% / 18%	24% / 19%

Ausgewiesen sind jeweils die Anteile der Typen, wenn die Unterschiede grösser als 4% sind, und zwar für Schweiz vs. Migration, Mädchen vs. Knaben; tief vs. hoch: Alter, Bildung, Schicht

Im Migrationsvergleich (vgl. Abb. 62) fällt auf, dass bei Migrationsjugendlichen die Kombination von sowohl hoher AV-Nutzung als auch hoher PC-Nutzung gehäuft vorkommt. Im Gegensatz dazu ist der Print-Typ bei den Schweizer Jugendlichen stark übervertreten.

Im *Gender-Vergleich* ist die Medienvielnutzung, aber auch die Kombination von hoher AV- und gleichzeitig hoher PC-Nutzung für Männer typisch, während die alleinige hohe Nutzung von Büchern typisch für junge Frauen ist.

Mit dem *Alter* nimmt die PC-Nutzung signifikant, auch in Kombination mit den AV-Medien zu, während für die jüngeren Befragten eine hohe AV-Nutzung durchaus mit hoher Nutzung der Printmedien zusammengehen kann.

Persönliche *Bildung* und der *Schichthintergrund* stehen in einem ähnlichen Zusammenhang mit der Mediennutzung, insofern die alleinig hohe Nutzung der Printmedien, aber auch die Kombination von Print und PC für Schüler mit hoher Bildung oder privilegierter sozialer Herkunft typisch ist, während eine hohe Nutzung der AV-Medien, zusammen auch mit hoher PC-Nutzung gehäuft bei den Schülern mit geringer Bildung und/oder bildungsfernen Familien vorkommt.

7.7 Mediennutzung: Fazit

Herkunftsland: Vergleicht man die Schüler mit und ohne Migrationshintergrund, so lassen sich hinsichtlich ihrer Mediennutzung folgende Unterschiede festhalten: Im Gegensatz zu ihren Schweizer Kollegen verbringen Jugendliche mit Migrationshintergrund mehr Zeit mit audiovisuellen Medien (TV, Video, DVD), nutzen hingegen Printmedien (Bücher, Zeitschriften) sowie auch das Radio deutlich weniger intensiv. Für alle anderen Medien zeigen sich keine auffälligen Nutzungsunterschiede.

Ethnokulturelle Orientierung: Wie stark Schüler mit Migrationshintergrund sich an der Schweiz orientieren, hat – über alle Herkunftsländer hinweg betrachtet – auf die Mediennutzung keinen signifikanten Einfluss, wohl gleichen sich aber die Mediennutzungsmuster von Schweiz-Orientierten eher den Werten der Schweizer Jugendlichen an.

Bildung: Bildungsspezifische Unterschiede in der Dauer und Häufigkeit der Mediennutzung zeigen sich insbesondere bezüglich der Lektüre von Büchern: Schüler mit hohem Bildungsniveau lesen signifikant länger aber auch häufiger als ihre Kolleginnen und Kollegen der tiefern Bildungsstufen. Weiter wird von Schülern des höchsten hier untersuchten Bildungsniveaus auch signifikant länger und öfters Radio gehört.

Bezüglich der Nutzung von *PC und Internet zeigt* sich wie bereits für den Schichthintergrund, dass hinsichtlich der Nutzungs*dauer* keine Unterschiede auszumachen sind, die Schüler mit hohem Bildungsniveau jedoch den PC on- und offline signifikant häufiger nutzen. Dieser Befund weist darauf hin, dass auch Schüler mit tiefem Bildungsniveau PC und Internet intensiv nutzen, die neuen Medien aber nicht so stark in ihren alltäglichen Medienalltag integriert sind. Besser gebildete Schüler nutzen demnach den PC nicht nur für stundenlanges Spielen von Games sondern auch (fast) täglich zum kurzen Suchen von Informationen.

In einem negativen Zusammenhang mit dem Bildungsniveau steht zudem die Nutzungsdauer der audiovisuellen Medien (TV, Video), für die Nutzungshäufigkeit dieser Medien zeigt sich hingegen kein Effekt.

Schichthintergrund: Der sozioökonomische Status der Eltern ist mit der Nutzung von Printmedien und der Nutzung des Radios verknüpft, eine negative Korrelation kann für die Medien Fernsehen und Video festgestellt werden. Wie bereits für das Bildungsniveau festgestellt wurde, nutzen auch Schüler aus Familien mit hohem Sozialstatus PC und Internet häufiger (jedoch nicht länger) als ihre Kameraden. Das Elternhaus, in dem Kinder und Jugendliche aufwachsen, prägt somit in Form von fördernden wie hemmenden Sozialisationsprozessen den Medienumgang der Kinder.

Geschlecht: Der Umgang mit Medien variiert je nach Geschlecht nach wie vor deutlich: Während Mädchen intensiver Radio hören und auch Bücher lesen, widmen sich die Knaben stärker den audiovisuellen Medien (TV, Video, DVD) und nutzen ebenso die Spielkonsolen signifikant länger und häufiger. Knaben weisen auch eine längere Nutzungsdauer und -häufigkeit des PC auf, die Dauer der Internetnutzung hingegen weist keine signifikanten geschlechtsspezifischen Unterschiede auf.

Herkunft Schweiz: Schweizer Jugendliche lesen länger und häufiger Bücher als Jugendliche mit Migrationshintergrund und weisen zudem auch eine geringere TV- und Video-Nutzungszeit auf. Sie verbringen weniger Zeit am PC und im Internet; bezüglich der Nutzungshäufigkeit der neuen Medien unterscheiden sich aber Schüler mit und ohne Migrationshintergrund nicht. Im Weitern fällt auch die signifikant höhere Nutzungsdauer und -häufigkeit des Radios durch die Schweizer Kinder im Vergleich zu Jugendlichen mit Migrationshintergrund auf. Für alle anderen Medien zeigen sich hingegen keine Nutzungsunterschiede zwischen den beiden Schülergruppen.

Betrachtet man die Effekte verschiedener soziodemografischer Variablen, so zeigt sich für die Schweizer ein positiver signifikanter Zusammenhang zwischen der sozialen Herkunft und der Nutzungshäufigkeit von Zeitungen und Büchern, für die Häufigkeit der Nutzung von TV und Spielkonsolen lässt sich für den sozioökonomische Status der Eltern hingegen eine signifikante negative Korrelation feststellen. Bildungseffekte zeigen sich für die Nutzung des Fernsehens, des PC on- und offline und des Radios in positiver Richtung; besser gebildete Schweizer Schüler sehen hingegen signifikant weniger häufig fern als ihre Kameraden der unteren Bildungsstufen. Schweizer Mädchen lesen häufiger und länger als Knaben und nutzen auch das Radio intensiver, hingegen wenden sich Knaben häufiger den audiovisuellen Medien (TV, Video, DVD) zu und nutzen den PC offline sowie die Spielkonsolen intensiver als Mädchen.

Herkunft Italien: Die Mediennutzung von Schülern mit italienischem Migrationshintergrund zeichnet sich (wie diejenige der Migrantenkinder insgesamt) aus durch eine tiefe Lesedauer, eine hohe Fernsehdauer und eine tiefe Nutzungshäufigkeit und -dauer des Radios, wobei letztere mit einer hohen Schweiz-Orientierung signifikant zunimmt. Im Vergleich zu Schweizer Jugendlichen (8h25) verbringen die italienischen Migrantenjugendlichen wöchentlich deutlich mehr Zeit im Internet (9h35), verglichen mit dem Durchschnitt aller Jugendlichen mit Migrationshintergrund (10h30) liegt die Internet-Nutzungsdauer jedoch eher tief.

Für Jugendliche italienischer Herkunft ist (wie bei Schweizern) ein Zusammenhang zwischen der sozialen Herkunft und der Nutzung von Zeitungen, Zeitschriften und PC/Internet festzustellen; zudem zeigen sich für die Nutzungshäufigkeiten von Büchern, Zeitschriften und Internet auch bildungsspezifische Effekte. Knaben italienischer Abstammung sehen pro Woche länger fern und DVDs und verbringen mehr Zeit am PC offline. Zudem nutzen sie Spielkonsolen und DVDs häufiger als die Mädchen, während letztere signifikant häufiger Bücher und Zeitschriften lesen.

Herkunft Türkei: Im Vergleich zu Schweizer Schülern verbringen Schüler türkischer Herkunft weniger Zeit mit Radiohören, hingegen mehr Zeit vor dem Fernseher und dem Internet. Verglichen mit Jugendlichen aus anderen Herkunftsländern liegen die Werte der türkischen Jugendlichen bezüglich Fernsehen und Internet deutlich tiefer. Weiter weisen türkische Migrantenkinder auch eine fast so hohe Nutzungshäufigkeit des Mediums Buch auf wie die Schweizer, während für andere Herkunftsländer diesbezüglich deutliche tiefere Werte festgestellt werden können.

Für die Schüler türkischer Abstammung zeigen die Schweiz-Orientierung sowie verschiedene soziodemografische Faktoren nur wenig Einfluss auf das Mediennutzungsverhalten: Für die Nutzungsdauer des PC online ist festzuhalten, dass diese mit zunehmender Schweiz-Orientierung tiefer liegt. Weiter verbringen Knaben signifikant mehr Zeit am PC offline, nutzen aber das Radio signifikant weniger lang als die Mädchen. Für die Mediennutzungshäufigkeit lässt sich eine Zunahme der Lektüre von Zeitschriften für Schweiz-Orientierte konstatieren und (wie auch bei den anderen Nationalitäten) Knaben nutzen häufiger eine Spielkonsole als Mädchen.

Herkunft Balkan: Wie die Migrantenjugendlichen insgesamt, nutzen auch die Schüler aus dem ehemaligen Jugoslawien das Radio sowie Bücher wesentlich weniger als die Schweizer Jugendlichen und nutzen dafür das Fernsehen, Videos sowie PC und Internet deutlich intensiver.

Die Stärke der Schweiz-Orientierung weist im Falle der Jugendlichen exjugoslawischer Herkunft keinen signifikanten Zusammenhang zu ihrem Medienumgang auf und auch schichtspezifische Unterschiede in der Mediennutzung sind nicht festzustellen.

Schüler aus Ex-Jugoslawien, die ein hohes Bildungsniveau aufweisen, verbringen aber signifikant mehr Zeit mit dem Lesen von Büchern und nutzen Video und DVD signifikant weniger häufig als ihre weniger gebildeten Kollegen. Während sich für die Nutzungsdauer von Medien ein Effekt des Geschlechts nur für die Nutzung des PC offline und des Radios zeigt, lassen sich für die Schüler aus dem ehemaligen Jugoslawien für die Nutzungshäufigkeit für Bücher, Zeitschriften und Radio signifikant höhere Werte der Mädchen und für Fernsehen, DVD, PC, Internet und Spielkonsole signifikant höhere Werte der Knaben festhalten.

Zusammenfassend betrachtet belegt die schriftliche Befragung den ausgesprochen hohen Stellenwert der klassischen und speziell auch der neuen Medien im Leben der heutigen Heranwachsenden ganz generell. Bei näherer Betrachtung gibt es aber doch vielfältige Unterschiede, wobei die Differenzen zwischen Schweizer Jugendlichen und solchen mit Migrationshintergrund oft überlagert werden durch vielfältige personale Einflussfaktoren wie Alter, Geschlecht und Bildungsniveau, aber auch durch soziale Gegebenheiten wie das familiäre Milieu, in dem die Heranwachsenden leben.

8. Medienumgang

Dieses Kapitel ergänzt die bis jetzt präsentierten Befunde zum Medienzugang und zur quantitativen Mediennutzung durch qualitative Aspekte des Medienumgangs. Damit sind insbesondere die hinter der Medienzuwendung stehenden vielfältigen *Bedürfnisse und Motive* der Rezipienten gemeint, d.h. die von den Medien erwarteten kommunikationsrelevanten *Gratifikationen*, welche auch Medienfunktionen genannt werden (Bonfadelli 2004: 167ff.).

Zudem wurden die Befragten in drei offenen Fragen nach ihren *Medienpräferenzen* gefragt, indem sie gebeten wurden, Fernsehsendungen, Internetsites und Zeitschriften namentlich zu nennen, die sie gerne und häufig nutzen.

Mehrere Fragen wurden schließlich auch zum Thema *Mediengespräche* gestellt. Hier interessierte, mit wem die Kinder und Jugendlichen über Medien sprechen und in welcher Sprache sie dies vor allem tun.

8.1 Medienfunktionen

In der Kommunikationswissenschaft wird davon ausgegangen, dass hinter der Mediennutzung verschiedene Motive stehen und Bedürfnisse der Rezipienten stehen, und umgekehrt die einzelnen Medien dem Medienpublikum unterschiedliche Gratifikationen anbieten bzw. eine breite Palette kommunikationsrelevanter Funktionen ausüben.

An erster Stelle stehen sicher einerseits *kognitiven Funktionen* (1) der aktuellen Information und Orientierung über das Weltgeschehen oder des Spendens von Rat und Hilfe zu Alltagsproblemen, andererseits *affektive Funktionen* (2) der Unterhaltung und Entspannung sowie eskapistische Funktionen (3) des Vergessens und des Verdrängens von Problemen. Weiter erfüllen Medien aber auch *soziale Funktionen* (4), indem Heranwachsende etwa Medien nutzen, um mitreden zu können. Und schließlich gibt es neben der eher instrumentellen Mediennutzung auch einen mehr ritualisierten Medienumgang (5), wenn Heranwachsende gerade nichts anderes zu tun haben, aus Langeweile beispielsweise.

Den Befragten wurde eine Liste mit acht kommunikationsrelevanten Motiven vorgelegt, und sie wurden gebeten, für jede Situation bzw. jedes „Um-zu"-Motiv jeweils anzugeben, welche Medien sie im Allgemeinen dafür nutzen.

Die in Abb. 64 ausgewiesenen Befunde können nun sowohl in einer horizontalen als auch in einer vertikalen Betrachtung gelesen und interpretiert werden. In einer *horizontalen Perspektive* sind jeweils für ein bestimmtes Motiv der Mediennutzung ausgewiesen, welche Medien am häufigsten zur Befriedigung des entsprechenden Bedürfnisses benutzt werden.

Abb. 64: Kommunikationsrelevante Motive des Medienumgangs

In Prozent	TV	Video	Musik	Radio	Buch	Zg.	Zsch.	PC
Information	62	4	2	41	25	65	39	58
Rat + Hilfe	24	3	5	12	27	20	24	49
Unterhaltung	73	58	52	33	26	12	25	54
Entspannen	58	36	85	41	29	9	24	28
Allein sein	74	45	70	33	31	13	26	58
Vergessen	43	23	65	22	24	6	12	28
Mitreden	39	14	25	22	10	22	21	37
Nichts zu tun	68	39	56	24	31	12	22	55
Durchschnitt	55	28	45	29	25	19	24	46
Nichtnutzer	2	8	1	21	21	15	18	6

Basis: alle Befragten, N=1'468; Mehrfachnennungen pro Motiv möglich.

Im Bereich der *aktuellen Information* stehen die klassischen Medien Zeitung und Fernsehen an der Spitze; erstaunlicherweise sind aber Computer und Internet als Informationsquellen für die heutige Jugend praktisch gleich wichtig. An vierter Stelle wird das Radio zur Information genutzt.

Bei den *affektiven Funktionen* der Unterhaltung stehen TV, Video/DVD und Computerspiele, aber auch die Musik an der Spitze, wobei Musik vor allem zur Entspannung gehört wird. Musik, aber auch das Fernsehen besitzen zudem eine ausgesprochen hohe eskapistische Funktionalität, d.h. wenn junge Leute beispielsweise Schulprobleme oder anderen Ärger vergessen wollen.

In *sozialer Hinsicht* liefern zudem das Fernsehen einerseits und andererseits Computer und Internet am meisten Gesprächsstoff.

Schließlich ist Fernsehen nach wie häufig ein *Ritual im Tagesablauf*; man schaltet das TV-Gerät ein, wenn man allein ist und/oder gerade nichts zu tun hat. Als Nebenbei-Medium nutzen die Heranwachsenden auch häufig Musik, oder sie setzen sich vor den Computer, wenn gerade einmal nichts läuft.

In einer *vertikalen Perspektive* kann zudem die *Gesamtfunktionalität eines Mediums* in Bezug auf die geleisteten Gratifikationen abgelesen werden. Hier zeigt sich etwa, ob ein Medium im Vergleich zu anderen Medien etwa eine hohe Funktionalität besitzt, und wie spezialisiert es andererseits genutzt wird.

Im Medienvergleich steht das *Fernsehen als Leitmedium* nach wie vor an der Spitze, gefolgt von Computer und Internet sowie der Musik. Während die funktionale Akzentuierung der *Musik im affektiven Bereich* liegt, leisten das Fernsehen und der Computer sowohl kognitive als auch affektive Funktionen. Ähnlich multifunktional sind auch die Medien Radio, Bücher und Zeitschriften, wenngleich auf einem deutlich tieferen Niveau. Im Vergleich dazu ist *die Zeitung funktional spezialisiert*, nämlich in Bezug auf tagesaktuelle Information.

Selbstverständlich unterscheidet sich die funktionale Akzentuierung der einzelnen Medien zwischen den verschiedenen sozialen Gruppen beträchtlich. Und die unterschiedlichen Funktionspotentiale widerspiegeln sich nicht zuletzt auch in der Häufigkeit der Mediennutzung.

Abb. 65: Funktionen des Radios

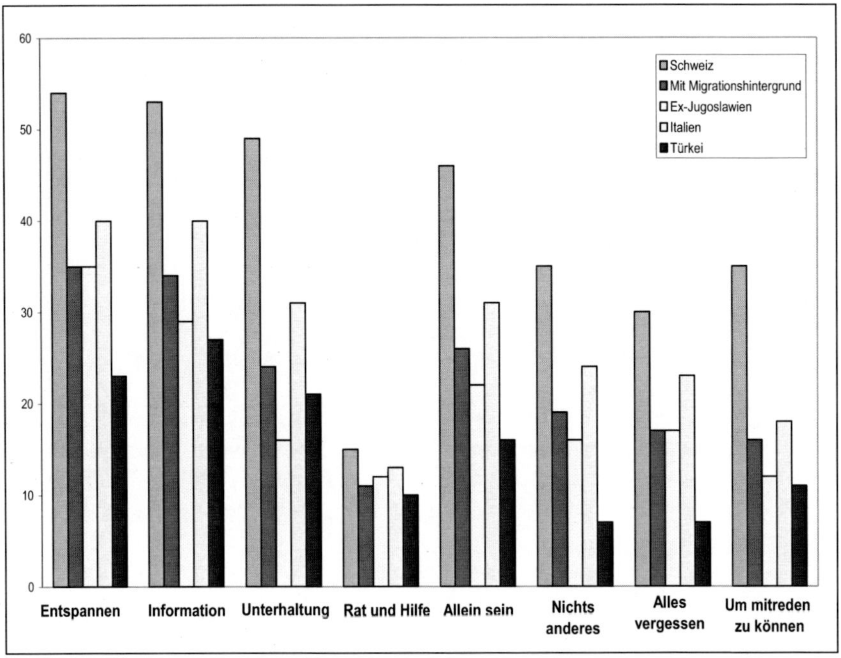

Während für Schweizer Jugendliche das *Radiohören* über alle Funktionen hinweg vergleichsweise hohe Werte und eine Gesamtfunktionalität von 40% erreicht, hat es für Migrationsjugendliche mit 22% Gesamtfunktionalität eine signifikant geringere Bedeutung, und zwar über alle der abgefragten Funktionen hinweg. Im Vergleich der drei verschiedenen Herkunftsländer zeigt sich, dass sich Schülerinnen und Schüler mit italienischem Migrationshintergrund bezüglich der Radiofunktionen deutlich von denjenigen aus Ex-Jugoslawien und der Türkei unterscheiden, und ihre Werte eher mit denjenigen der Schweizer Jugendlichen übereinstimmen. Vergleicht man die Werte mit der effektiven Nutzung des Radios, so lässt sich festhalten, dass im Falle des Radios eine geringere Funktionalität auch mit einer geringeren Nutzung einhergeht und umgekehrt.

Abb. 66: Korrelationen zwischen Radiofunktionen und sozialen Gruppen

einfach/partiell	Migration	SES	Bildung	Geschlecht
Entspannung	-0.04	0.07*	0.14**/ 0.12	-0.08*/-0.07
Information	0.00	0.03	-0.02	0.00
Unterhaltung	-0.20**/-0.14	0.13**/ 0.06	0.20**/ 0.15	0.06
Rat und Hilfe	0.05	-0.02	-0.03	0.02
Allein sein	-0.02	0.05	0.13**	-0.14**
Nichts zu tun	-0.04	0.08*	0.15**	-0.08*
Alles vergessen	0.00	0.03	0.10**	-0.15**
Mitreden	-0.02	-0.03	-0.02	-0.06*

Basis: N = 1'155 Oberstufe; Bivariate und Partielle Korrelationen 3ter Ordnung.

Nebst dem Migrationshintergrund sind auch für die Faktoren Schichthintergrund der Familie (SES) und Bildung Zusammenhänge zu den Funktionen, welches das Radiohören übernimmt, festzustellen. Eine besondere Bedeutung kommt hierbei dem Geschlecht zu: Mädchen schätzen die Funktionalität des Radios bedeutend höher ein als Knaben, einzig zu Informationszwecken dient es sowohl weiblichen als auch männlichen Jugendlichen gleichermaßen.

Was das *Hören von Musik* ab Tonträger wie z.B. CD's anbelangt, sind kaum Unterschiede zwischen den verschiedenen Herkunftsländern auszumachen. Musik nimmt im Alltag von Jugendlichen einen wichtigen Stellenwert ein und übernimmt insbesondere eskapistische Funktionen, nämlich sich zu entspannen, zurückzuziehen und alles rundherum zu vergessen.

Abb. 67: Funktionen der Musik

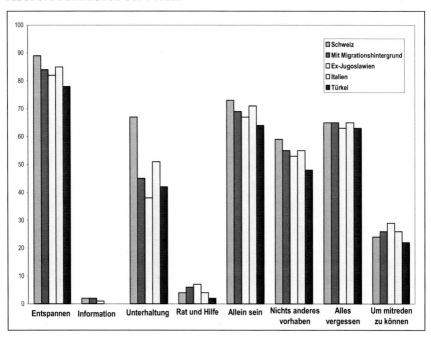

Abb. 68: Korrelationen zwischen Musikfunktionen und sozialen Gruppen

einfach/partiell	Migration	SES	Bildung	Geschlecht
Entspannung	-0.04	0.07*	**0.14**/ 0.12**	-0.08*/-0.07
Information	0.00	0.03	-0.02	0.00
Unterhaltung	**-0.20**/-0.14**	**0.13**/ 0.06**	**0.20**/ 0.15**	0.06
Rat und Hilfe	0.05	-0.02	-0.03	0.02
Allein sein	-0.02	0.05	**0.13****	**-0.14****
Nichts zu tun	-0.04	0.08*	**0.15****	-0.08*
Alles vergessen	0.00	0.03	**0.10****	**-0.15****
Mitreden	-0.02	-0.03	-0.02	-0.06*
Basis: N = 1'155 Oberstufe; Bivariate und Partielle Korrelationen 3ter Ordnung.				

Über die meisten Items hinweg erreicht das Musikhören bei allen Befragten ähnliche Werte. Entspannung und die Möglichkeit, durch das Hören von Musik abschalten zu können, suchen und finden besser gebildete SchülerInnen und Mädchen stärker als ihre Kollegen. Jugendliche mit hohem Bildungsniveau, hohem Schichthintergrund und Schweizer Schüler sprechen der Musik zudem einen höheren Unterhaltungswert zu.

Abb. 69: Funktionen von Zeitschriften

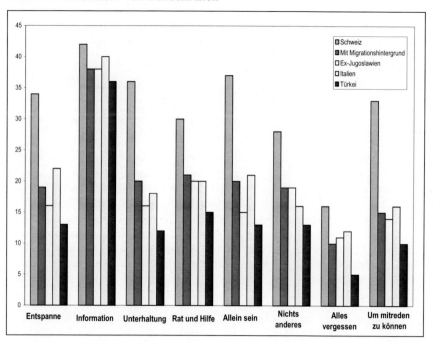

Zeitschriften haben für die Schweizer Jugendlichen über alle Items hinweg eine höhere Funktionalität als für die Jugendlichen mit Migrationshintergrund, einzig der Informationszweck erreicht auch bei letzteren annähernd gleiche Werte. Während für die Schweizer Jugendlichen Zeitschriften auch Unterhaltung bieten (42%), zur Entspannung beitragen (34%) und gelesen werden, um mitreden zu können (34%), werden diese Funktionen nur von rund einem Fünftel der Migrantenjugendlichen betont. – In diesen Unterschieden äußert sich der generell geringere Stellenwert der Printmedien in den südlichen Ländern Europas.

Abb. 70: Korrelationen zwischen Zeitschriften und sozialen Gruppen

einfach/partiell	Migration	SES	Bildung	Geschlecht
Entspannung	-0.14**/-0.09	0.09**/ 0.03	0.20**/ 0.15	-0.13**/-0.12
Information	-0.08**/ -0.03	0.10**/ 0.06	0.14**/ 0.11	-0.03
Unterhaltung	-0.20**/-0.13	0.15**/ 0.07	0.25**/ 0.19	-0.11**/-0.09
Rat und Hilfe	-0.10**/-0.06	0.09**/ 0.05	0.11**/ 0.07	-0.08**/-0.08
Allein sein	-0.18**/-0.12	0.13**/ 0.06	0.22**/ 0.16	-0.13**/-0.12
Nichts zu tun	-0.11**/-0.06	0.13**/ 0.09	0.13**/ 0.08	-0.06*
Alles vergessen	-0.08**/ -0.07	0.07*	0.07*	-0.05*
Mitreden	-0.20**/-0.17	0.13**/ 0.06	0.11**/ 0.04	-0.09**/-0.09

Basis: N = 1'155 Oberstufe; Bivariate und Partielle Korrelationen 3ter Ordnung

Die Funktionen, welche das Zeitschriftenlesen übernimmt, variieren sehr stark nach Herkunftsland und Bildungsniveau und zwar liegen die Werte der Schweizer SchülerInnen und der Jugendlichen mit hohem *Bildungsniveau* über alle Items hinweg signifikant höher. In etwas geringerem Ausmaß hängt auch der *Schichthintergrund* mit der Funktionalität des Mediums Zeitschrift zusammen; der Schulerfolg der Kinder erweist sich jedoch als wichtiger als ihre soziale Herkunft. Bezüglich des *Geschlechts* kann festgehalten werden, dass Zeitschriften für Mädchen wichtigere Funktionen übernehmen als für Knaben, einzig die Nutzung von Zeitschriften zu Informationszwecken wird von beiden Geschlechtern als wichtig eingeschätzt.

Für das *Lesen von Büchern* lässt sich ein ähnliches Resultat festhalten wie für die Zeitschriften: Auch hier zeigt sich über alle Items hinweg eine höhere Funktionalität für die Schweizer SchülerInnen. Während Zeitschriften jedoch unter Migrantenkindern im Bereich der Information hohe Werte erreichen, gilt dies für Bücher nicht; am häufigsten wird von ihnen gelesen, wenn sie nichts anderes vorhaben oder allein sind. Dass das Lesen von Büchern eher ein einsames Hobby ist, zeigt sich aber auch aus den Antworten der Schweizer Schüler: Auch sie nennen am häufigsten das Alleinsein als Nutzungssituation; ähnlich hohe Werte erreichen jedoch auch die Items Entspannung und Unterhaltung. Rund ein Drittel der Schweizer Schüler und etwas mehr als ein Fünftel der Schüler mit Migrationshintergrund geben auch an, durch das Buchlesen Rat und Hilfe zu erhalten.

Abb. 71: Funktionen des Buchlesens

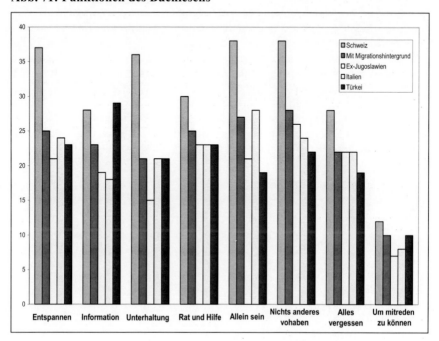

Abb. 72: Korrelationen zwischen Buchlesen und sozialen Gruppen

einfach/partiell	Migration	SES	Bildung	Geschlecht
Entspannung	**-0.12**/ 0.05**	**0.12**/ 0.07**	**0.22**/ 0.17**	**-0.17**/-0.15**
Information	-0.07*	0.07*	**0.16**/ 0.14**	-0.04
Unterhaltung	**-0.20**/-0.14**	**0.13**/ 0.07**	**0.19**/ 0.12**	-0.06
Rat und Hilfe	-0.06*	**0.08**/ 0.05**	**0.11**/ 0.08**	-0.06
Allein sein	**-0.13**/ 0.07**	**0.10**/ 0.05**	**0.20**/ 0.14**	**-0.19**/-0.18**
Nichts zu tun	**-0.10**/-0 06**	**0.11**/ 0.08**	**0.12**/ 0.07**	**-0.13**/-0.12**
Alles vergessen	**-0.08**/-0.05**	0.05	**0.08**/ 0.05**	**-0.14**/-0.14**
Mitreden	-0.03	0.03	0.03	0.04
Basis: N = 1'155 Oberstufe; Bivariate und Partielle Korrelationen 3ter Ordnung.				

Obwohl die Funktionalität von Büchern von Schweizer Schülern höher eingeschätzt wird als von Jugendlichen mit Migrationshintergrund, macht Abb. 72 deutlich, dass vor allem bildungs- und geschlechtsspezifische Effekte eine grosse Relevanz haben. Wie bereits bei den Zeitschriften zeigt sich auch bezüglich der Einschätzung von Büchern, dass der Bildungseffekt stärker ist als der derjenige des sozialen Hintergrundes. Interessant sind insbesondere die Antworten zum Item „um mitreden zu können": Hier zeigt sich, dass unabhängig vom Migrations-, Schicht- und Bildungsstatus und unabhängig vom Geschlecht alle Schüler angeben, sie würden Bücher lesen, um mitreden zu können. Nach wie vor scheint das Bücherlesen demnach einen hohen Prestigewert zu haben, unabhängig davon, ob tatsächlich auch viel gelesen wird oder nicht.

Abb. 73: Funktionen des Fernsehens

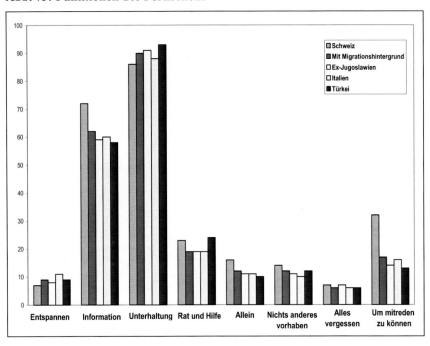

Im Gegensatz zu den oben diskutierten Printmedien gelten die *Funktionen des Fernsehens* für alle Schüler – unabhängig von ihrem Herkunftsland – in gleichem Masse: Unterhaltung und Information sind die beiden überragenden Bedürfnisse, die durch das Fernsehen abgedeckt werden. Während Schweizer Schüler immerhin zu rund einem Drittel auch angeben, das Fernsehen diene dazu, mitreden zu können, wird dieses Item von Jugendlichen mit Migrationshintergrund deutlich seltener genannt.

Abb. 74: Korrelationen zwischen Fernsehen und sozialen Gruppen

einfach/partiell	Migration	SES	Bildung	Geschlecht
Entspannung	-0.19**/ 0.15	0.10**/ 0.04	0.14**/ 0.08	-0.13**/-0.12
Information	-0.18**/ 0.15	0.07*	0.12**/ 0.07	0.01
Unterhaltung	-0.25*/-0.20	0.11**/ 0.03	0.20**/ 0.13	-0.09**/-0.08
Rat und Hilfe	-0.08**/ -0.08	0.03	-0.04	0.04
Allein sein	-0.21**/-0.18	0.08**/ 0.03	0.13**/ 0.05	-0.18**/-0.18
Nichts zu tun	-0.19**/-0.14	0.13**/ 0.08	0.13**/ 0.06	-0.12**/-0.12
Alles vergessen	-0.16**/-0.15	0.07*	0.05	-0.08**/-0.08
Mitreden	-0.24**/-0.21	0.10**/ 0.04	0.11**/ 0.03	-0.08**/-0.08

Basis: N = 1'155 Oberstufe; Bivariate und Partielle Korrelationen 3ter Ordnung.

Was die Einschätzung der Funktionalität des Fernsehens betrifft, haben andere *soziodemografische Faktoren* einen tieferen Stellenwert als der Faktor Migrationshintergrund. Weiter variieren auch die Angaben von Knaben und Mädchen sehr stark. Interessanterweise sind es diejenigen Gruppen – Jugendliche mit Migrationshintergrund, weniger Gebildete, Schüler aus Familien mit tiefem Sozialstatus und Knaben –, welche das Fernsehen intensiver nutzen, welche dem Fernsehen eine tiefere Funktionalität zusprechen. Dies weist möglicherweise darauf hin, dass Fernsehen insbesondere eine habituelle Funktion hat, die es Vielsehern verunmöglicht, genauere Angaben darüber zu machen, warum sie fernsehen.

Auch für die audiovisuellen Medien *DVD und Video* sind je nach Herkunftsland kaum Unterschiede festzustellen. Das Sehen von Filmen ab Video- bzw. DVD dient vor allem Unterhaltungszwecken, erfolgt aber auch, wenn die Schüler allein sind oder nichts anderes zu tun haben. Weiter werden auch Filme angeschaut, um sich zu entspannen und alles rund herum vergessen zu können.

Abb. 75: Funktionen von Filmen ab DVD und Video

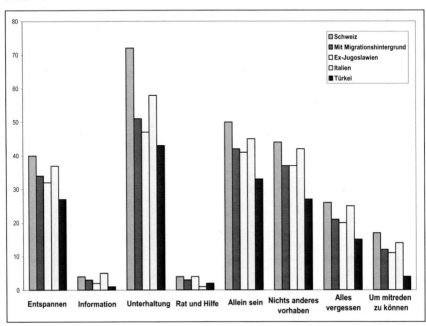

Abb. 76: Korrelationen zwischen DVD & Video und sozialen Gruppen

einfach/partiell	Migration	SES	Bildung	Geschlecht
Entspannung	-0.04	0.05	**0.10**/ 0.10**	**0.15**/ 0.15**
Information	-0.02	0.01	0.00	0.06*
Unterhaltung	**-0.18**/-0.12**	**0.12**/ 0.07**	**0.25**/ 0.21**	**0.13**/ 0.14**
Rat und Hilfe	-0.01	-0.05	-0.04	0.04
Allein sein	-0.07*	0.06	**0.09**/ 0.09**	**0.11**/0.11**
Nichts zu tun	-0.06*	0.05	**0.11**/ 0.10**	0.06*
Alles vergessen	-0.07*	0.04	0.06*	**0.11**/ 0.11**
Mitreden	**-0.08**/-0.07**	0.02	**0.08**/-0.07**	0.06*

Basis: N = 1'155 Oberstufe; Bivariate und Partielle Korrelationen 3ter Ordnung.

Im Vergleich zu den Faktoren Bildung und Geschlecht spielt der Migrationshintergrund eine untergeordnete Rolle, wenn es um die Einschätzung von Funktionen des Video- / DVD-Sehens geht. Für besser gebildete Schüler und Knaben hat das Sehen von Videos bzw. DVDs einen signifikant höheren Unterhaltungs- und Entspannungswert als für Mädchen und Schüler aus tieferen Bildungsstufen. Besser Gebildete geben zudem auch signifikant häufiger an, diese audiovisuellen Medien dann zu konsumieren, wenn sie nichts anderes vorhaben und wenn sie alleine sind. Videos und DVDs zu schauen, um mitreden zu können, geben Schweizer und besser gebildete Schüler signifikant häufiger an als Jugendliche mit Migrationshintergrund und weniger gut gebildete Schüler.

Abb. 77: Funktionen von Computer und Internet

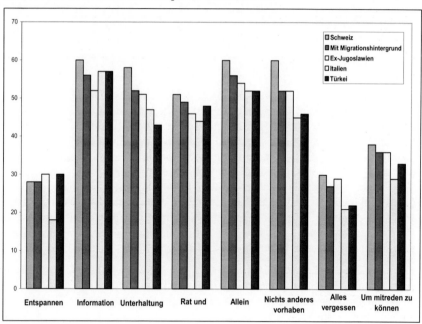

Ähnlich wie die audiovisuellen Medien werden auch *Computer und Internet* in ihren Funktionen von Schülern mit und ohne Migrationshintergrund praktisch gleich bewertet. Im Vergleich zu den anderen Medien sind es zudem nicht nur einzelne Funktionen, die hervorragen; vielmehr bietet das Internet für Jugendliche ein sehr breites Spektrum an Nutzungsmotiven an.

Abb. 78: Korrelationen zwischen PC & Internet und sozialen Gruppen

einfach/partiell	Migration	SES	Bildung	Geschlecht
Entspannung	0.00	0.01	0.06*	**0.17****/ **0.17**
Information	0.00	**0.08****/ **0.04**	**0.18****/ **0.18**	0.04
Unterhaltung	-0.04	**0.09****/ **0.03**	**0.21****/ **0.21**	**0.11****/ **0.11**
Rat und Hilfe	0.04	**0.08****/ **0.05**	**0.12****/ **0.12**	0.01
Allein sein	-0.01	**0.07****/ **0.05**	**0.12****/ **0.11**	**0.08****/ **0.08**
Nichts zu tun	-0.07*	**0.07****/ **0.02**	**0.16****/ **0.14**	0.06*
Alles vergessen	-0.02	**0.07****/ **0.04**	0.06*/	**0.13****/ **0.13**
Mitreden	0.01	**0.08****/ **0.06**	**0.13****/ **0.13**	**0.08****/ **0.08**

Basis: N = 1'155 Oberstufe; Bivariate und Partielle Korrelationen 3ter Ordnung.

Im Gegensatz zu den anderen Medien zeigen sich für die *Funktionen des Internet* keine signifikanten Unterschiede zwischen Schülern mit und ohne Migrationshintergrund. Für Schüler mit hohem Bildungsstatus (bzw. aus Familien mit hohem Sozialstatus) zeigt sich über die meisten Items hinweg eine signifikant positive Korrelation, einzig zum Entspannen und um alles vergessen zu können wird das Internet von Schülern aller Bildungsstufen genutzt.

Knaben schätzen das Internet bezüglich Entspannungs- und Unterhaltungspotential wichtiger ein als Mädchen und nutzen es auch häufiger, wenn sie allein sind und damit sie unter Kollegen mitreden können. Für die Möglichkeit im Internet Informationen zu finden bzw. Rat zu erhalten lassen sich jedoch keine geschlechtsspezifischen Unterschiede ausmachen.

Fazit der Medienfunktionen: Für diejenigen Medien, welche stark textbasiert sind (Radio, Printmedien) äußert sich über alle Items hinweg ein höherer Anteil an Nennungen bei den Schweizer Jugendlichen. Für bildunterstützte und interaktive Medien sowie das Hören von Musik sind jedoch keine Unterschiede bezüglich Migrationshintergrund festzustellen. Im Vergleich zu den anderen Medien bietet das Internet das breiteste Funktionsspektrum an. Im Vergleich zum Migrationshintergrund kommt sowohl dem *Bildungsniveau* als auch dem *Geschlecht* eine wesentlich stärkere Bedeutung zu als dem Migrationshintergrund. Schichteffekte können zwar ebenfalls festgestellt werden, der Zusammenhang zwischen dem Bildungsniveau der Schüler und den Medienfunktionen ist jedoch jeweils bedeutsamer.

8.2 Medienpräferenzen

Die von den Heranwachsenden genannten Titel von genutzten Büchern, Zeitungen und Zeitschriften, Fernsehsendungen und Websites, aber auch der präferierten Musikstile wurden mit Inhaltsanalyse in vergleichbare Genres verdichtet.

Weit verbreitet ist bei den 12- bis 16-jährigen Schülerinnen und Schülern nach wie vor das *Lesen von Jugend- und Musikzeitschriften*, welche einerseits Informationen zu Popstars anbieten und sich andererseits mit spezifischen Anliegen von Jugendlichen wie Sex, Drogen usw. befassen. Bezüglich dieser Präferenz unterscheiden sich Jugendliche mit und ohne Migrationshintergrund nur geringfügig. In den Kategorien „Tiere/Natur" oder „Familienzeitschriften" ist hingegen im Gegensatz zu den Schweizer Jugendlichen bei Jugendlichen mit Migrationshintergrund kaum ein Interesse feststellbar, klar häufiger wurden von letzteren Titel aus den Bereichen „Auto/Motorrad" und „Comics" genannt.

Abb. 79: Lieblingszeitschriften

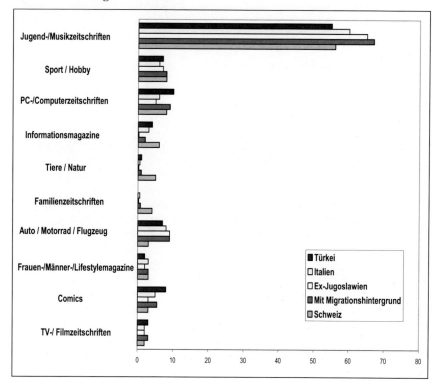

Insgesamt wird deutlich, dass Schweizer Jugendliche das Zeitschriftenangebot breiter nutzen als ihre Kollegen mit Migrationshintergrund. Neben dem Migrationshintergrund sind auch je nach *Bildungsniveau* und *Geschlecht* deutliche Unterschiede in den Zeitschriftenpräferenzen auszumachen: Mädchen geben wesentlich häufiger Familien- und Frauenzeitschriften und auch Jugendmagazine an als Knaben, während letztere häufiger Computerzeitschriften und Comics genannt haben.

Die genannten Titel von Zeitschriften der besser gebildete Schüler zeichnen sich dadurch aus, dass sie mehr verschiedene Arten von Zeitschriften nennen, zudem wurden von ihnen auch häufiger Nennungen im Bereich der „Informationsmagazine" (z.B. Der Spiegel, P.M etc.) gemacht.

Unabhängig vom kulturellen Hintergrund hat rund ein Viertel der Schülerinnen und Schüler keinen präferierten Zeitungstitel angegeben. Konsonant dazu haben ja auch den bei Zeitungsfunktionen 15% der Befragten „nutze ich nie" angekreuzt.

Deutlich an erster Stelle wird die gratis an Bahnhöfen oder in der Schule aufliegende *Pendlerzeitung „20minuten"* genannt, wobei diese insbesondere unter Jugendlichen mit Migrationshintergrund sehr beliebt ist – 64% Nennungen vs. 46% bei Schweizer Schülern – und von ersteren auch vermehrt als einzige Zeitung genannt wird. Eine Ausnahme bilden hier die Jugendlichen mit italienischem Migrationshintergrund, deren Wert demjenigen der Schweizer entspricht.

Die Boulevardzeitung „*Blick"* und die in der Region Zürich am weitest verbreitete Forumszeitung „*Tages-Anzeiger"* sowie die in Winterthur erscheinende Zeitung „Landbote" wurden von Schweizer Jugendlichen deutlich häufiger genannt als von ihren Kollegen mit Migrationshintergrund. Eine Ausnahme bilden hier wiederum die Schüler italienischer Abstammung, welche den „Tages-Anzeiger" fast so häufig nennen wie ihre Schweizer Kollegen. Vermutlich hängen die ethnokulturellen Unterschiede damit zusammen, dass es in Schweizer Familien üblich ist, eine Schweizer Tageszeitung abonniert zu haben, die nach Hause verteilt wird, während dies für Migrationsfamilien nicht typisch ist. Die Schweizer Kinder und Jugendlichen greifen dann zur in der Familie abonnierten Zeitung.

Ausländische Zeitungstitel werden im Durchschnitt nur von 9% der Migrantenjugendlichen genannt, wobei die türkischen Jugendlichen mit 16% häufiger eine fremdsprachige Zeitung nennen als die anderen zwei betrachteten Migrantengruppen. Türkische Zeitungen sind in der Deutschschweiz an Kiosken auch recht verbreitet.

Geschlechtsspezifische Unterschiede in der Nennung präferierter Zeitungstitel sind kaum festzustellen, hingegen fällt auf, dass besser gebildete Jugendlichen mehr als eine Zeitung nennen, während Schüler mit tiefem Bildungsniveau häufig nur die Gratiszeitung „20minuten" angeben.

Abb. 80: Lieblingsbücher

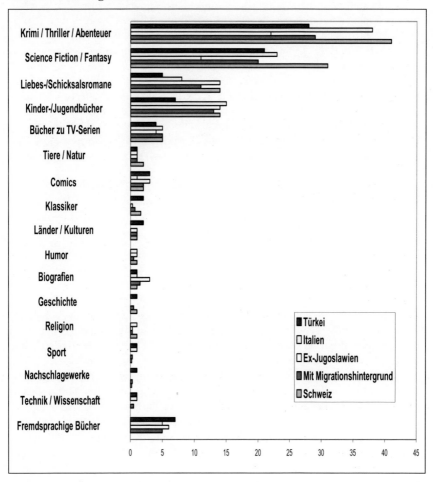

Unter den Schweizer Schülern sind es 32%, welche *kein Lieblingsbuch* nennen, während dieser Anteil bei den Jugendlichen mit Migrationshintergrund gar 45% ausmacht. Dementsprechend liegen auch die Werte der Schweizer bei den beliebtesten Buchgenres immer etwas höher, wobei „Krimi, Thriller, Abenteuer", „Science Fiction & Fantasy", „Liebes- & Schicksalsromane" und „Kinder- & Jugendbücher" bei allen Schülern unabhängig vom kulturellen Hintergrund zu den Favoriten gehören. Fremdsprachige Buchtitel werden von Jugendlichen mit Migrationshintergrund zu durchschnittlich 5% angegeben, die Werte Schüler mit türkischer und ex-jugoslawischer Abstammung liegen leicht höher. Mit 5% Nennungen machen auch Bücher, die sich an TV-Serien anlehnen, einen wesentlichen Anteil der Lieblingsbücher aus. Andere Buchgenres werden von weniger als 5% der Schülerinnen und Schüler genannt.

Geschlechtsspezifische Unterschiede in den Buchpräferenzen zeigen sich insofern, als Mädchen häufiger Liebes- & Schicksalsromane nennen als Knaben und sich auch stärker für Länder/Kulturen und Biografien interessieren als ihre männlichen Kollegen. Knaben hingegen nennen häufiger Sachbücher aus den Bereichen Technik & Wissenschaft oder Geschichte sowie Comics-Hefte. Das Interesse für Krimis, Abenteuerbücher und Fantasy-Romane ist bei beiden Geschlechtern sehr groß.

Jugendliche mit hohem *Bildungsniveau* nennen mehr verschiedene Buchgenres als diejenigen mit tiefem Bildungsniveau, von denen auch über 50% gar kein Lieblingsbuch nennen können. Das Spektrum der Lesestoffe erweitert sich also mit steigender Bildung deutlich.

Wird das *Fernsehen* informationsorientiert genutzt, so steht an erster Stelle das Sehen von Nachrichtensendungen. Während ca. 12 % der Schüler nicht weiter explizieren, um welche Nachrichtensendung es sich dabei handelt, sind es unter den Schweizer Schülern 36% die Nachrichten privater Sender schauen und 35%, die sich hierfür öffentlich-rechtlichen Programmen (insbesondere SF DRS) zuwenden. Unter den Jugendlichen mit Migrationshintergrund wird deutlich häufiger auf Privatsendern Nachrichten geschaut, 13% informieren sich auch auf fremdsprachigen Kanälen über das tagesaktuelle Geschehen.

Allgemeine Informationsmagazine & Dokumentarfilme werden von Schweizer Jugendlichen deutlich häufiger genannt als von Schülern mit Migrationshintergrund, letztere nennen hingegen mehr Wissenschaftsmagazine.

Von 20% der Schweizer Schüler und von 26% der Jugendlichen mit *Migrationshintergrund* wurden keine Informationssendungen genannt.

Bildungsspezifische Unterschiede in der Nutzung von Informationssendungen im Fernsehen zeigen sich einerseits darin, dass besser gebildete Schüler zwar genauso häufig Nachrichten der Privatsender nennen wie ihre Kollegen der tieferen Bildungsniveaus, jedoch mit 27% vs. 14% deutlich häufiger auch die Nachrichtensendungen der öffentlich-rechtlichen Anbieter angeben. Andererseits schauen die Schüler der Sek A (höchstes Bildungsniveau) häufiger Wissenschaftsmagazine (28% vs. 13%), Informationsmagazine & Reportagen (33%

vs. 4%) und Dokumentarfilme (9% vs. 3%) als die Schüler der Sek C (tiefstes Bildungsniveau).

Abb. 81: Beliebte Fernsehsendungen: Information

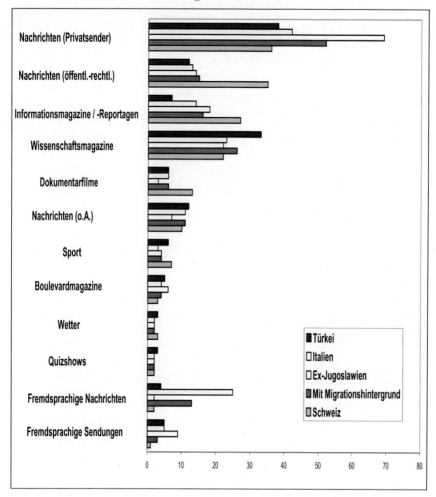

Die Nutzung des TV-Informationsangebotes von Knaben und Mädchen unterscheidet sich bezüglich Nachrichtensendungen kaum. Auffällig sind jedoch die häufigeren Nennungen der Knaben im Bereich Sport (9% vs. 3%) und Wissenschaftsmagazine (33% v. 14%) sowie die häufigeren Nennungen der Mädchen im Bereich von Boulevardmagazinen (7% vs. 3%) und Informationsmagazine & Reportagen (23% vs. 17%).

Abb. 82: Beliebte Fernsehsendungen: Unterhaltung

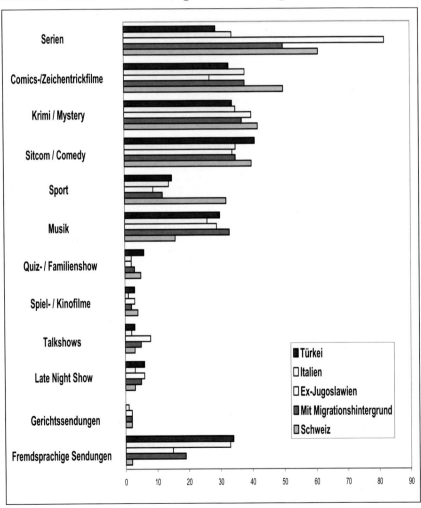

Im Bereich der *Unterhaltung* werden von allen Jugendlichen deutlich am häufigsten allgemeine Serien wie Gute Zeiten schlechte Zeiten, Unter uns usw. genannt. Da es sich auch bei den Kategorien Krimi/Mystery und Sitcom/Comedy um Serien handelt, kann festgehalten werden, dass die Jugendlichen eine starke Bindung an wiederkehrende Sendeformate aufweisen. Sehr beliebt – vor allem unter Knaben – sind auch verschiedene Zeichentrickserien wie Futurama, Spongebob usw. Deutliche Unterschiede zwischen Schülern mit und ohne Migrationshintergrund zeigen sich nur bezüglich dem Bereich Sport, welcher häufiger von Schweizern zur Unterhaltung geschaut wird und bezüglich Musikkanälen (MTV, Viva) welche vermehrt von Jugendlichen mit Migrationhintergrund als Lieblingsunterhaltung angegeben werden.

Bildungsspezifische Unterschiede in der Nutzung von TV-Unterhaltungsangeboten zeigen sich insofern als Jugendliche der Sek A (hohes Bildungsniveau) vor allem Krimis (39% vs. 25%) und Zeichentrickfilme (40% vs. 23%) präferieren, die weniger gut gebildeten Schüler hingegen häufiger Sport- (15% vs. 9%) und Musiksendungen (36 vs. 21%) nennen.

Vergleicht man die Angaben der Schüler nach Geschlecht, so lässt sich festhalten, dass Mädchen zu 74% Serien angeben, Knaben hingegen nur zu 23%. Auch Krimis (48% vs. 18%) und Musiksender (31% vs. 24%) werden vor allem von den Mädchen präferiert, während Knaben deutlich häufiger Zeichentrickfilme (65% vs. 17%) und Sportsendungen (19% vs. 3%) nennen.

Für die Nutzung von Unterhaltungssendungen im Fernsehen lassen sich demnach vor allem geschlechtsspezifische und etwas abgeschwächt auch bildungsspezifische Unterschiede feststellen, der Faktor Migrationshintergrund spielt hingegen eine untergeordnete Rolle.

Auch bezüglich häufig genutzter Internetseiten zeigen sich insgesamt nur wenig Unterschiede zwischen Jugendlichen mit und ohne Migrationshintergrund. Hauptzweck der Internetnutzung ist insbesondere die Informationssuche jeglicher Art, das E-Mail-Schreiben und das Spielen und Downloaden von Games. Ansonsten sind es unterschiedliche persönliche Interessen, welche darüber entscheiden, zu welchen Themenbereichen Internetseiten aufgerufen werden. Auffällig in Bezug auf den kulturellen Hintergrund sind die Kategorien Regionale Vereine und Tiere&Natur, welche von Schweizer Schülern zu 5% bzw. 3%, von Jugendlichen mit Migrationshintergrund jedoch nie genannt worden sind.

Schüler der Sek A geben mit 18% deutlich häufiger Seiten von E-mail-Anbieter an als Schüler der Sek C(10%) und geben mit 62% vs. 40% auch vermehrt Seiten zur Informationssuche an. Was Bereiche wie Sport, Games, Musik usw. betrifft, so zeigen sich keine bildungsspezifischen Unterschiede in den Nennungen, besser gebildete Schüler nennen jedoch insgesamt ein breiteres Spektrum an Seiten als weniger gut gebildete, was sich auch darin äussert, dass nicht in allen der oben genannten Kategorien Nennungen der Schüler der Sek C gemacht wurden, während Sek-A-Schüler über alle Kategorien hinweg Seiten nannten.

Abb. 83: Am häufigsten genutzte Websites

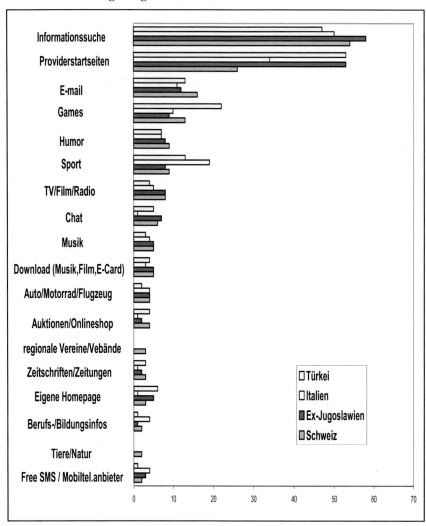

Im Vergleich zu den Knaben nennen Mädchen häufiger Seiten von E-Mai-Anbietern (18% vs. 10%), Chatforen (9% vs. 4%) Musik-Seiten (7% vs. 3%) und Seiten zu TV/Film (10% vs. 5%) als Knaben. Letztere hingegen nennen häufiger Sportseiten (15% vs. 5%), Seiten mit Games (22% vs. 3%), Auktionen/Onlineshop (5% vs. 1%) und Humor-Seiten (11% vs. 6%). Die gleichen Unterschiede, welche sich auch in den Nutzungszeiten von Internet und PC gezeigt haben, nämlich eine höhere Aktivität der Mädchen bei kommunikativen Elementen des Internets, spiegeln sich auch bei den Angaben zu den am häufigsten genutzten Seiten. Weiter zeigt sich auch, dass genauso wie bei den anderen Medien inhaltliche Präferenzen wie sehr stark geschlechtsspezifisch sind.

Abb. 84: Präferierte Musikstile

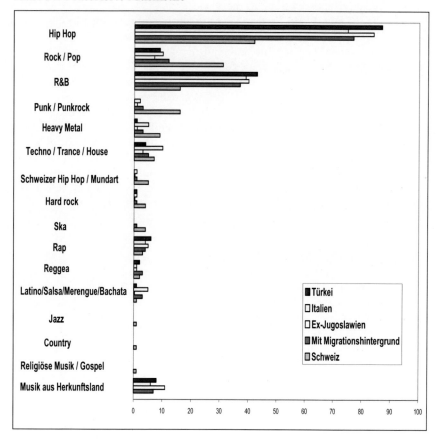

Anhand der *Stile der Lieblingsmusik* lässt sich feststellen, dass Schweizer Jugendliche und Jugendliche mit Migrationshintergrund ähnliche Präferenzen, jedoch in unterschiedlicher Intensität haben. Nennen von den Schülern mit Migrationshintergrund 80% Hip Hop, so macht dieser Anteil unter den Schweizer Schülerinnen und Schülern nur die Hälfte aus. Umgekehrt verhält es sich mit dem Bereich Rock/Pop, welchen etwa doppelt so viele Schweizer nennen. Auffällig sind auch die deutlich höheren Werte der Schweizer Jugendlichen im Bereich Punk/Punkrock, Heavy Metal, Hard Rock und Schweizer Musik.

Während sich die Anteile der Nennungen im Bereich Hip Hop je nach *Geschlecht* nicht unterscheiden, nennen die Mädchen als Lieblingsmusikstil deutlich häufiger R&B (37% vs. 23%), Pop/Rock (22% vs. 15%) und Salsa (5% vs. 1%) als die Knaben. Diese hingegen weisen über alle anderen Musikrichtungen hinweg leicht höhere Werte auf als die Mädchen.

Deutliche Unterschiede in den Angaben der Lieblingsmusikstile zeigen sich auch je nach *Bildungsniveau* der Schüler: Jugendliche, welche die Sek C besuchen, nennen zu 82% Hip Hop, während nur 49% der Sek-A-Schüler diesen Musikstil als Lieblingsmusik angeben. Weiter ist bei den Schülern mit tiefem Bildungsniveau auch Techno&Trance mit 10% vs. 4% deutlich beliebter, während R&B von beiden Gruppen zu rund 30% genannt wird.

Was die anderen Musikstile betrifft, so werden diese unter den Schülern mit hohem Bildungsniveau im Falle von Rock, Rap, Punk, Reggae und Heavy metal zu mind. 10% genannt und die anderen obigen Musikstile werden alle ebenfalls genannt, Jugendliche mit tiefem Bildungsniveau nennen hingegen nebst Rap (5%), Reggae (4%) und Salsa (2%) keine anderen Musikstile. Dies weist darauf hin, dass der Musikgeschmack besser gebildeter Schüler deutlich individualisierter ist als derjenige der Schüler mit tiefem Bildungsniveau.

8.3 Medienbewertungen

Mit verschiedenen Fragen wurde im Rahmen der Schülerbefragung auch die Einschätzung der Medien durch die Heranwachsenden erhoben. Zwei Fragen zielten einerseits auf die *Verständlichkeit* von Nachrichten, andererseits auf die Glaubwürdigkeit verschiedener Medien im Vergleich.

Konkret bezogen auf das *Angebot der Medien speziell für Jugendliche* wurde nach dessen Bewertung gefragt. Schließlich wurde noch bezogenen auf die Berichterstattung der Medien über verschiedene Gruppen wie Frauen, Männer, SchweizerInnen, Ausländerinnen und Jugendliche gefragt, wie die Schüler die Darstellung der Medien wahrnehmen, und zwar mittels folgender Polaritäten: negativ vs. positiv, dumm vs. intelligent, schwach vs. stark und aggressiv vs. friedlich.

Abb. 85: Nachrichten: Verständlichkeit und Vertrauen

Wie gut verstehst Du die Nachrichten in folgenden Medien?					
In Prozent N=1'468	sehr gut	gut	es geht so	weniger gut	gar nicht gut
Fernsehen	62	33	5	0	0
Zeitung	32	48	16	2	2
Radio	32	43	19	4	2
Internet	34	42	18	4	2
Wie sehr vertraust du den folgenden Medien?					
In Prozent N=1'468	sehr stark	stark	es geht so	eher nicht	überhaupt nicht
Fernsehen	27	37	30	5	1
Zeitung	12	39	41	5	3
Radio	10	36	42	8	4
Internet	15	25	40	15	5

Abb. 85 zeigt für die *Verständlichkeit von Nachrichten*, dass mit 95% die meisten Kinder und Jugendlichen die Kombination von Text und Bilder der Nachrichten im Fernsehen gut oder sogar sehr gut verstehen. Für das Printmedium Zeitung liegt der Verständlichkeitswert mit 80% erstaunlich hoch, während Radio und Internet auf etwa 75% kommen.

Im Vergleich zur Verständlichkeit liegen die Werte für das Medienvertrauen etwas tiefer, nämlich bei 64% für das Fernsehen, 51% für die Zeitung, 46% für das Radio, während dem Internet mit 40% am wenigsten vertraut wird.

Während Schweizer Schülern das *Verstehen von Nachrichten* in Zeitungen und im Radio leichter fällt als Jugendlichen mit Migrationshintergrund (vgl. Abb. 86), schätzen letztere ihre Verstehenskompetenz in den Medien Fernsehen und Internet leicht besser ein. Zwischen den verschiedenen Herkunftsländern zeigen sich wenige Unterschiede, auffällig sind die etwas höheren Werte der türkischen Schüler betreffend Radio sowie ihre vergleichsweise tiefe Einschätzung der Verständlichkeit von Nachrichten im Internet.

Abb. 86: Verständlichkeit der Nachrichten im Migrationsvergleich

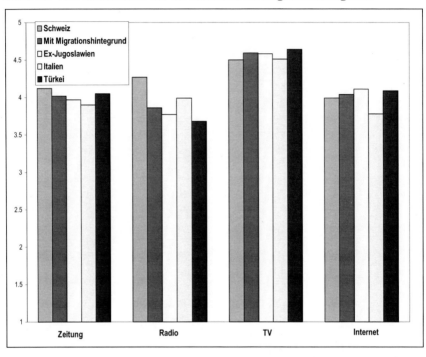

Abb. 87: Verständlichkeit der Nachrichten im Vergleich: Korrelationen

einfach/partiell	Migration	Geschlecht	SES	Bildung
Fernsehen	0.07*	0.04	0.04	0.03
Zeitung	-0.02	0.07*	0.05	0.02
Radio	**-0.21**/-0.17**	-0.08*/-0.06	0.08**/ 0.00	**0.19**/ 0.13**
Internet	0.04	**0.15**/ 0.15**	0.05	0.02
Basis: N = 1'155 Oberstufe; Bivariate und Partielle Korrelationen 3ter Ordnung				

Weiter wurde anhand bivariater und partieller Korrelationen überprüft, inwiefern andere Faktoren in einem Zusammenhang mit der Verständlichkeits-Einschätzung verschiedener Medien stehen (vgl. Abb. 87).

Medienbewertungen 125

Im Vergleich zu anderen soziodemografischen Dimensionen ist der Faktor *Migrationshintergrund* maßgebend dafür, dass *Nachrichten im Radio* weniger gut verstanden werden, was wohl mit den teilweise defizitären Sprachkenntnissen zu erklären ist. Zudem kommt der Schweiz-Orientierung eine Bedeutung bezüglich der Verständlichkeit von Zeitungs- und Radionachrichten zu.

Geschlechtsspezifische Unterschiede in der Verständlichkeit von Medien zeigen sich speziell für das Internet, in abgeschwächtem Masse schätzen Knaben aber auch ihre Verstehenskompetenz bezüglich Zeitung und Fernsehen besser ein. Eine Ausnahme bildet das Radio, welches von den Mädchen als verständlicher eingeschätzt wird als von den Knaben, was vermutlich auch mit der intensiveren Nutzung dieses Mediums durch Mädchen zu erklären ist.

Abb. 88: Vertrauen in Nachrichten im Migrationsvergleich

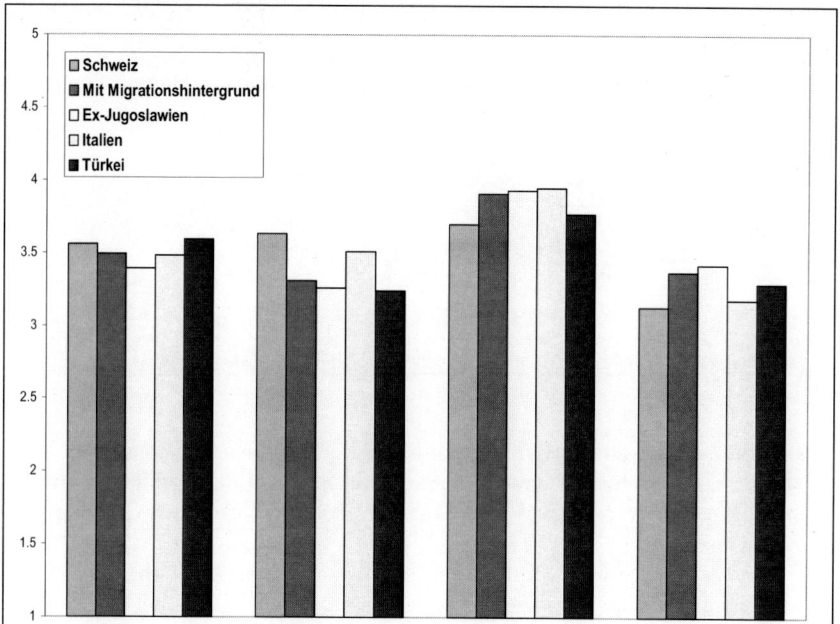

Weiter zeigt sich auch, dass Jugendliche, die eine hohe Printmedienorientierung aufweisen, die Nachrichten im Radio und in der Zeitung signifikant, diejenigen im Fernsehen und Internet leicht besser verstehen als ihre Kameraden. Für AV-

Orientierte Jugendliche zeigen sich hingegen negative Korrelationswerte für die Verständlichkeit von Radio und Zeitung, für die Medien Fernsehen und Internet zeigt sich ein leicht positiver Effekt. Für die stark Computer-Orientierten zeigt sich für das Verstehen von Internet-Nachrichten ein signifikant positiver Korrelationswert, während für die anderen Medien kein Effekt auszumachen ist.

Am vertrauenswürdigsten ist für die befragten Jugendlichen das Fernsehen, und zwar insbesondere für Jugendliche mit Migrationshintergrund (vgl. Abb. 88). Während die Einschätzung der Zeitungen je nach Herkunftsland nur wenig variiert, zeigt sich für das Radio ein Unterschied zwischen Jugendlichen mit und ohne Migrationshintergrund: Schweizer Jugendliche sprechen dem Radio deutlich mehr Wahrheitsgehalt zu als Schüler mit Migrationshintergrund. Was das Fernsehen und Internet anbelangt, so verhält es sich umgekehrt: Jugendliche mit Migrationshintergrund vertrauen diesen Medien stärker als dies ihre Schweizer Kollegen tun.

Abb. 89: Vertrauen in Nachrichten im Vergleich: Korrelationen

einfach/partiell	Migration	Geschlecht	SES	Bildung
Fernsehen	**0.16**/-0.08	0.03	-0.03	**-0.09**/-0.06
Zeitung	-0.04	0.06*	0.04	**0.08**/ 0.08
Radio	**-0.17**/-0.15	-0.07*/-0.05	0.07*/ 0.01	**0.13**/ 0.07
Internet	**0.11**/ 0.10	**0.08***/ 0.08	0.01	**-0.08**/-0.05
Basis: N = 1'155 Oberstufe; Bivariate und Partielle Korrelationen 3ter Ordnung				

Die Glaubwürdigkeit der Zeitung wird von Jugendlichen mit hohem Bildungsniveau signifikant besser eingeschätzt als von ihren Kollegen mit tieferem Bildungsniveau, ein auf dem 95%-Niveau signifikanter Wert zeigt sich weiter auch für das Geschlecht.

Der Wahrheitsgehalt von Radionachrichten wird von Jugendlichen mit Migrationshintergrund sowie von Knaben schlechter eingeschätzt als von Schweizer Schülern und Mädchen, Bildung und Sozialstatus haben hingegen einen signifikant positiven Einfluss auf diese Einschätzung.

Im Falle des Fernsehens lässt sich eine positive Beurteilung durch die Migrantenjugendlichen sowie eine negative Einschätzung der besser gebildeten Schüler festhalten.

Während der Sozioökonomische Status der Familie keinen Einfluss auf die Einschätzung der Glaubwürdigkeit des Internets hat, zeigt sich für das Bildungsniveau der Schüler eine negative Korrelation. Weiter schätzen Knaben und Jugendliche mit Migrationshintergrund das Internet bezüglich des Wahrheitsgehalts deutlich besser ein als Mädchen und Schweizer Schüler.

Abb. 90: Einschätzung des Medienangebots für Jugendliche

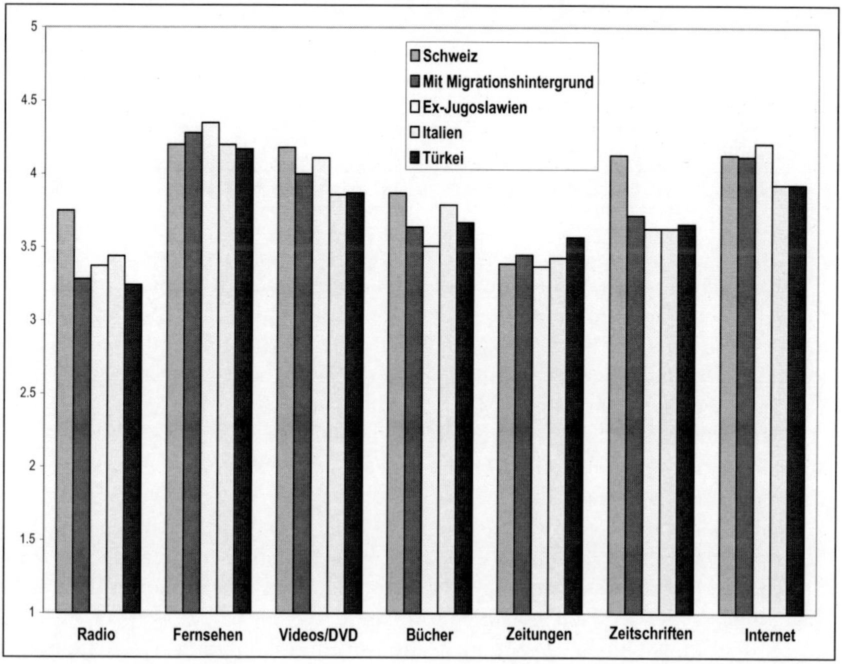

Bezüglich der Einschätzung des Angebots für Jugendliche sind Analogien zur Mediennutzung festzustellen: Schweizer Jugendliche beurteilen das Jugendangebot von Radio, Zeitschriften und Büchern besser als ihre Kameraden, wohl auch deshalb, weil sie das Angebot besser kennen und breiter nutzen. Bezüglich TV lassen sich kaum Unterschiede ausmachen: Das *Fernsehen* ist nach Einschätzung der Befragten dasjenige Medium, welches am meisten Angebote für Jugendliche bereitstellt. Beinahe ebenso hohe Werte erreichen Videos und DVD's sowie das Internet. Umgekehrt schne*iden Zeitungen und* Radio bezüglich Jugendaffinität im Medienvergleich besonders schlecht ab.

Abb. 91: Bewertung des Medienangebots für Jugendliche: Korrelationen

einfach/partiell	Migration	Geschlecht	SES	Bildung
Im Fernsehen	0.03	-0.07*	0.01	0.03
Bei DVD/Video	**-0.09**/-0.04**	-0.03	**0.12**/ 0.08**	**0.13**/ 0.10**
Im Radio	**-0.15**/-0.13**	**-0.11**/-0.11**	0.04	**0.08**/ 0.04**
In Zeitungen	0.04	-0.02	-0.02	**-0.13**/-0.13**
In Zeitschriften	**-0.13**/-0.13**	**-0.21**/-0.20**	**0.10**/ 0.05**	**0.17**/ 0.11**
In Büchern	**-0.11**/-0.07**	**-0.18**/-0.17****	0.05	**0.16**/ 0.12**
Im Internet	0.01	0.02	0.06	0.06

Basis: N = 1'155 Oberstufe; Bivariate und Partielle Korrelationen 3ter Ordnung

Die Einschätzung des Medienangebotes für Jugendliche ist einerseits vom Migrationshintergrund, im Falle des Radios, der Bücher und der Zeitschriften aber auch vom Geschlecht abhängig: Mädchen beurteilen diese drei Medien hinsichtlich ihres Jugendangebotes deutlich besser als Knaben, wobei dieser Befund wohl mit der unterschiedlichen Mediennutzung verknüpft ist.

Weiter fällt auf, dass besser gebildete Jugendliche das für sie zur Verfügung stehende Angebot in fast allen Medien besser einschätzen als die Kollegen der unteren Bildungsniveaus. Eine Ausnahme bilden hier die *Zeitungen*, für die eine signifikant negative Korrelation zum Bildungsniveau festzustellen ist. Dies könnte darauf hinweisen, dass die von den besser gebildeten Jugendlichen ihren Familien gelesenen Qualitätszeitungen bezüglich ihres inhaltlichen Angebots für Jugendliche eher kritisch bewertet werden; umgekehrt bewerten die weniger gebildeten jugendlichen Leserinnen die Jugendorientierung ihres Leibblatts „20minuten" deutlich besser: 27% vs. 12% „sehr gutes" Angebot für Jugendliche

Einflüsse des sozioökonomischen Hintergrundes zeigen sich auf die Beurteilung des Video- & DVD-Angebots sowie auf die Einschätzung jugendspezifischer Inhalte von Zeitschriften.

Zusammenfassend kann davon ausgegangen werden, dass diejenigen Medien, die häufig genutzt werden auch besser eingeschätzt werden, weil bessere Kenntnisse des Angebots vorhanden sind. Gleichzeitig führt aber die hohe Zufriedenheit mit dem Angebot wiederum zu einer hohen Nutzung.

8.4 Perzipierte Medienrealität

Speziell im Migrationskontext, aber auch aus der Perspektive von jungen Leuten, interessierte die Frage, wie Mediennutzer die Berichterstattung über verschiedene soziale Gruppen wie Ausländer oder Jugendliche im Vergleich beurteilen. Gefragt wurde: „Medien berichten ja über verschiedene Einzelpersonen und Gruppe. Wie stellen Schweizer Medien Deiner Ansicht nach folgende Gruppen dar? Die adjektivischen Gegensatzpaare waren jeweils wie folgt skaliert: „negativ" -2, -1, 0, +1, +2 „positiv". – Bei der Interpretation der Befunde muss allerdings im Auge behalten werden, dass es sich hier nicht um eine objektivierte Inhaltsanalyse der Berichterstattung handelt, sondern um persönlich gefärbte Bewertungen der subjektiv wahrgenommenen Medienrealität.

Abb. 92: Beurteilung der Mediendarstellung von Männern und Frauen

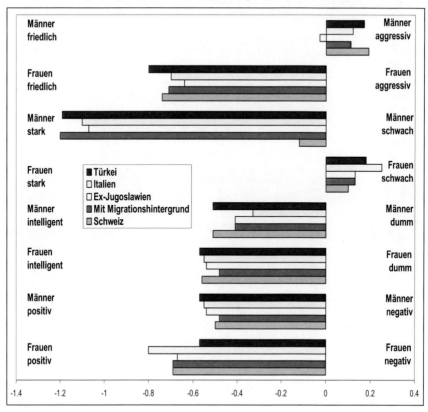

Betreffend der medialen Darstellung von *Frauen* in den Medien sind je nach Herkunftsland kaum Unterschiede auszumachen: Die befragten Schüler geben an, dass Frauen eher schwach, Männer hingegen als stark dargestellt werden, Frauen würden zudem eher friedlich, Männer hingegen aggressiv dargestellt. Beide Geschlechter werden insgesamt mehr oder weniger neutral bzw. leicht positiv dargestellt, auch was die Intelligenz betrifft.

In diesen Befunden spiegeln sich geschlechtsspezifische Stereotype einerseits, andererseits aber auch durch Inhaltsanalysen durchaus bestätigte Muster stereotyper Medienpräsentation.

Abb. 93: Mediendarstellung von SchweizerInnen und AusländerInnen

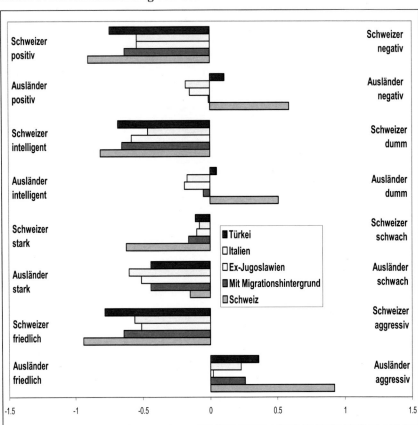

Die Darstellung von Ausländern wird von Schülern mit und ohne Migrationshintergrund insgesamt ähnlich beurteilt, wobei Schweizer die Darstellung der Ausländer und Jugendliche mit Migrationshintergrund die Darstellung der Schweizer jeweils negativer beurteilen.

Dass Ausländer insgesamt stereotyp eher negativ und dumm dargestellt werden, wird von den Schweizern und den türkischen Jugendlichen wahrgenommen. Dass Ausländer in den Medien als aggressiv dargestellt werden, Schweizer hingegen als friedlich wird von den Schülern aller Herkunftsländer festgehalten.

Abb. 94: Beurteilung der Mediendarstellung von Jugendlichen

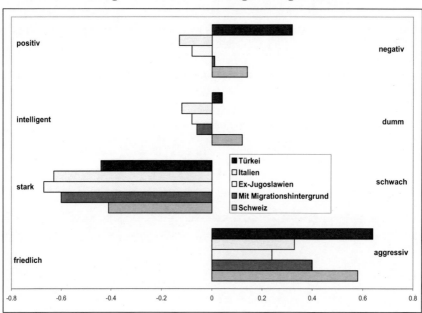

Die Beurteilung der Darstellung von Jugendlichen in den Medien gleicht dem Profil der Ausländer-Darstellung: Nach Ansicht der befragten Schüler wird ihre eigene Gruppe, also die Jugendlichen, insgesamt eher negativ, dumm und vor allem aggressiv dargestellt. Auch hier fallen die jeweils ähnlichen Einschätzungswerte der Schweizer Schüler und der Schüler türkischer Herkunft auf.

9. Mediensprache und Mediengespräche

Ein letzter Teil im schriftlichen Schülerfragebogen befasste sich thematisch mit der Sprache, in der die verschiedenen Medien in der Freizeit genutzt werden. Hier interessierte im Kontext der im Theorieteil erwähnten Medienghetto-These (vgl. Kap. 1.1.3), welche Medien vor allem in Deutsch oder vor allem in der Herkunftssprache genutzt werden. Darüber hinaus wurde gefragt, über welche Medien mit wem in der Freizeit gesprochen wird.

9.1 Sprache der Mediennutzung

Durch Kabel- und Satellitenfernsehen sowie durch das Internet ist der Zugang zu Medieninhalten aus verschiedenen Ländern und in verschiedenen Sprachen heute üblich geworden, wodurch die Frage nach der Sprache, in welcher Kinder und Jugendliche, aber auch ihre Eltern mit Migrationshintergrund die verschiedenen Medien nutzen, eine wichtige Bedeutung erlangt hat:

Abb. 95: In welcher Sprache werden die Medien vor allem genutzt?

In Prozent	vor allem Deutsch	beides gleich	v.a. Herkunftssprache
Zeitungen	**80**	15	5
Zeitschriften	**80**	15	5
Bücher	**80**	15	5
Radio	**77**	16	7
DVD	62	29	9
Video	58	32	10
Fernsehen	49	**40**	11
Surfen	63	27	10
Chatten	59	30	11
Email	59	29	12
SMS	49	**40**	11
Telefonieren	45	**42**	13

Basis: Schüler mit Migrationshintergrund (N=969) und Nutzung des jeweiligen Mediums

Nach Abb. 95 werden *Printmedien*, also Zeitungen, Zeitschriften, Bücher, sowie das Radio von den meisten Schülerinnen und Schülern mit Migrationshintergrund vor allem *in deutscher Sprache* genutzt. Betrachtet man dies zusammen mit dem Befund, dass die Printmedienausstattung in den Migrantenhaushalten tendenziell tief ist, so liegt der Schluss nahe, dass der *Umgang mit der Kulturtechnik Lesen* durch Jugendliche mit Migrationshintergrund weniger zu Hause, sondern vor allem in der Schule – also in Deutschunterricht – eingeübt wird.

Bezüglich *Fernsehens*, aber auch für Filme ab Video oder DVD lässt sich festhalten, dass Migrantenkinder zu 50% (auch) in der Herkunftssprache fernsehen, aber tendenziell tut dies die Hälfte der Befragten doch vorab in Deutsch. Aufgrund dieser Resultate kann darum sicher nicht von einem Medienghetto in der Schweiz gesprochen werden.

Abb. 96: In welcher Sprache werden die Medien vor allem genutzt?

Anteile in Prozent	Italien			Balkan			Türkei		
	D	HS	beides	D	HS	beides	D	HS	beides
Zeitung	78	7	15	77	5	18	66	9	25
Zeitschriften	81	6	13	76	4	20	73	9	18
Bücher	79	5	16	83	3	14	83	2	15
Radio	73	4	23	70	8	22	82	5	13
DVD	41	10	49	74	6	20	67	6	27
Video	39	**15**	46	62	9	29	64	6	30
Fernsehen	29	**16**	**55**	57	7	36	35	**20**	**45**
Surfen	57	13	30	65	7	28	65	7	28
Chatten	60	11	29	56	11	33	51	9	**40**
Email	58	12	30	57	11	32	65	9	26
SMS	44	11	45	47	8	**45**	47	9	**44**
Telefonieren	35	**14**	**51**	43	12	**45**	41	12	**47**
Mediennutzung: D = vor allem in Deutsch; HS = vor allem in der Herkunftssprache									

Bei den Medientechnologien, die vorab der *interpersonellen Kommunikation* dienen wie Telefon, SMS, Email oder Chat ist die Situation ähnlich wie beim Fernsehen. Zur Hauptsache werden Gespräche in Deutsch geführt, dies gilt vermutlich immer dann besonders ausgeprägt, wenn per SMS oder Chat mit Kolleginnen und Kollegen gesprochen wird; während vor allem Gespräche per Telefon am ehesten in der Herkunftssprache geführt werden.

Der in Abb. 96 festgestellte hohe Anteil an Jugendlichen mit Migrationshintergrund, welcher die *Printmedien und Radio* in Deutsch nutzt, zeigt sich für alle drei genauer untersuchten Nationalitäten.

Was jedoch das *Fernsehen* sowie das Sehen von Filmen ab DVD und Videos betrifft, fallen die sehr tiefen Deutsch-Werte bei den *jungen Italienern* auf. Dies kann als Hinweis dafür gelesen werden, dass die gute Empfangbarkeit einer Vielzahl von Programmen in der Herkunftssprache als Voraussetzung deren Nutzung in der Herkunftssprache tendenziell begünstigt.

Bezüglich der Nutzung des *Internets* lässt sich für alle drei Herkunftsländer zu ca. 60% eine überwiegende Nutzung in Deutsch, zu 30 % eine Nutzung in beiden Sprachen und zu rund 10% eine Nutzung vor allem in der Herkunftssprache festhalten.

Abb. 97: Mediensprache: Vergleich von Eltern und Kindern

In Prozent	vor allem Deutsch	beides gleich	v.a. Herkunftssprache
Kinder und Jugendliche			
Zeitungen	80	15	5
Bücher	80	15	5
Fernsehen	49	40	11
Telefon	45	42	13
Mütter			
Zeitungen	46	21	33
Bücher	32	20	48
Fernsehen	28	30	42
Telefon	22	29	49
Väter			
Zeitungen	39	27	34
Bücher	30	25	45
Fernsehen	28	36	36
Telefon	23	38	39
Basis: Befragte mit Migrationshintergrund (N=969) und Nutzung des jeweiligen Mediums			

Die Kinder und Jugendlichen wurden zudem gefragt, in welcher Sprache ihre Väter und Mütter die verschiedenen Medien nutzten. Abb. 97 zeigt im *intergenerationellen Vergleich*, dass gut *die Hälfte der Eltern* Bücher und Fernsehen vor allem in ihrer Herkunftssprache nutzt; die Zeitungen werden allerdings tendenziell eher in Deutsch genutzt, wobei dies vor allem für die Gratiszeitungen zutreffen dürfte. Die interpersonale Kommunikation geschieht ebenfalls vor allem in der Herkunftssprache, wie das Beispiel Telefon zeigt.

Abb. 98: Sprache der genutzten Medien in Abhängigkeit von Bildung

In Prozent nur Oberstufe	Bildung hoch (Sek A)			Bildung mittel (Sek B)			Bildung tief (Sek C)		
	D	HS	beides	D	HS	beides	D	HS	beides
Zeitung	84	4	12	81	4	15	84	7	19
Zeitschriften	**83**	4	13	78	6	16	69	11	20
Bücher	82	3	15	77	5	18	79	7	14
Radio	**87**	2	11	80	6	14	68	13	19
DVD	66	6	28	60	77	33	63	10	27
Video	60	7	33	54	8	38	58	11	31
Fernsehen	50	8	42	46	10	44	51	10	39
Surfen	62	11	27	63	8	29	64	15	21
Chatten	59	11	30	59	9	32	61	11	28
Email	61	10	29	61	11	28	56	14	30
SMS	**57**	7	36	49	9	**42**	50	9	**41**
Telefonieren	**51**	11	38	42	13	**45**	47	12	**41**

Ob die Sprache der Mediennutzung mit dem Bildungsniveau der Schüler zusammenhängt, wird in Abb. 98 untersucht:
   Für das Lesen von Zeitschriften und das Radiohören zeigt sich ein signifikanter positiver Zusammenhang zwischen dem Bildungsniveau und der Nutzungssprache Deutsch. Bei der Nutzung der anderen Medien äußert sich hingegen kein signifikanter Zusammenhang.

Betrachtet man den Zusammenhang zwischen dem *Typus der kulturellen Orientierung* und der Sprache der Mediennutzung, so zeigt sich eine signifikante Korrelation zwischen Schweiz-Orientierung und Mediennutzung in Deutsch bei gleichzeitiger negativer Korrelation mit Mediennutzung in der Herkunftssprache oder in beiden Sprachen. *Dualisten* nutzen Medien in zwei Sprachen oder in der Herkunftssprache, und *Herkunftsorientierte* wenden sich erwartungsgemäß vor allem Medienangeboten in ihrer Herkunftssprache zu.

Abb. 99: Sprache beim Fernsehen und ethnokulturelle Orientierung

Sprache der TV-Programme in %	Schweiz-Orientierte	Dualisten	Herkunfts-Orientierte	Unge-bundene
Sprache des Fernsehens der Heranwachsenden				
Vor allem Deutsch	68	44	31	49
Beides	27	39	52	46
Herkunftssprache	5	17	17	5
Sprache des Fernsehens der Eltern				
Vor allem Deutsch	58	30	9	35
Beides	25	46	36	30
Herkunftssprache	17	24	55	35

Abb. 99 zeigt den Zusammenhang zwischen ethnokultureller Orientierung und der genutzten Fernsehsendungen in Deutsch oder der Herkunftssprache noch genauer auf, und zwar sowohl für die Kinder und Jugendlichen als auch für die Eltern mit Migrationshintergrund. Deutlich kommt zu Ausdruck, dass Migranten mit einer Schweiz-Orientierung mehrheitlich die Fernsehprogramme in deutscher Sprache nutzen, während die herkunftsorientierten Kinder tendenziell Sendungen sowohl in Deutsch als auch in der Herkunftssprache nutzen. Diese Zusammenhänge sind noch deutlich stärker akzentuiert bei den Eltern mit Migrationshintergrund.

Um den Einfluss zusätzlicher Faktoren zu kontrollieren, wurde auch noch überprüft, ob neben der ethnokulturellen Orientierung (v.a. Schweiz-Orientierung) auch die globale Orientierung, die Aufenthaltsdauer in der Schweiz und das Bildungsniveau einen Zusammenhang zur Mediennutzungssprache aufweisen.

Im Gegensatz zur Schweiz-Orientierung zeigt sich für die *globale Orientierung* kein Zusammenhang zur Mediennutzungssprache. Ein Effekt der Anzahl Jahre, die ein Jugendlicher bereits in der Schweiz verbracht hat auf die Mediennutzungssprache ist für einige Medien feststellbar. Auch wenn dieser Zusammenhang schwächer ist als derjenige zwischen Schweiz-Orientierung und Mediennutzungssprache, so weist doch auch unabhängig davon, wie stark sich jemand an der Schweiz orientiert, die bloße Tatsache, dass jemand schon länger hier lebt, einen positiven Zusammenhang zur Mediennutzungssprache Deutsch auf. Ein Effekt der Bildung lässt sich für die Medien Radio und Zeitschriften feststellen. Besser gebildete Jugendliche mit Migrationshintergrund hören Radio und lesen Zeitschriften signifikant häufiger in Deutsch als ihre Kollegen der unteren Bildungsstufen.

Abb. 100: Sprache der genutzten Medien und ethnokulturelle Orientierung

Korrelationen	Schweiz-Orientierung	Aufenthaltsdauer Schweiz	Globale Orientierung	Bildung
Zeitung	0.19**/ 0.19	0.01	0.04	0.06
Zeitschriften	0.27**/ 0.24	0.11**/ 0.04	0.05	0.19**/ 0.13
Bücher	0.24**/ 0.24	0.05	0.00	0.06
Radio	0.23**/ 0.20	0.12**/ 0.07	0.03	0.11** / 0.06
DVD	0.20**/ 0.18	0.13**/ 0.09	0.04	0.06
Video	0.26**/ 0.25	0.12**/ 0.07	0.07*	0.03
Fernsehen	0.26**/ 0.26	0.01	0.02	0.02
Surfen	0.15**/ 0.13	0.11**/ 0.07	-0.01	0.05
Chatten	0.18**/ 0.16	0.11**/ 0.07	0.04	0.02
Email	0.16 **/ 0.14	0.12**/ 0.08	0.04	0.02
SMS	0.25**/ 0.23	0.14**/ 0.09	0.03	0.03
Telefonieren	0.25**/ 0.24	0.12**/ 0.08	0.06	0.01

9.2 Mediensprache und Deutschnote

Wirkungsorientiert wird darüber spekuliert, ob und inwiefern eine Mediennutzung und speziell das Buchlesen vorwiegend in deutscher Sprache sich längerfristig auch in einer besseren Deutschnote niederschlagen wird. Den gleichen Zusammenhang könnte man natürlich auch umgekehrt interpretieren: Schüler mit besseren Deutschnoten lesen mehr Bücher in Deutsch.

Abb. 101 zeigt in einem ersten Schritt, dass Kinder und Jugendliche mit steigenden Leistungen in Deutsch tatsächlich auch signifikant mehr Bücher in ihrer Freizeit lesen. Und dieser Zusammenhang gilt sowohl für Schweizer Kinder als auch solche mit Migrationshintergrund, und zwar für beide Gruppen etwa gleich stark. Umgekehrt gilt aber auch, dass Viel- im Vergleich zu Weniglesern bessere Leistungen im Fach Deutsch erbringen. Allerdings ist dieser Zusammenhang eher schwach ausgeprägt. Zu berücksichtigen ist zudem, dass es sich bei der Deutschnote um eine Selbsteinstufung durch die Befragten handelt.

Abb. 101: Beziehung zwischen Buchenlesen und Deutschnote

Buchlesen Mittelwerte Std./Wo.	Insg.	Deutschnote		
		genügend	befriedigend	gut
Schweizer	2.8	1.9	2.8	3.2
Migranten	2.4	2.0	2.4	3.1
Deutschnote Mittelwerte 1 bis 6	Insg.	Buchlesen		
		tief	mittel	hoch
Schweizer	4.6	4.5	4.6	4.7
Migranten	4.4	4.4	4.3	4.5

Betrachtet man noch weitere Einflüsse auf die Deutschnote, so haben die partielle Korrelationen zwischen Buchlesen und Deutschnote eine Ausprägung von +0.10**; jene mit dem Migrationshintergrund -0.11** und jene mit der Bildungsnähe des Elternhauses +0.11**. – Der Migrationshintergrund und das Bildungsniveau der Eltern beeinflussen somit die Deutschnote gleich stark wie das Buchlesen der Kinder und Jugendlichen.

9.3 Gespräche über Medien

Medien kommt insbesondere dann eine besondere Bedeutung für den Alltag zu, wenn nach der Mediennutzung auch eine Anschlusskommunikation erfolgt. Daher wurden die Schülerinnen und Schüler danach gefragt, über welche Medien sie mit welchen Personen ihres sozialen Umfeldes sprechen:

Generell zeigt sich, dass die Kolleginnen und Kollegen, also die eigene Peer Group für alle Jugendlichen die wichtigsten Gesprächspartner für Mediengespräche sind; in besonderem Masse gilt dies für die älteren Schülerinnen und Schüler.

Abb. 102: Gespräche über Medien

Genannt in %	Mutter		Vater		Geschwister		Kollegen	
	CH	M	CH	M	CH	M	CH	M
TV	46	44	37	37	54	50	**83**	**79**
Video	30	25	30	23	55	55	**74**	**71**
Radio	**39**	20	27	21	23	18	30	**28**
Musik	33	29	30	21	55	53	**84**	**86**
Zeitung	**54**	39	**51**	**41**	20	21	30	33
Bücher	**41**	26	21	16	23	24	31	**26**
Zeitschriften	26	18	19	16	31	28	**53**	**47**
Grafik-/Fotoprog.	13	10	**28**	19	13	24	23	**32**
PC-Games	9	5	14	9	37	38	**58**	**61**
Programmieren	7	6	**36**	23	17	29	26	**40**
Internet	19	16	27	19	35	35	**68**	**71**
Chat	6	6	5	5	21	21	**57**	**69**

CH = Schweizer Schüler, M = Schüler mit Migrationhintergrund; Fett: Wichtigste Gesprächspartner pro soziale Gruppe und pro Medium

Speziell im Bereich der *Printmedien* zeigt sich im Vergleich mit den Schweizer Familien ein *Defizit an Kommunikation der Migrantenkinder mit ihren Eltern*, was vor allem mit deren mangelhaften Deutschkenntnissen erklärt werden muss. Was aber Gespräche über Zeitungen, Zeitschriften und Bücher mit den Geschwistern und Kollegen betrifft, so zeigen sich für beide Gruppen ähnliche Werte.

Bezüglich Gespräche, die sich um *neue Medien* drehen (Internet oder Programmieren am PC), kann festgehalten werden, dass sich Jugendliche mit Migrationshintergrund vor allem an Kollegen und Geschwistern orientieren, Schweizer Jugendliche hingegen häufig auch den Vater als wichtigen Gesprächspartner angeben. Vor dem Hintergrund der unterschiedlichen Berufsfelder von Schweizer Vätern und Vätern aus anderen Herkunftsländern wird dieser Unterschied verständlich.

Weiter unterscheiden sich die Partner, über die mit Medien gesprochen wird, auch je nach Geschlecht, sozialer Herkunft und Bildungshintergrund der befragten Schüler. Bezüglich *Geschlecht* kann festgehalten werden, dass Knaben über alle Medien(inhalte) weniger mit ihren Müttern sprechen als Mädchen; im Falle der Printmedien zeigen sich signifikante Korrelationswerte von +0.17** (Bücher) und +0.16** (Zeitung). Die Jungen Männer hingegen unterhalten sich signifikant häufiger mit dem Vater über das Fernsehen (+0.12**), über Videos (+0.08**) und über Zeitschriften (+0.12**); Mädchen hingegen wenden sich mit -0.10 deutlich häufiger an den Vater, wenn es um Programmierungsfragen geht. Für alle anderen Medien zeigen sich keine signifikanten geschlechtsspezifischen Effekte für die Gespräche mit dem Vater und auch was die Kommunikation mit den Geschwistern angeht, unterscheiden sich die Angaben von männlichen und weiblichen Schülern nicht. Das dürfte darauf zurückzuführen sein, dass das Geschlecht der Geschwister nicht erhoben wurde.

Gespräche über Medien in der Peer Group unterscheiden sich hingegen je nach Geschlecht sehr stark: *Mädchen* sprechen mit ihren Kolleginnen signifikant häufiger über Zeitschriften (+0.23**), Bücher (+0.13**), Radio (+0.13**), Chat (0.08**) und Musik (0.08). Für *Knaben* hingegen bieten PC-Spiele (+0.36), Programmierungsfragen und Grafikprogramme (+0.17**) sowie Videos (+0.11**) deutlich mehr Gesprächsstoff als für Mädchen. Keine Unterschiede geschlechtsspezifischer Art zeigen sich hingegen bei der Anschlusskommunikation über das Fernsehen, das Internet allgemein und die Zeitungen.

Das *Bildungsniveau* weist im Falle der Kommunikation mit der Mutter einen signifikant positiven Effekt auf bezüglich Buchgesprächen (+0.14**) sowie Radio, Video, Zeitung, Internet und Musik (+0.08**bzw. +0.07**). Über das Fernsehen unterhalten sich besser gebildete Schülern jedoch mit ihren Müttern signifikant weniger oft als Schüler mit tiefem Bildungsniveau (-0.07**).

Auch mit dem Vater unterhalten sich Schüler der Sek A (höchstes Bildungsniveau) deutlich häufiger über Medien als ihre Kollegen: Für Gespräche über Bücher, PC-Spiele, Programmierungsarbeiten und Grafikprogramme zeigen sich Korrelationswerte von +0.12** und auch über Zeitungen und das Internet allgemein (+0.07**) sowie über Videos und Musik (+0.09*) diskutieren besser gebildete Jugendliche häufiger mit ihrem Vater als Jugendliche mit tiefem Bildungsniveau. – Für Mediengespräche mit den Geschwistern zeigen sich je nach Bildungsniveau keine signifikanten Unterschiede.

Im Kollegenkreis von Schülern mit tiefem Bildungsniveau (Sek C) wird signifikant häufiger über Grafikprogramme (+0.08) und Programmieren auf dem PC (+0.12**) sowie über das Internet und Chats (+0.07**) gesprochen als in der Peergroup von Schülern der Sek A. Letztere hingegen unterhalten sich häufiger über das Fernsehen und Zeitschriften (+0.07**) sowie über Bücher (+.10**).

Nach der *sozialen Herkunft der Schüler* zeigen sich für die Kommunikation mit der Mutter lediglich Unterschiede bezüglich Buchgesprächen (+0.09**) und Gesprächen über das Internet (+0.06**). Gespräche über Bücher (+0.10**) sowie über Internet, PC-Games, Programmieren und PC-Games (+0.07** bzw. +0.08**) finden zwischen Kindern und Vätern in Familien mit hohem sozioökonomischem Status ebenfalls häufiger statt, insgesamt weist aber das Bildungsniveau der Schüler selbst einen stärkeren Zusammenhang zur medienbezogenen Kommunikation mit den Eltern auf als der Schichthintergrund.

Sowohl was Mediengespräche mit den Geschwistern anbelangt als auch was die Kommunikation über Medien im Kollegenkreis betrifft, zeigen sich für den Schichthintergrund keine signifikanten Effekte.

Dass Mediengespräche mit den Eltern in Familien mit Migrationshintergrund seltener stattfinden als in Schweizer Familien, hängt nicht zuletzt auch mit der Mediennutzungssprache von Eltern und Kinder zusammen, denn immigrierte Eltern nutzen Medien deutlich häufiger in ihrer Herkunftssprache als dies ihre Kinder tun, was entsprechende Anschlusskommunikation in Form von Mediengesprächen erschwert.

10. Zusammenfassung und Folgerungen

Im *Fokus* der vorliegenden Forschungsprojekts stehen das Freizeitverhalten, der *Medienbesitz* und die *Mediennutzung*, aber auch qualitative Aspekte des *Medienumgangs* wie Medienfunktionen, Medienpräferenzen, Medienbewertungen und die perzipierte Medienrealität sowie die Sprache der Mediennutzung und die Gespräche über Medien von *12-16jährigen Heranwachsenden* aus Familien mit *Migrationshintergrund*. Neben dem Stellenwert der Medien interessierten aber auch die personale Identität und das ethnokulturelle Selbstverständnis dieser jungen Menschen

Obwohl der Ausländeranteil an der Schweizer Bevölkerung mittlerweile gut 20% beträgt, und die Frage nach der gesellschaftliche Integration von Ausländern, arbeitsuchenden Migranten oder Asylbewerbern in jüngster Zeit zu einem in der Medienöffentlichkeit kontrovers diskutierten Thema geworden ist – Stichwort: „gescheiterte Integration" – , wie in anderen Ländern Europas auch, gibt es erstaunlicherweise bis jetzt kaum empirisch gesicherte Befunde zum Medienumgang und zu den Funktionen der Medien im Integrationsprozess.

Zielsetzung der Studie

Die *Zielsetzung* der Studie bestand vor diesem Hintergrund darin, erstmals für die Schweiz auf einer breiten und repräsentativen Basis verlässliche Daten zum Stellenwert der Medien im Leben von *Heranwachsenden mit Migrationshintergrund* zu erheben und die Befunde zur Situation von jungen Migranten auch mit Schweizer Jugendlichen zu vergleichen. Über den bloß deskriptiven Vergleich hinaus sollte in *theoretischer Hinsicht* abgeklärt werden, inwieweit allfällig bestehende Differenzen als Ausdruck des unterschiedlichen ethnokulturellen Hintergrunds interpretiert werden können, oder ob auch andere soziale Einflussfaktoren eine Rolle spielen wie beispielsweise Gender-Differenzen, der Schulerfolg der Heranwachsenden oder der soziale Hintergrund des Elternhauses. Und im Hinblick auf den *öffentlichen Mediendiskurs* galt es ebenso, die sog. *Medienghetto-These* zu überprüfen, die postuliert, dass vor allem türkische Migranten zur Hauptsache die per Satellit empfangbaren TV-Programme in ihrer Heimatsprache nutzen und darum sozial und kulturell meist schlecht integriert sind.

Weil aber ein Grossteil der Migrationsjugendlichen in eher bildungsfernen familiären Milieus aufwächst, wurde vermutet, dass bestehende Unterschiede zwischen Schweizern und Ausländern im Medienzugang und im Medienumgang nicht unbedingt das Resultat unterschiedlicher *ethnokultureller Sozialisationsumstände* sein müssen, sondern durchaus Ausdruck unterschiedlicher *sozia-*

ler Milieus bzw. *personaler Identitäten* sein können. Darüber hinaus richtete sich das Augenmerk auch auf alterstypische bzw. *jugendspezifische Gemeinsamkeiten* im Medienumgang.

Design, Methoden und Stichprobe der Studie

Die Befunde der Untersuchung basieren auf einer schriftlichen und standardisierten Befragung von 12-16jährigen Kindern und Jugendlichen in Schulen mit einen deutlichen Anteil an Schülern mit Migrationshintergrund in der Stadt Zürich und in deren Umfeld. Die Stichprobe bestand aus 1´468 Befragten, davon 969 Kinder mit einem Elternteil aufgewachsen in einem anderen Land (= Migrationshintergrund). Gymnasialklassen wurden wegen dem meist nur geringen Anteil an Schülern mit Migrationshintergrund nicht berücksichtig. Die Datenerhebung erfolgt im Sommer 2004.

Befunde der Studie

Die Auswertung der Mediennutzungsdaten hat gezeigt, dass sehr viele *jugendkulturelle Gemeinsamkeiten* die Schüler sowohl mit als auch ohne Migrationshintergrund verbinden, dass also Migrationsjugendliche zunächst einmal primär Jugendliche sind, die sich in einer bestimmten Phase ihrer Entwicklung und Identitätsbildung befinden. Trotz vieler Gemeinsamkeiten lassen sich aber auch Unterschiede feststellen, wobei neben dem *Migrationshintergrund* weitere Einflussfaktoren wie das persönliche *Bildungsniveau* und das *Geschlecht* der Heranwachsenden, aber auch der soziale familiäre Hintergrund ebenfalls von Bedeutung sind. Auf solche Unterschiede soll in der nachfolgenden Bilanzierung nochmals eingegangen werden.

Für den *Medienbesitz* zeigt sich heute eine zwar generell *hohe multimediale Versorgung* nicht nur mit elektronischen, sondern auch mit neuem Medien wie Computer und Internet; jugendliche Migranten weisen aber ein deutliches *Defizit bezüglich Printmedien* auf: Vor allem Bücher, aber auch Zeitschriften sind im Haushalt der Eltern und ebenso in den Zimmern der Kinder und Jugendlichen selbst weniger präsent als in Schweizer Familien. Bezüglich PC und Internet fällt auf, dass elektronische Geräte in den Migrationsfamilien häufiger als in Schweizer Familien im Kinderzimmer stehen und demnach speziell für die Kinder angeschafft werden, ohne dass die Eltern ebenfalls Nutzer sind.

Der *Faktor Migrationshintergrund* ist für die *Nutzungshäufigkeit* von Radio, Büchern und Fernsehen maßgebend; für die *Nutzungsdauer* von Büchern und audiovisuellen Medien hingegen sind der *Bildungshintergrund* und das *Geschlecht* der Jugendlichen entscheidender. Da das erreichte Bildungsniveau in der Schweiz im Sinne einer Benachteiligung gleichzeitig stark mit der kulturellen Herkunft verknüpft ist, wirkt sich dieser Faktor bei Kindern und Jugendlichen mit Migrationshintergrund verstärkt im Sinne von potentiellen Kommunikationsklüften aus.

Was die *präferierten Angebote der Medien* anbelangt, so kann festgehalten werden, dass *globalisierte Medieninhalte* unter allen Jugendlichen besonders beliebt sind; im Unterhaltungsbereich lassen sich in der Folge kaum Differenzen zwischen den verschiedenen sozialen und kulturellen Segmenten ausmachen. Einzig bei der Nutzung von *Printmedien* zeigt sich, dass diese von Jugendlichen mit Migrationshintergrund weniger breit genutzt werden als von Schweizer Schülern. Im Bereich der *Information durch Medien* äußern sich für Nachrichtensendungen und Zeitungen Unterschiede bezüglich der bevorzugten Sender bzw. Medientitel, wobei jugendliche Migranten mehr als ihre Schweizer Kollegen infotainmentorientierte News auf vorab deutschen Privatsendern nutzen, aber gleichzeitig auch die neuen jugendorientierten *Gratis-Pendlerzeitungen* lesen. Dies vor allem darum, weil in den Migrationshaushalten kaum abonnierte Zeitungen vorhanden sind.

Gespräche über Medien laufen bei Migranten stärker über ihre Kollegen und Geschwister als über die Eltern, während in Schweizer Familien in der Eltern-Kind-Konstellation vor allem über Printmedien und neue Medien gesprochen wird. Dieses Resultat korrespondiert mit der geringeren Nutzung von Printmedien, PC und Internet der zugewanderten Eltern. Für alle Jugendlichen zeigt sich, dass die Kollegen die wichtigsten Medien-Gesprächspartner sind. Der Kollegenkreis ist aber bezüglich des Herkunftslandes nicht stark durchmischt, wobei vor allem die Schweizer Schüler wenig Kontakt zu Kollegen aus anderen Ländern haben. Obschon inhaltlich Ähnliches rezipiert wird, findet demnach ein intensiver Austausch über Medieninhalte zwischen Schülern mit und ohne Migrationshintergrund nur beschränkt statt.

Trotz vieler Gemeinsamkeiten lassen sich also auch Unterschiede feststellen, welche sich aber weniger bei der Nutzung von Medieninhalten, sondern vielmehr beim Umgang mit Medien, der Mediennutzungssprache sowie bei der Anschlusskommunikation manifestieren.

Ethnokulturelle Differenzen zwischen Schweizer Schülerinnen und Schülern und ihren Peers mit Migrationshintergrund manifestieren sich insbesondere in den *Einstellungen zur multikulturellen Gesellschaft:* Jugendliche mit Migrationshintergrund betonen signifikant mehr die Vorteile des multikulturellen Zusammenlebens und der sich daraus ergebenden Lernchancen, während Schweizer Jugendliche eher ein Konzept von Integration als Adaption an die Schweizer Kultur vertreten. – Beiden Gruppen betonen aber, dass es bei gegenseitigem Respekt von Schweizern und Migranten aus anderen Ländern zu keinen Problemen kommen würde. Das kann sicher auch als Ausdruck einer grundsätzlich vorhandenen Vertrauensbasis interpretiert werden. Interessant ist zudem, dass nicht nur Migranten, sondern ebenso und sogar noch verstärkt Jugendliche aus der Schweiz die stereotype Mediendarstellung der Ausländer als negativ und aggressiv kritisieren.

Hinsichtlich der *kulturellen Identität* der in der Schweiz lebenden jungen Ausländergeneration kann zusammenfassend ein überraschend hoher Grad an gesellschaftlicher Integration konstatiert werden. Gut die Hälfte findet, dass sie in ihren Familien gleich wie andere Schweizer Kinder und Jugendliche leben würden. Im Vergleich dazu betont nur eine Minderheit von etwa 20% explizit eine *hybride Identität* im Sinne des gleichzeitigen Lebens in zwei verschiedenen Kulturen. Etwa gleich viele geben an, es sei ihnen sogar wohler, wenn sie nur mit Leuten aus dem eigenen Herkunftsland zusammen sein würden. Den meisten befragten jungen Leuten mit Migrationshintergrund gefällt es jedoch in der Schweiz. Und sie schätzen ihre Kenntnisse des schweizerdeutschen Dialekts bzw. der deutschen Sprache mehrheitlich als sehr gut bzw. ziemlich gut ein. – Zusammenfassend betrachtet kann man etwa je ein gutes Drittel entweder als „Schweiz orientiert" oder als „herkunftsorientiert" bezeichnen; Dualisten mit Orientierung sowohl an der Schweiz als auch an der Herkunftskultur sind demgegenüber mit knapp 15% in der Minderheit. Für die Mediennutzung bedeutet dies, dass die *These vom Medienghetto* durch unserer Studie nicht bestätigt wird, d.h. Kinder und Jugendliche mit Migrationshintergrund nutzen die meisten Medien zur Hauptsache in deutscher Sprache; nur eine kleine Minderheit von 13% beispielsweise nutzt das Fernsehen vor allem in der Herkunftssprache. Im Gegensatz zur eigenen Situation geben allerdings etwa 40% der befragten jungen Mediennutzer an, dass ihre Eltern sich vor allem Fernsehprogramme in der Herkunftssprache sehen würden.

Folgerungen für die Praxis

Was bedeuten diese Befunde nun? Und: Welche praxisrelevanten Konsequenzen für Familien, Schulen und Medien, aber auch für die Kommunikationswissenschaft lassen sich daraus ziehen?

Die meisten der von uns untersuchten Heranwachsenden mit Migrationshintergrund fühlen sich wohl in der Schweiz, sind sozial gut im Peer Kontext integriert und beherrschen den Schweizer Dialekt bzw. die deutsche Sprache. Dementsprechend werden sowohl die Angebote im Schweizer Fernsehen und die leicht zugänglichen Gratiszeitungen als auch die globalisierten jugendkulturellen Medienangebote habitualisiert genutzt; das schulnahe Medium Buch hat aber nur einen untergeordneten Stellenwert. Für Migrationsjugendliche spielt allerdings im Bereich der sozialen Interaktionen und der interpersonalen Kommunikation das mehr oder weniger weit gespannte Netzwerk der Familie eine wichtige Rolle; dazu gehören auch direkte und indirekte kommunikative Kontakte zum Herkunftsland der Eltern.

Die soziale Identität der Heranwachsenden äußert sich dementsprechend als *hybride Identität:* Im Familienkontext und noch stärker im Urlaub fühlen sie sich durchaus als Mitglied ihrer Herkunftskultur, werden aber dort gleichzeitig vielfach schon als „Fremde" behandelt. Aber auch in der Schweiz bleiben sie sich ihrer ausländischen Wurzeln bewusst, werden als „Ausländer" wahrgenommen und entsprechend etikettiert. Dieses „Dazwischen-Sein" bzw. das flexible und situational angepasste Akzentuieren und Ausagieren von verschiedenen und doch untrennbar miteinander verbundenen sozialen Identitäten drückte ein Jugendlicher beispielsweise in einem Gruppeninterview wie folgt aus: „Wenn man nach der Nationalität fragt, dann sag ich Italien und Tunesien. Sonst sag ich Winterthur" (Moser 2007: 351).

Nach wie vor besteht aber im politischen Bereich und im öffentlichen Diskurs die Tendenz, die in der Schweiz lebenden Ausländer einseitig nur auf ihre Herkunftsidentität hin zu definieren und von ihnen gleichzeitig die einseitige Anpassung ans Aufnahmeland Schweiz zu verlangen. Die Befunde unserer Studie belegen hierzu, dass eine möglichst vollständige Assimilation heute keine praktikable Perspektive mehr sein kann, insbesondere auch darum, weil heute in der Schweiz selber die kulturellen Lebensstile und sozialen Selbstverständnisse ausgesprochen *pluralistisch* geprägt sind. Gleichzeitig weisen die Befunde auch darauf hin, dass die Identitäten der Heranwachsenden als *„glokalisiert"* bezeichnet werden müssen, insofern die lokale Prägung in der Lebensphase „Jugend" durch vielfältige Einflüsse einer durch die Medien vermittelten globalen Jugendkultur überlagert wird. – In *pädagogischer Hinsicht* impliziert dies eine stärkere Beschäftigung mit Fragen der interkulturellen Kommunikation im Schulkontext. Die Jugendlichen könnten stärker sensibilisiert werden im Hinblick auf die Relativität der eigenen kulturellen Identität und bezüglich Ähnlichkeiten, aber auch Unterschieden zu den ethnokulturellen Identitäten ihrer Peers aus anderen kulturellen Kontexten. Stärker zu betonen wäre insbesondere auch der positive Wert von kultureller Vielfalt und Andersartigkeit, aber auch die damit verbundenen Herausforderungen und Konflikte.

Als Feld für den kreativen Austausch von Erfahrungen kultureller Differenzen, aber auch globaler Ähnlichkeiten bietet sich insbesondere der *Medienpädagogikunterricht* an. Speziell der Vergleich von Medienprodukten unterschiedlicher kultureller Herkunft oder sogar deren gemeinsame Produktion (vgl. Niesyto/Holzwart 2007) erlauben eine fruchtbare Auseinandersetzung hinsichtlich meist nicht hinterfragter Normen, Werthaltungen, Rollenbilder und ethnokultureller Identitäten.

Die Jugendlichen mit Migrationshintergrund müssten zudem in einer *intergenerationellen Perspektive* speziell für ihre Rolle als Vermittler zwischen den Kulturen, aber auch zwischen den Generationen im Familienkontext sensibilisiert werden. Dies betrifft neben den Deutschkenntnissen speziell ihre Nutzungskompetenzen im Umgang mit Computer und Internet, fehlen doch ihren Eltern gerade in diesem Bereich vielfach die notwendigen Voraussetzungen.

Neben Politik, Schule und Elternhaus müssten ebenso *Medien und Medienschaffende* verstärkt für die Migrationsperspektive sensibilisiert werden. Die vorliegenden Inhaltsanalysen (vgl. Bonfadelli 2007) dokumentieren eine nach wie vor starke *Unterrepräsentanz* von Ausländern und Migranten in der Medienberichterstattung, gepaart mit *negativen Wertungstendenzen*. Medienschaffende sollten beispielsweise in ihrer Ausbildung sensibilisiert werden für das Problem der Stereotypisierung und Diskriminierung. Berichte über den Lebensalltag und die kulturellen Gebräuche der ausländischen Bevölkerung oder über geglückte Beispiele von Integration und interkultureller Verständigen sollten in den Medien mehr Platz finden. Trotz bestehender Sprachbarrieren sollten Ausländer und Migranten stärker in den Medien für sich selber sprechen können und nicht nur durch Experten vertreten werden. Schließlich wäre auch zu überlegen, wie der Anteil an Medienschaffenden mit Migrationshintergrund erhöht werden könnte.

Schließlich zeigt unsere Studie in *kommunikationswissenschaftlicher Hinsicht*, dass die These vom Mediengetto, in dem Ausländer und Migranten quasi gefangen sind, sich so nicht halten lässt. Weiter belegen die Befunde, dass das soziale Segmenten der Migranten wiederum in sich selbst sehr heterogen ist und zwar sowohl bezüglich der verschiedenen ethnokulturellen Herkunftskontexte als auch bezüglich Bildung und sozialem Status der Eltern. Die äußert sich auch darin, dass viele der konstatierten Auffälligkeiten vorschnell und zu einfach nur als Ausdruck ethnokultureller Spezifika interpretiert werden, während unterliegende soziale oder bildungsspezifische Einflüsse übersehen werden. Und was in der Schweiz weiterhin fehlt sind beispielsweise repräsentative Querschnittuntersuchungen der *Mediennutzung von Erwachsenen*. Notwendig wären aber auch *Längsschnittstudien* zur Entwicklung von Mediennutzungsstilen sowie der kulturellen Identität, aber auch vertiefende qualitative Analysen beispielsweise zum Spracherwerb im Zusammenhang mit Schulerfolg.

11. Literatur

Adoni, Hanna / Caspi, Dan / Cohen, Akiba A. (2006): Media, Minorities and Hybrid Identities. The Arab and Russian Communities in Israel. Cresskill, NJ: Hampton Press.
Ang, Ien (1999): Kultur und Kommunikation. Auf dem Weg zu einer ethnographischen Kritik des Medienkonsums im transnationalen Mediensystem. In: Bromley, Roger / Göttlich, Udo / Winter, Carsten (Hg.): Cultural Studies. Grundlagentexte zur Einführung. Lüneburg: zu Klampen, S. 317-340.
Anker, Heinrich / Ermutlu, Manolya / Steinmann, Matthias (1995): Die Mediennutzung der Ausländerinnen in der Schweiz. Ergebnisse einer schriftlichen Umfrage in der ganzen Schweiz vom März/April 1995. Bern: SRG Forschungsdienst.
ARD/ZDF-Medienkommission (2007): Migranten und Medien 2007. Ergebnisse einer repräsentativen Studie der ARD/ZDF-Medienkommission. o.O.
Arnett, Jeffrey Jensen (2007): Socialization in Emerging Adulthood. Form the Family to the Wider World, from Socialization to Self-Socialization. In: Grusec, Joan / Hastings, Paul D. (Hg.): Socialization. Theory and Research. New York: Guilford, S. 208-230.
Barker, Chris (1997): Television and the reflexive project of the self: soaps, teenage talk and hybrid identities. In: British Journal of Sociology, 48(4), S. 611-628.
Beck, Ulrich / Beck-Gernsheim, Elisabeth (1994): Individualisierung in modernen Gesellschaften – Perspektiven und Kontroversen einer subjektorientierten Soziologie. In: dies. (Hg.): Riskante Freiheiten. Individualisierung in modernen Gesellschaften. Frankfurt/M: Suhrkamp, S. 10-39.
Becker, Jörg (2002): Enormer Nachholbedarf der Forschung. In: tendenz, Heft 1, S. 18-19.
Berry, John W. (2001): A Psychology of Immigration. In: Journal of Social Issues, 57(3), S. 615-631.
Bonfadelli, Heinz (2004): Medienwirkungsforschung I: Grundlagen und theoretische Perspektiven. Konstanz: UVK.
Bonfadelli, Heinz (2007): Die Darstellung ethnischer Minderheiten in den Massenmedien. In: Bonfadelli, Heinz / Moser, Heinz (Hg.): Medien und Migration. Europa als multikultureller Raum? Wiesbaden: VS, S. 95-116.
Bonfadelli, Heinz / Moser, Heinz (Hg.) (2007): Medien und Migration. Europa als multikultureller Raum? Wiesbaden: VS.
Carøe Christiansen, Connie (2004): News Media Consumption among Immigrants in Europe. In: Ethnicities, 4(2), S. 185-207.
Coser, Lewis (1965): Theorie sozialen Konflikte. Berlin / Neuwied: Luchterhand.
D'Haenens, Leen u.a. (2002): Ownership and use of old and new media among ethnic minority youth in the Netherlands. The role of the ethno-cultural position. In: Communications 27(3), S. 365-393.

D'Haenens, Leen / Beentjes, J.W.J. / Bink, S. (2000): The media experience of ethnic minorities in the Netherlands. A qualitative study. In: Communications, 25(3), S. 325-341.
Döring, Nicola (1997): Identitäten, Beziehungen und Gemeinschaften im Internet. In: Batinic, Bernad (Hg.): Internet für Psychologen. Göttingen: Hogrefe, S. 299-336.
Eckhardt, Josef (2000): Mediennutzungsverhalten von Ausländern in Deutschland. In: Schatz, Heribert / Holtz-Bacha, ChristinaNieland, Jörg-Uwe (Hg.): Migranten und Medien. Neue Herausforderungen an die Integrationsfunktion von Presse und Rundfunk. Wiesbaden: Westdeutscher Verlag, S. 265-271.
Eggert, Susanne / Theunert, Helga (2002): Medien im Alltag von Heranwachsenden mit Migrationshintergrund – Vorwiegend offene Fragen. In: merz, 46(5), S. 289-300.
Eickelpasch, Rolf / Rademacher, Claudia (2004): Identität. Bielefeld: transcript.
Erikson, Erik H. (1966): Identität und Lebenszyklus. Frankfurt/M: Suhrkamp.
Fiske, John (1999): Populäre Texte, Sprache und Alltagskultur. In: Hepp, Andeas / Winter, Rainer (Hg.): Kultur – Macht – Medien. Cultural Studies und Medienanalyse. Opladen: Westdeutscher Verlag, S. 65-84.
Geissler, Rainer (2005): Interkulturelle Integration von Migranten. In: Geissler, Rainer / Pöttker, Horst (Hg.) (2005): Massenmedien und die Integration ethnischer Minderheiten in Deutschland. Bielefeld: transcript, S. 45-70.
Gerbner, George (2000): Die Kultivierungsperspektive: Medienwirkungen im Zeitalter von Monopolisierung und Globalisierung. In: Schorr, Angela (Hg.): Publikums- und Wirkungsforschung. Wiesbaden: Westdeutscher, S. 101-121.
Giddens, Antony (1994): Leben in einer posttraditionalen Gesellschaft. In: Beck, Ulrich / Giddens, Antony / Lash, Scott (Hg.): Reflexive Modernisierung. Eine Kontroverse. Frankfurt/M: Suhrkamp, S. 113-194.
Göttlich, Udo (2003): Medienaneignung und kulturelle Identität. Frage- und Problemstellungen. In: Winter, Carsten / Thomas, Tanja / Hepp, Andreas (Hg.): Medienidentitäten. Identität im Kontext von Globalisierung und Medienkultur. Köln: Herbert von Halem Verlag, S. 206-222.
Götz, Maya (2003): Identität durch Seifenblasen? Die Bedeutung von Daily Soaps für Kinder und Jugendliche. In: Winter, Carsten / Thomas, Tanja / Hepp, Andreas (Hg.): Medienidentitäten. Identität im Kontext von Globalisierung und Medienkultur. Köln: Herbert von Halem Verlag, S. 264-281.
Götzenbrucker, Gerit (1999): Online-Communities – Leben im Netz. Integrationsleistungen Neuer Technologien am Beispiel von MUDs. In: Latzer, Michael / Maier-Rabler, Ursula / Siegert, Gabriele / Steinmaurer, Thomas (Hg.): Die Zukunft der Kommunikation. Phänomene und Trends der Informationsgesellschaft. Innsbruck: Studien-Verlag, S. 223-240.
Granato, Mona (2001): Freizeitgestaltung und Mediennutzung bei Kindern türkischer Herkunft. Eine Untersuchung des Presse- und Informationsamtes der Bundesregierung (BPA) zur Mediennutzung und Integration der türkischen Bevölkerung in Deutschland und zur Mediennutzung und Integration türkischer Kinder 2000 in Deutschland. Bonn.
Grixti, Joe (2006): Symbiotic transformations: youth, global media and indigenous culture in Malta. In: Media, Culture and Society, 28(1), S. 105-122.

Güntürk, Reyhan (1999): Mediennutzung der Migranten – mediale Isolation? In: Butterwegge, Christoph / Hentges, Gudrun / Sarigöz, Fatma (Hg.): Medien und multikulturelle Gesellschaft. Opladen: Leske+Budrich, S. 136-143.
Güntürk, Reyhan (2000): Mediennutzung der türkischen Migranten. In: Schatz, Heribert / Holtz-Bacha, ChristinaNieland, Jörg-Uwe (Hg.): Migranten und Medien. Neue Herausforderungen an die Integrationsfunktion von Presse und Rundfunk. Wiesbaden: Westdeutscher Verlag, S. 272-280.
Hafez, Kai (2002): Türkische Mediennutzung in Deutschland. Hemmnis oder Chance der gesellschaftlichen Integration? Eine qualitative Studie im Auftrag des Presse- und Informationsamtes der Bundesregierung. Bonn.
Hall, Stuart (1980): Encoding/decoding. In: Hall, Stuart u.a. (Hg.): Culture, Media, Language. London: Hutchinson.
Hall, Stuart (1989): Rassismus und kulturelle Identität. Ausgewählte Schriften 2. Hamburg: Argument Verlag.
Haenni Hoti, Andrea (2003): Chancengleichheit und Gleichstellung von Migrantinnen und Migranten – Chancengleichheit von Frauen. In: Oser, Fritz / Biedermann, Horst (Hg.): Jugend ohne Politik. Ergebnisse der IEA Studie zu politischem Wiussen, Demokratieverständnis und gesellschaftlichem Engagement von Jugendlichen in der Schweiz im Vergleich mit 27 anderen Ländern. Zürich / Chur: Rüegger, S. 101-127.
Hirsi Ali, Ayaan (2006): Ich klage an. Plädoyer für die Befreiung muslimischer Frauen. München/Zürich: Piper.
Hitzler, Ronald / Honer, Anne (1994): Bastelexistenz. In: Beck, Ulrich / Beck-Gernsheim, Elisabeth (Hg.): Riskante Freiheiten. Frankfurt/M: Suhrkamp, S. 307-315.
Hoffmann, Dagmar (2004): Zum produktiven Umgang von Kindern und Jugendlichen mit medialen Identifikationsfiguren. In: medien und erziehung, 48(6), S. 7-19.
Hummel, Roman (1996): Integration als publizistische Aufgabe. Ansichten von Kommunikationswissenschaftlern und Medienmachern. In: Mast, Claudia (Hg.): Markt – Macht – Medien. Konstanz: UVK, S. 283-295.
Huntington, Samuel P. (2004): Who Are We? America's Great Debate. London: Free Press.
Hurrelmann, Klaus (2004): Lebensphase Jugend. Eine Einführung in die sozialwissenschftliche Jugendforschung. Weinheim/München: Juventa.
Jarren, Otfried (2000): Gesellschaftliche Integration durch Medien? Zur Begründung normativer Anforderungen an die Medien. In: Medien & Kommunikationswissenschaft 48(1), S. 22-41.
Keupp, Heiner u.a. (1999): Identitätskonstruktionen. Das Patchwork der Identitäten in der Spätmoderne. Reinbek: Rowohlt.
Krappmann, Lothar (1971): Soziologische Dimensionen der Identität. Stuttgart: Enke.
Krotz, Friedrich (2003): Medien als Ressourcen der Konstitution von Identität. Eine konzeptionelle Klärung auf der Basis des Symbolischen Interaktionismus. In: Winter, Rainer / Thomas, Tanja / Hepp, Andreas (Hg.): Medienidentitäten. Identität im Kontext von Globalisierung und Medienkultur. Köln: Halem.
Lemish, Dafna / Drotner, Kirsten / Liebes, Tamar / Maigret, Eric / Stald, Gitte (1998): Global Culture in Practice. A Look at Children and Adolescents in Denmark, France and Israel. In: European Journal of Communication, 13(4), S. 539-556.

Lull, James (2002): Superkultur. In: Hepp, Andreas / Löffelholz, Martin (Hg.): Grundlagentexte der transkulturellen Kommunikation. Konstanz: UVK, S. 750-773.
Mikos, Lothar / Hoffmann, Dagmar / Winter, Rainer (Hg.) (2007): Mediennutzung, Identität und Identifikationen. Die Sozialisationsrelevanz der Medien im Selbstfindungsprozess von Jugendlichen. Weinheim/München: Juventa.
Moser, Heinz (2007): Medien und Migration: Konsequenzen und Schlussfolgerungen. In: Bonfadelli, Heinz / Moser, Heinz (Hg.): Medien und Migration. Europa als multikultureller Raum? Wiesbaden: VS, S. 347-366.
Müller, Daniel (2005): Die Mediennutzung der ethnischen Minoritäten. In: Geißler, Rainer / Pöttker, Horst (Hg.) (2005): Massenmedien und die Integration ethnischer Minderheiten in Deutschland. Problemaufriss, Forschungsstand, Bibliographie. Bielefeld: transcript, S. 359-387.
Niesyto, Horst / Holzwarth, Peter (2007): Kultureller Selbstausdruck und Identitätsbildung im Kontext videopädagogischer Praxisforschung mit Kindern und Jugendlichen aus Migrationskontexten. In: Bonfadelli, Heinz / Moser, Heinz (Hg.): Medien und Migration. Europa als multikultureller Raum? Wiesbaden: VS, S 327-346.
Nilan, Pam / Feixa, Carles (Hg.) (2006): Global Youth? Hybrid identities, plural worlds. London/New York: Talyor&Francis.
Ogan, Christine (2001): Communication and Identity in the Diaspora. Turkish Migrants in Amsterdam and Their Use of Media. Lanham / Boulder / New York / Oxford: Lexington Books.
Paus-Hasebrink, Ingrid / Neumann-Braun, Klaus / Hasebrink, Uwe / Aufenanger, Stefan (2003): Medienkindheit – Markenkindheit. Untersuchung zur multimedialen Vermarktung von Markenzeichen für Kinder. München: KoPäd.
Piga, Andrea (2007): Mediennutzung von Migranten: Ein Forschungsüberblick. In: Bonfadelli, Heinz / Moser, Heinz (2007): Medien und Migration. Europa als multikultureller Raum? Wiesbaden: VS, S. 209-234.
Piguet, Etienne (2006): Einwanderungsland Schweiz. Fünf Jahrzehnte halb geöffnete Grenzen. Bern / Stuttgart / Wien: Haupt.
Pöttker, Horst (2005): Soziale Integration. Ein Schlüsselbergriff für die Forschung über Medien und ethnische Minderheiten. In: Geißler, Rainer / Pöttker, Horst (Hg.): Massenmedien und die Integration ethnischer Minderheiten in Deutschland. Problemaufriss, Forschungsstand, Bibliographie. Bielefeld: transcript, S. 25-43.
Schäfers, Bernhard / Scherr, Albert (2005): Jugendsoziologie. Einführung in Grundlagen und Theorien. Wiesbaden: VS.
Schulze, Gerhard (1992): Die Erlebnisgesellschaft. Kultursoziologie der Gegenwart. Frankfurt/M: Campus.
Sennett, Richard (1998): Der flexible Mensch. Die Kultur des neuen Kapitalismus. Berlin: Berlin Verlag.
Steinmann, Matthias / Zaugg, Sabine / Gattlen, Roman (Hg.) (2000): Medien und Identität – CH. Eine Studie zum Beitrag von Radio- und Fernsehprogrammen zur gesellschaftlichen und kulturellen Integration in der Schweiz. Bern: SRG SSR idée suisse Forschungsdienst.
Süss, Daniel (2004): Mediensozialisation von Heranwachsenden. Dimensionen – Konstanten – Wandel. Wiesbaden: VS.

Themenheft (2002): Gefangen im Medienghetto? Migranten in Deutschland. In: tendenz, Heft 1, S. 2-35.
Themenheft (2004): Medien in Identitätsprozessen. In: merz Medien und Erziehung, 48(6), S. 1-96.
Themenheft (2007): Mediennutzung von Migranten. In: Media Perspektiven, Heft 3, S. 125-164.
Trebbe, Joachim / Weiß, Hans-Jürgen (2001): Mediennutzung und Integration der türkischen Bevölkerung in Deutschland. Potsdam.
Trebbe, Joachim (2007): Akkulturation und Mediennutzung von türkischen Jugendlichen in Deutschland. In: Bonfadelli, Heinz / Moser, Heinz (Hg.): Medien und Migration. Europa als multikultureller Raum? Wiesbaden: VS, S. 183-208.
Trebbe, Joachim / Weiß, Hans-Jürgen (2007): Integration als Mediennutzungsmotiv? In: Media Perspektiven, Heft 3, S. 136-141.
Turkle, Sherry (1996): Identität in virtueller Realität. Multi User Dungeons als Identity Workshops. In: Bollmann, Stefan / Heibach, Christine (Hg.): Kursbuch Internet. Mannheim: Bollmann, S. 315-336.
Vogelgesang, Waldemar (1999): Jugendkulturelle Identitätsinszenierung und Szenegenerierung im Internet. In: Berliner Journal für Soziologie, 9(1), S. 65-84.
Wegener, Claudia (2004): Identitätskonstruktion durch Vorbilder. Über Prozesse der Selektion, Aneignung und Interpretation medialer Bezugspersonen. In: merz Medien und Erziehung, 48(6), S. 20-31.
Weiß, Hans-Jürgen (2002): Medienghetto – nutzen türkische Migranten hauptsächlich deutsche Medien? Contra. In: tendenz, Heft 1, S. 11.
Westdeutscher Rundfunk (2007): Zwischen den Kulturen. Fernsehen, Einstellungen und Integration junger Erwachsener mit türkischer Herkunft in Nordrhein-Westfalen. Köln.
Wilke, Jürgen (1996): Massenmedien im Spannungsfeld von Grundwerten und Wertekollisionen. In: Mast, Claudia (Hg.): Markt – Macht – Medien. Konstanz: UVK, S. 17-33.
Willems, Herbert / Hahn, Alois (1999): Identität und Moderne. Frankfurt/M: Suhrkamp.
Winter, Rainer / Thomas, Tanja / Hepp, Andreas (Hg.) (2003): Medienidentitäten. Identität im Kontext von Globalisierung und Medienkultur. Köln: Halem.
Zähringer, Martin (2006): Nicht auf die Opferrolle festgeschrieben. Türkische Frauen in der Literatur. In: NZZ, Nr. 191, 19./20. August, S. 68.
Zinnecker, Jürgen (2000): Selbstsozialisation – Essay über ein aktuelles Konzept. In: Zeitschrift für Soziologie der Sozialisation und Erziehung, 20(3), S. 272-290.

Teil II
Qualitative Perspektiven

Heinz Moser, Christa Hanetseder, Thomas Hermann und Mustafa Ideli

1. Theoretischer Hintergrund

1.1 Der Hintergrund der türkischen und der kurdisch-türkischen Migration in die Schweiz

Arbeitsmigration. Seit Mitte der 1960er Jahre, insbesondere aber seit Mitte der 1980er Jahre stieg die Zahl der Migrantinnen und Migranten aus der Türkei in der Schweiz permanent an. So erhöhte sich die Anzahl der im Kanton Zürich lebenden Migrantinnen und Migranten aus der Türkei von 153 im Jahre 1960 auf 8'892 im Jahre 1980. Diese Zunahme ist fast ausschließlich auf die klassische Arbeitsmigration und nur zu einem kleinen Teil auf Familienzusammenführungen zurückzuführen.

Familienzusammenführung. Zwischen 1980 und 2000 verdoppelte sich die Anzahl der aus der Türkei stammenden Personen. 2003 lebten 15'616 Personen aus der Türkei im Kanton Zürich. Die Zunahme in dieser zweiten Phase ist vor allem als eine Folge der allgemeinen politischen Entwicklungen in der Türkei ab 1980 zu sehen. Der Militärputsch im Jahre 1980 und der Krieg in den kurdischen Regionen ab Mitte 1980er Jahre verursachten eine massive Binnenmigration und eine Emigration vor allem von Kurdinnen und Kurden. Parallel dazu nahm die Anzahl der Familienzusammenführungen zu. Die instabiler und schlechter gewordene politische und wirtschaftliche Lage der Türkei schwächte die Rückkehraussichten der Menschen immer mehr, so dass sie sich für eine dauerhafte Niederlassung in der Schweiz entschieden und als Folge ihre Familienangehörigen nachkommen ließen.

Seit Mitte der 1990er Jahre ist eine auffallend hohe Einbürgerungswelle bei den aus der Türkei stammenden Personen zu beobachten.[1] Die jährliche Einbürgerungsquote beträgt in den letzten Jahren 5–7%.

Die offiziellen Statistiken von Gemeinden, Kanton oder Bund beziehen sich in der Regel auf ein Herkunftsmerkmal, nämlich auf die Staatsangehörigkeit oder das Herkunftsland, und sprechen zum Beispiel von „Türken in der Schweiz", von der „türkischen Bevölkerung in der Schweiz" oder von „Personen aus der Türkei". Leider liefern diese Quellen damit keine spezifischen Angaben bezüglich der ethnischen und/oder religiös-konfessionellen Zugehörigkeit der Migrantinnen und Migranten. Bei genauer Betrachtung lassen sich aber ethnische und/oder religiös-konfessionelle Differenzierungen feststellen, welche die reale Bevölkerungszusammensetzung des Herkunftslandes widerspiegeln.

Die heterogene Bevölkerungszusammensetzung der Türkei in ethnischer und religiös-konfessioneller Hinsicht ist Gegenstand vieler wissenschaftlicher

---

1 Statistisches Jahrbuch des Kantons Zürich. Zürich 2003.

Studien.[2] Neuere Untersuchungen beschäftigen sich mit den Auswirkungen der Binnendifferenzierung in der Herkunftsgesellschaft auf die aus der Türkei stammenden Migrantinnen und Migranten. Dabei richtet sich die Aufmerksamkeit vor allem auf die vier ethnischen und/oder religiös-konfessionellen Gruppen der Türken, Kurden, Sunniten und Aleviten, nicht zuletzt aufgrund ihren zahlenmäßig großen Anteile.[3]

Aus der wissenschaftlichen Literatur zum Thema[4] wissen wir, dass die Selbstbeschreibung der Zugehörigkeit beziehungsweise der Identifizierung mit ethnischen und/oder religiös-konfessionellen Gruppen bestimmte Denk- und Handlungsweisen sowie Grenzziehungen entlang der ethnischen und/oder konfessionellen Linien zur Folge haben können. Darüber hinaus können sie auf die soziale Interaktion und Kommunikation sowie auf das gesamte Alltagsleben der Angehörigen einen großen Einfluss ausüben. Des Weiteren ist aus den Migrations- und Integrationsstudien bekannt, dass die strukturellen, sozialen und kulturellen Herkunftsfaktoren in der Diaspora die Handlungsweise und die Einstellung der Zuwanderer zu und in den verschiedenen Lebensbereichen wesentlich mitprägen können.

1.2 Das Medienangebot in türkischer und kurdischer Sprache in Europa und der Schweiz

Printmedien. Bereits Ende 1960er und anfangs der 1970er Jahre etablierten sich türkische Printmedien in den westeuropäischen Ländern, auch in der Schweiz. Bei diesen Printmedien der ersten Phase handelte es sich um die in der Türkei Auflagen stärksten Tageszeitungen wie *Hürriyet, Milliyet, Tercüman* und *Milli Gazete*. Im Laufe der 1980er- und 1990er Jahre kamen weitere Zeitungen wie *Sabah, Türkiye, Zaman* dazu.

---

2 Vgl. „Zentrum für Türkeistudien" 1998: 1ff; Muti 2000; Andrews 1989 (der Autor identifizierte 47 ethnische und religiös-konfessionellen Gruppen); NZZ, 16.02.06 (die beiden Wissenschaftler Oran und Kaboglu, welche im Auftrag des Menschenrechtsausschuss des Türkischen Parlaments beauftragt wurden, einen Bericht zur Minderheitenfrage des Landes zu verfassen, kommen zum Schluss, dass der Begriff „Türke" nicht der Identität der unterschiedlichen ethnischen Gruppen des Landes entspricht).

3 Eine genauere Ermittlung der Zahlen der Angehörigen ethnisch und/oder religiös-konfessionell differenzierten Bevölkerungsgruppen ist nicht nur in der Schweiz, sondern auch im Herkunftsland, der Türkei nicht möglich. In der Türkei werden weiterhin keine Daten zur ethnischen und religiös-konfessionellen Zugehörigkeit der Bevölkerung erhoben. In diesem Zusammenhang wird häufig auf die Schätzungen zurückgegriffen, welche lediglich als Annäherungswerte betrachtet werden sollten.

4 Vgl. Andrews 1989: 17–52; Heckmann 1992: 30ff; Muti 2000: 13–18; Zentrum für Türkeistudien 1998: 9f; Bartal 2004: 144, 167–175.

Hürriyet, Milliyet und *Sabah* pendeln je nach dem zu behandelnden Thema oder Kontext zwischen einer liberalen oder einer konservativen Haltung mit einer deutlichen Neigung zu den Gestaltungsformen der Boulevardpresse. *Tercüman, Milli Gazete, Türkiye* und *Zaman* sind stark konservativ und/oder religiös orientiert. Allen ist, mit gewissen Niveauunterschieden, gemeinsam, dass sie türkisch-nationalistisch und staatstreu beziehungsweise -freundlich sind. Hier sind besonders *Hürriyet, Tercüman* und *Türkiye* zu erwähnen. Gemeinsam ist ihnen auch, dass sie sich in erster Linie als Brücke zur Heimat verstehen.

Alle erwähnten Tageszeitungen werden in Deutschland gedruckt. Die Auslandauflagen sind in der Regel nicht ganz identisch mit denjenigen in der Türkei (Güntürk 1999: 136ff; Sen 2001: 101ff).

Daneben existieren zahlreiche, wöchentlich oder monatlich, erscheinende türkischsprachige *Periodika*, die in Europa und/oder in der Schweiz von Privatpersonen oder Migrantenorganisationen herausgegeben werden. Zurzeit werden in der Schweiz vier monatliche Zeitschriften und Zeitungen – *Ses, Merhaba, Post* und *Arkadas* – herausgegeben, die in der Regel den Haushalten gratis zugestellt werden. Während der *Post* eine größere Nähe zur konservativ-nationalistischen *Türkiye* nachgesagt wird, steht *Ses* den religiös-konservativen Kreisen nahe. Bei *Merhaba* und *Arkadas* handelt es sich um zwei monatliche Zeitungen mit relativ kleinen Auflagen, die sich als links und oppositionell verstehen.

Eine weitere europaweit verbreitete Tageszeitung in türkischer Sprache ist die kurdische Tageszeitung *Özgür Politika*, die in Frankfurt herausgegeben wird. Sie hat eine Auflagenhöhe von 10'000–15'000, etwa ein Zehntel derjenigen von *Hürriyet*.

Radio. Parallel dazu sendet die Radiosendestation *Türkiyenin Sesi* (Stimme der Türkei: staatlicher Rundfunk) bereits seit 1960er Jahren von der Türkei aus für die im Ausland lebenden Menschen aus der Türkei.

Tonband und Video. Bis zur Verbreitung des Satelliten- und Kabelfernsehens Mitte der 1990er Jahre waren in den 1960er/70er Jahren Tonband- und in den 1980er Jahren Videokassetten stark verbreitet. Dabei handelte es sich nicht nur um reine Musik- und Filmträger beziehungsweise Verkaufs- oder Verleihartikel. Sie waren auch bedeutende Austausch- und Kommunikationsmittel zwischen Verwandten, Familienangehörigen, Freunden und Bekannten (innerhalb der Schweiz und zwischen der Schweiz und der Türkei - Schweiz).

Fernsehen. Bis Anfang der 1990er Jahre sendete für die im Ausland lebenden Menschen aus der Türkei nur der *staatliche TV-Sender TRT,* der später durch den hauseigenen Auslandsender *TRT-Int* ersetzt wurde. *TRT-Int* steht unter Kontrolle der türkischen Regierung, das heißt, die redaktionelle Linie orientiert sich an der Regierungspolitik.

Erst mit der Einführung der *Privatsender* und der Entwicklung des Empfangs über Satelliten und/oder Kabel etablierten sich etliche türkischsprachige TV-Sender unter den in Europa lebenden Menschen aus der Türkei, darunter in der Schweiz flächendeckend. Die am meisten verbreiteten Privatsender sind *Star TV, Show TV, TGRT, ATV, Kanal D, Kanal 7. NTV, CNN-Türk, Kral-TV* (Musiksender), *Cine 5* und *Spor TV*. Seit der Digitalisierung können über hundert TV-Sender aus der Türkei in der Schweiz empfangen werden.

Der Anteil der Informations- und Nachrichtensendungen ist bei *TRT-Int* relativ größer als bei den Privatsendern. Bei den privat-kommerziellen Sendern überwiegen demgegenüber die Unterhaltungssendungen. *TRT-Int* beschränkt sich laut Sen (2001: 104) im Gegensatz zu den Privatsendern eher auf türkische Produktionen. Im Allgemeinen überwiegt bei allen Sendern, insbesondere aber bei *TRT-Int* und bei den politisch ausgerichteten Sendern wie *TRGT* und *Kanal 7* die Tendenz, die Bindung der türkischen Migranten und Migrantinnen an die Türkei zu stärken (Sen 2001: 103f). Bei allen TV-Sendern weisen die politisch-inhaltlichen Linien große Parallelen zu einer der bereits erwähnten Tageszeitungen auf, dies wohl, weil oft die gleichen Medienkonzerne dahinter stehen. *TGRT* und *Kanal 7* werden als stark politisch ausgerichtete Sender wahrgenommen, welche einem rechtskonservativen und nationalistisch-religiösen Parteienspektrum nahe stehen (Sen 2001: 104).

Medya TV sendet seit Mitte der 1990er Jahre in kurdischer Sprache aus verschiedenen europäischen Ländern, aktuell aus Dänemark. Als eine Folge des Drucks der Türkei auf die jeweiligen Sendeländer wurde dieser Sender wiederholt verboten und musste daher unter verschiedenen Namen senden. Ursprünglich hieß er *Med-TV* und sendete aus Belgien. Zudem sind in Europa mehrere kurdische Sender aus dem Nordirak zu empfangen.

Bacik u.a. fassen die Breite dieser türkischen Fernsehangebote für Deutschland wie folgt zusammen: „Das staatliche Fernsehen der Türkei TRT ist mit fünf Kanälen vertreten; hinzu kommt ein staatlicher nordzypriotischer Sender. Die übrigen der insgesamt 46 analysierten Kanäle sind private Sender. Unter ihnen dominieren die populären Unterhaltungssender mit Programmen, die auf ein breites Publikum abzielen. Spartenkanäle mit programmatischen Schwerpunkten haben sich im Bereich der Nachrichten- und Dokumentationsprogramme gebildet; außerdem sind auch Musiksender, Sportsender sowie Spielfilm- und Seriensender auf dem Markt vertreten" (Bacik u.a. 2005: 8).

In Bezug auf die inhaltlichen Schwerpunkte dieser Programme kommen Bacik et al. zum Ergebnis, dass das Programmgeschehen durch die kommerziellen Privatsender dominiert werde, welche auf *Massenunterhaltung mit hohen Einschaltquoten* abzielten. Der Zwang zum wirtschaftlichen Erfolg habe bei den türkischen Privatsendern zu einer Nivellierung des Angebots geführt, was sich sowohl in der thematischen wie auch qualitativen Ausrichtung zeige: „Programmformate wie Talkshows, Reality-Shows, Casting-Programme und Fernsehserien passen sich internationalen Standards der Massenunterhaltung an, unter Bewahrung eines spezifisch türkischen Kolorits, das die Unterhaltungsbedürfnisse eines lokalen Publikums befriedigen soll" (ebd.). Auch Privatsender mit einem ehemals ausgeprägten islamischen Profil wie Kanal 7 und TGRT hätten sich unter dem Druck der Einschaltquote zu Unterhaltungssendern mit gemäßigt konservativem Einschlag gewandelt. – In den letzten Jahren sind auch Aleviten im Ausland in dieser Hinsicht aktiv geworden und haben einige eigene TV-Stationen wie *CAN-TV, CEM-TV* und *SU-TV* aufgebaut.

1.3 Migrantinnen und Migranten in der „Diaspora"

In den ersten beiden Abschnitten dieses Kapitels ging es zum einen darum, die kulturelle Situation der Immigration von Türken und Türkinnen in der Schweiz darzustellen. Zum anderen sollte ein Überblick über die Medienlandschaft aus ihrem Herkunfts- und den europäischen Ländern gegeben werden, die den Immigrantinnen und Immigranten in der Schweiz zur Verfügung steht.

Dieser Einblick deutet darauf hin, dass der Lebensraum der Immigranten aus der Türkei sich stark von traditionellen Formen der Diaspora unterscheidet. Dies hängt damit zusammen, dass Zusammenballungen von ethnischen Minoritäten, wie zum Beispiel in Berlin-Kreuzberg, in der Schweiz weitgehend fehlen. Aber auch die Lebensstile dürften sich im Zeitalter der Globalisierung verändert haben.

Mit dem Begriff der „Diaspora" ist ursprünglich gemeint, dass sich Menschen von einem Zentrum aus zerstreuen und in der Fremde Gemeinschaften bilden, die sich auf dieses Zentrum beziehen. Auch die Migration des 20. Jahrhunderts, gekennzeichnet durch Flüchtlinsströme und Auswanderung aus Gründen der Armut, wurde in diesem Sinn als Diaspora bezeichnet. Benedict Anderson, der diesem Begriff durch sein Buch „Die Erfindung der Nation" (2005) neue Aktualität verschafft hat, sieht die Diaspora einbezogen in eine „imagined community", welche die Zerstreuung der betroffenen Menschen ideologisch überwölbt. Anderson stellt dies in einen engen Zusammenhang zu einem aufflackernden Nationalismus, wenn er in einem Interview mit der deutschen taz (Ausgabe vom 5.8.2007) sagt: „Aber was tatsächlich geschieht, ist eher, dass der Nationalismus seine Form verändert. Es ist nicht mehr unbedingt nötig, dass man in dem Land lebt, an das man national gebunden ist. Man kann anderswo leben, und dann ist es oft so, dass man nationalistischer wird als vorher. Ich glaube also, dass der große Wandel, den die Globalisierung hervorruft, ein Wandel im Charakter des Nationalismus ist."

Aus der Perspektive einer „vorgestellten Gemeinschaft" bedeutet die Globalisierung deshalb kein Ende der Nationalstaaten: Vielmehr verändern diese nach Anderson ihre Form, da es nicht mehr notwendig ist, in dem Land zu wohnen, an das man sich national gebunden fühlt. Nach seiner Meinung ist es dann oft sogar so, dass man in einer Situation der Ausgrenzung durch die einheimische Majorität nationalistischer wird als vorher. Anderson merkt diesbezüglich im selben Interview an: „Das versuchen sie oft zu kompensieren durch den Stolz auf das Land, aus dem sie kommen. Durch die Massenkommunikation ist das viel leichter geworden. Man kann ‚heimisches' Radio hören, DVDs sehen, telefonieren, mit billigen Flügen Besuche machen und so weiter." Damit rückt das Konzept der Diaspora in die Nähe der – vornehmlich deutschen – Diskussion um die „Parallelgesellschaften", wo unterstellt wird, dass sich Migranten und Migrantinnen letztlich nicht integrieren wollen und in geschlossenen Gemeinschaften leben, die sich räumlich, sozial und kulturell von der Mehrheitsgesellschaft abschotten. Sie folgen eigenen Normen und Regeln, welche letztlich mit den Regeln der westlichen Demokratien nicht übereinstimmen. Insbesondere soll sich in diesen abgeschotteten Zirkeln der Parallelgesellschaften der islamische Fundamentalismus einnisten.

Autorinnen wie Avtar Brah weisen jedoch darauf hin, dass das Modell einer klar umgrenzten und auf eine imaginäre Gemeinschaft ausgerichteten Diaspora zu einseitig ist. Diasporische Lebensverhältnisse entspringen danach oft unterschiedlichen historischen Erfahrungen. Es handelt sich um zusammengesetzte Formationen, die auf Auswanderungen in unterschiedlichste Erdteile beruhen, wobei jede ihre eigene Geschichte und ihre eigenen Besonderheiten in sich trägt (Brah 1996: 183). Die verschiedenen Wellen der türkischen Einwanderung, die unterschiedlichen Religionszugehörigkeiten und der Unterschied zwischen Türken und Kurden, machen es, wie einleitend dargestellt, schwierig, die übergreifende national orientierte imaginäre Gemeinschaft zu entdecken.

Brah (1996: 190ff.) betont denn auch im Hinblick auf die britischen Erfahrungen mit diasporischen Lebensverhältnissen, dass diese intern stark nach Rasse, Klasse und Geschlecht differenziert gewesen seien. *Heimat* werde dann oft zu einem mythischen Ort der Wünsche und sei letztlich dennoch ein Ort ohne Rückkehr. Wer sich deshalb in der Forschung zu stark an die imaginäre Gemeinschaft hält, läuft Gefahr, selbst einem Mythos aufzusitzen, der die Realität nur verzerrt wiedergibt. Kevin Roberts (2004) betont, dass er seinen eigenen Forschungen im Gegensatz dazu die Annahme zugrunde lege, dass Türkinnen und Türken in England mehr seien als Akteure innerhalb einer türkischen nationalen Gemeinschaft.

Gerade in qualitativen Studien sollte es besonders gut möglich sein, diese empirische Realität einer *hybridisierten Diaspora* nachzuzeichnen, wo das Modell der „imagined community" nur gebrochen existiert: Dabei ist auf der einen Seite durchaus von *Gemeinsamkeiten* auszugehen, die schon dadurch entstehen, dass den betroffenen ethnischen Gruppen von außen gemeinsame Merkmale zugeschrieben werden. Gleichzeitig geht es aber vor allem darum, auch genauer auf die *Differenzierungen* zu achten: Die Globalisierung der Migration wird von den Betroffenen lokal verarbeitet und führt zu ganz unterschiedlichen kulturellen und familiären Milieus, die nicht über einen Leisten geschlagen werden dürfen.

In diesem Sinne stellte sich bereits in unserer Projekteingabe von 2004 die Frage nach dem Verhältnis von Globalisierung, Nationalität und lokalem Lebenskontext sowie von Homogenisierung und Fragmentierung: „Im Kontext einer mediensaturierten Welt fragt Morley (1997: 30) nach einer spezifischen Analyse der gleichzeitig sich vollziehenden Prozesse von Homogenisierung und Fragmentierung, von Globalisierung und Lokalisierung.

Die Forschungsresultate von Gillespie, Willis und Morley zur Funktion der Medien im Bezug auf die *Transformation kultureller Identitäten* angesichts der Globalisierung von westlichen Kulturprodukten und Medientexten korrespondieren mit den Argumenten von Stuart Hall, einem der Gründerväter der Cultural Studies und gleichzeitig einem der einflussreichsten Theoretiker auf diesem Gebiet. Hall skizziert drei mögliche Konsequenzen für die Entwicklung von kulturellen Identitäten angesichts der Globalisierung von westlichen Kulturprodukten und Medientexten: „1. Die Entwicklung einer kulturellen Homogenisierung und einer globalen ‚Postmoderne' führt zu einer Erosion nationaler Identitäten. 2. Nationale und andere ‚lokalen' oder partikularistischen Ideen verstärken sich zu einer Opposition gegen die Globalisierung. 3. Nationale Identitäten werden schwächer und neue Identitäten mit hybridem Charakter werden an ihre Stelle treten" (Hall 1994: 209, zit. in Winter 2001: 289).

1.4 Selbstsozialisation und Hybridisierung von Identitäten

Jugendliche mit Migrationshintergrund wachsen in einem Umfeld auf, das nicht von zwei, sondern mindestens von drei, zum Teil widersprüchlichen, Orientierungsrahmen geprägt ist. Sie setzen sich mit Werten, Traditionen, Lebensweisen und der Sprache ihres Herkunftslandes ebenso wie mit Einflüssen der lokalen und globalen Kultur auseinander. Diese Verortung der Jugendlichen im Dreieck von originären, lokalen und globalen Einflüssen wird für die Jugendlichen konkret erfahrbar in den Sozialisationsinstanzen Familie, Schule, Peers, Vereinen und in ihrem Umgang mit den Medien. Die anschließend präsentierten Resultate unserer qualitativen Studie sollen konkret und exemplarisch aufzeigen, wie sich die empirische Situation zu diesem Komplex von Fragen um die kulturelle Identität präsentiert – wobei zu vermuten ist, dass es sich um ein komplexes Beziehungsfeld mit unterschiedlichen Facetten handelt.

Für junge Menschen ist diese Situation einer oft nur schwer fassbaren kulturellen Identität, die einerseits auf gemeinsame Wurzel zurückverweist, andrerseits aber mit der Unmöglichkeit behaftet ist, im Lebensalltag diese Wurzeln verwirklichen zu können (oder nur zu wollen), schwer zu bewältigen. Damit ist der Bezug zum *zweiten theoretischen Hintergrund* geschaffen, der im Zentrum der qualitativen Studie steht: Die Diskussion um die Identität, die besonders prägend für die Jugendphase ist. Gingen frühe psychologische Identitätskonzepte (Erikson 1976) vom Bild einer kohärenten, in der Adoleszenz gebildeten, reifen Ich-Identität aus, wird in den aktuellen Diskussionen Identitätsbildung als variabler, fortlaufender Prozess verstanden, den die Individuen stets neu zu leisten haben, und der gelingen oder scheitern kann.

Im Gegensatz dazu kann Identität mit Mikos (2004: 160) als andauernder Versuch des Individuums verstanden werden, seine Biographie zu entfalten und dadurch sein Leben, seine Erlebnisse sowie seine Erfahrungen in einen kohärenten Sinnzusammenhang zu stellen, der erzähl- und mitteilbar ist. Allerdings ist die Einheit und innere Kohärenz, die der Begriff der Identität suggeriert, keine natürliche, sondern eine konstruierte Form der Geschlossenheit (vgl. auch Hall 1996: 4ff.). Offensichtlich sind es nicht mehr die traditionellen gesellschaftliche Institutionen, welche Jugendlichen ihre Identität zuschreiben, sondern die Heranwachsenden haben diese Aufgabe selbst zu übernehmen. Im Mittelpunkt steht damit die *Selbstsozialisation*, deren Bewältigung und Verarbeitung den Jugendlichen weitgehend selbst überlassen bleibt (Scherr 2004: 221).

In diesem Zusammenhang ist noch ein zweiter Gesichtspunkt zu beachten, der sich von traditionellen Mustern der Sozialisation abhebt. Der traditionelle Identitätsbegriff war stark von binären Schematismen geprägt: Nach einer Zeit der Identitätssuche, vornehmlich in der Adoleszenz, erreichte man eine stabile, vor allem durch den Beruf geprägte Identität, welche für das ganze Leben vorhielt. Für Kinder und Jugendliche mit Migrationshintergrund ergab sich dazu eine weitere binäre Zuschreibung, die mit ihrem migrantischen Status verknüpft war. Diese Dimension kann mit Begriffen wie einheimisch / ausländisch, hier / dort etc. gekennzeichnet werden. Diese binären Schematismen sind dabei zutiefst ambivalent: Einerseits kanalisieren sie die Identitätssuche und erleichterten sie möglicherweise dadurch auch; gleichzeitig stellen sie aber auch eine Einschränkung dar, die zur Ausgrenzung und zu einem gegenüber den Einheimischen reduzierten sozialen Kapital an Entwicklungs- und Lebenschancen führen.

Letztlich reduzieren diese binären Schemen die damit verbundenen Phänomene. Sie führen sie auf eine scheinbar einfache Struktur zurück und versprechen einfache Erklärungen von komplexen gesellschaftlichen Phänomenen. In einer Gesellschaft, wo berufsbezogene Identitäten, die das ganze Leben „halten", brüchig geworden sind, tragen diese Modelle weder aus der Perspektive der Forschenden, welche damit die Probleme des Erwachsenwerdens oder der Migration untersuchen, noch aus der Perspektive der Jugendlichen, welche auf dieser Grundlage ihre eigene Entwicklung nicht mehr zu organisieren vermögen. Denn die Verhältnisse sind ungleich komplexer geworden, als dass sie sich über eine zweiwertige Logik abbilden ließen. Die innerpsychische Realität ist vielmehr mit vielfältigen, auch widersprüchlichen, kollektiven Ansprüchen konfrontiert: „Gelingende Identität in der heutigen Zeit zeichnet sich (...) nicht durch eine möglichst hohe Stabilität und Geschlossenheit aus, sondern dadurch, dass die Subjekte in ihrer alltäglichen Identitätsarbeit durch kreative Verknüpfungen von heterogenen Vorstellungen und Erwartungen ein für sie stimmiges Muster entwickeln" (Nick 2003: 19). Breite Verwendung findet auch der Begriff der *Patchwork-Identität* (Keupp u.a. 1999).

Das Modell, wonach man entweder der einen oder der anderen Gruppe angehört, verunmöglicht nicht zuletzt Mehrfachzugehörigkeiten, Schattierungen und unterschiedliche Grade der Zugehörigkeit. Dies beschreiben Mecheril/Rigelsky (2007: 70) als „reduktionistisch", indem die jeweiligen Gruppen auf wenige dominante Eigenschaften reduziert werden – zum Beispiel streng versus frei, religiös versus religionsfrei etc. Nicht zuletzt besteht hier ein Modell der persönlichen Freiheiten im Kontext der westlichen Gesellschaften, dem die kollektiven Rahmungen entgegengesetzt werden, denen jugendliche Migrantinnen und Migranten ausgesetzt sind: Familie, Religion, türkische Community: „Entweder ist man frei und nicht-ausländisch oder gehemmt und gefangen in all dem, was ein Leben als Ausländerin ausmacht" (Mecheril/Rigelsky 2007: 71). In der Presse werden oft Einzelfälle präsentiert, welche diesem Modell entsprechen. Zu bezweifeln ist nicht, dass es sie gibt, sondern ob es der Modus einer Mehrheit ist, die bei uns als MigrantInnen aufwachsen.

Viel häufiger dürften nämlich Muster der Sozialisation sein, wo die Konstruktionsprozesse in transkulturellen Kontexten nicht mehr primär den Linien der Herkunft entlang, sondern als synthetisierende Fusion von eigentlich nicht zusammengehörigen kulturellen Formen erfolgen (Lull 2000: 242ff). Bolscho (2005: 35) betont in diesem Zusammenhang, dass aus einer *Vermischung von Kulturen* originäre Kulturen entstehen können, welche diejenigen nicht vollständig zerstören, aus denen sie hervorgehen. Er illustriert dies an der 16jährigen Katja, eine Tochter russlanddeutscher Aussiedler aus Usbekistan: „Viele ihrer Freunde sind auch Russen", wie sie sagt. In andere Frankfurter Stadtteile, bis in die Region hinein, erstreckt sich das „russische" Netzwerk der Verwandtschaftsbeziehungen, das Geflecht der Cafés und Discotheken, in dem Katja sich bewegt. In ihrem eigenen Viertel und in ihrer Schulklasse hat sie mehr Berührung mit „Türken" und „Jugoslawen", eine Freundin kommt aus Armenien. Katja legt Wert auf diesen Hinweis, denn die Freundin könnte vom Namen und ihrem Aussehen her für eine Türkin gehalten werden" (Bolscho 2005: 36). Ähnliche Fälle von *Transkulturalität* sind uns auch in unseren Interviews begegnet – vor allem dort, wo es um das Verhältnis zu den Peers ging.

Anstatt um Stabilität und Eindeutigkeit geht es eher um einen Ausdruck des „fließenden Lebens", wie es Rydin/Sjöberg (2007: 273) beschreiben, wenn man die spezielle Situation von migrantischen Jugendlichen kennzeichnen will. Und es sind die Medien, welche eine nicht unerhebliche Rolle in diesem Prozess der Konstruktion von hybriden Identitäten spielen. In diesem kulturellen Wechselspiel sind sie Mittel sowohl zum Überbrücken (bridging) wie zur Bindung (bonding). Medientexte dienen als Material, aus welchem Elemente zur eigenen Stilisierung der Identität übernommen werden. Sie verweisen dabei auf unterschiedlichste Lebensformen, welche als anziehend, aber auch als abstoßend wahrgenommen werden können. Und sie ermöglichen es Jugendlichen aus verschiedenen Kulturen, gemeinsame Muster, zum Beispiel jenes des Hip-Hop, als Verkörperung eines Lebensgefühls zu finden, der die gemeinsame Erfahrungsbasis jenseits nationaler Zugehörigkeiten miteinander vereint.

Dennoch bleibt die Tradition der Herkunft für viele Migrantinnen und Migranten aus kulturell sehr unterschiedlichen Ländern eine Frage, die bei der Auseinandersetzung mit der eigenen Identität eine Rolle spielt. So zeigen Studien der Frauen- und Geschlechterforschung, wie trotz aller globaler Wandlungsprozesse und emanzipatorischer Bewegungen sich gerade bei den weiblichen und männlichen Geschlechterrollen nur sehr schwer wirklich neue Verhältnisse zwischen den Geschlechtern etablieren (Rommelspacher 1997). Und ganz generell hat die Ethnizitätsforschung versucht, die Wege zu beschreiben, wie ethnische Gruppen mit „alten" und „neuen" Identitäten umgehen. Im Anschluss an Bhaba weisen Rydin/Sjöberg (2007: 277) darauf hin, dass in einer globalen Gesellschaft ständig zwischen Tradition und Translation bzw. Anpassung gependelt werde.

In einem ähnlichen Sinne unterscheiden Bohnsack/Nohl (2003) in ihrer Studie mit türkischen Rappern aus Berlin zwischen einer inneren Sphäre des Sozialen, die von der Herkunft der Eltern her stammt und welche die Jugendlichen in die Metapher von Liebe und Respekt kleiden. Die äußere Sphäre dagegen sei durch die sozialen Beziehungen im Alltag charakterisiert, durch Schule und Berufsausbildung, aber auch durch Erfahrung ethnischer Diskriminierung. Die Spannung zwischen diesen Sphären wird von diesen Jugendlichen jedoch nicht passiv erlitten, sondern sie entwickeln daraus neue Formen der Kollektivität und kreative Ausdrucksformen des Breakdance oder eines türkischen Rap.

Ganz ähnlich berichtet in einer unserer Teilstudien Ergün von seinen Schwierigkeiten, aus der Vielzahl von Identifikationsangeboten eine zusammenhängende Identität zu konstruieren, da die Erwartungen von Eltern und Verwandten mit den eigenen und jenen der Peers nicht immer übereinstimmen (Moser 2005). Dies zeigt der folgende Interviewausschnitt: „Ja, ich bin dazwischen. Also ich bin jetzt, also meine Eltern sagen immer: Vergiss unsere Kultur nicht! Zum Beispiel, weil ich so ein Haarteil habe, weil ich Ohrringe habe. Also zu unserer Kultur passt das nicht, zum Beispiel gibt es keine Ohrringe. Und dann, als ich Ohrringe machen ließ, haben viele Leute anders reagiert auf mich, oder. Und dann habe ich gesagt: Das ist mir egal. Schließlich bin ich das. Ich mache, was ich will, schaut ihr lieber zu euch. Und nachher wegen den Haaren, immer die Frage: ‚Bist du ein Mädchen?' Nein, das ist mein Style."

Es ist hier nicht mehr die von Bohnsack/Nohl (2003) genannte „innere Sphäre" der Normen und Werte, an denen sich Ergün orientieren kann, sonst müsste er wohl auf seine Ohrringe verzichten und eine andere Frisur tragen. Für eine Lösung des Dilemmas nimmt er denn auch nicht mehr auf äußere Autoritäten Bezug, sondern er ist es selber, der einen persönlichen Style kreiert und diesen somit als „authentisch" erklärt. Dies erkauft er sich allerdings mit einem Konflikt, weil sein Style eben nicht zu „unserer Kultur" passt. Das Dazwischen, das hier von Ergün eingefordert wird, ist also nicht einfach eine kulturelle Leerstelle, sondern ähnlich wie bei den Rappern Teil einer hybriden Identität, die für sich einen eigenen Lebensstil einfordert und realisiert.

Die Problematik von traditionellen Identitätszuschreibungen liegt denn letztlich auch weniger darin, ob sie einen Zustand „richtig" beschreiben. Vielmehr entfalten sie eine normative Kraft, die den Jugendlichen gar keine andere Wahl lässt, als sich damit auseinanderzusetzen. Dies kann dazu führen, dass solche Erklärungsmuster auch für die Betroffenen eine fast schon verführerische Wirksamkeit erhalten können – etwa wenn Jugendliche mit Migrationshintergrund Erfahrungen mit Rassismus und Ausgrenzung machen, oder wenn sie selbst am Prozess der Ausgrenzung anderer beteiligt sind (Riegel/Geisen 2007: 14).

1.5 Bildungsaspirationen im Kontext der Benachteiligung

Die soziale Benachteiligung von Kindern und Jugendlichen mit Migrationshintergrund ist im Bereich des Bildungswesens eine Tatsache, die von entsprechenden Studien immer wieder unterstrichen wird. (vgl. für die Schweiz Kronig: 2000). Auch die PISA-Studien haben dies klar herausgestellt, wie Hamburger für die deutsche Situation zusammenfassend festhält: „PISA I und II haben übereinstimmend gezeigt, dass ihre Bildungsbenachteiligung deutlich ausgeprägt ist und ihr relativer Schulmisserfolg über einen längeren Zeitraum hinweg stabil bleibt" (Hamburger 2005: 7). Das bedeutet auf der anderen Seite aber nicht, dass Eltern von Kindern mit Migrationshintergrund keine Bildungsaspirationen hätten. Dem Entscheid zur Migration liegt in vielen Familien ein Bestreben nach sozialer Sicherheit und sozialer Mobilität zu Grunde, das indessen an den widrigen Umständen zu scheitern droht (Bolzmann/Fibbi/Vial 2005: 84).

Juhasz/Mey (2003: 257) schildern an einem Fallbeispiel, welche Faktoren für den schulischen Erfolg von Kindern und Jugendlichen mit Migrationshintergrund ausschlaggebend sind. Eltern und Lehrer übernehmen für sie die Rolle der „Gatekeeper". In einem von ihnen geschilderten Fall erzählt ein Jugendlicher, seine Eltern hätten ganz euphorisch reagiert, wie er ihnen davon erzählte, die Prüfung ans Gymnasium zu machen. Dies weise darauf hin, dass die Eltern über genügend Deutschkenntnisse verfügten, der Bildung einen hohen Stellenwert einräumten und ihren Kindern konkrete Unterstützung gewährten, alles Faktoren, die einen Bildungserfolg der Kinder aus Migrantenfamilien wahrscheinlicher werden ließen.

Es ist generell zu vermuten, dass Familien mit Migrationshintergrund sich der Wichtigkeit des Faktors Bildung für ihre Kinder bewusst sind, wobei allerdings häufig erst die zweite Generation einen gewissen sozialen Aufstieg schafft. Juhasz/Mey konnten dies in ihrer Untersuchung der zweiten Generation von Migranten und Migrantinnen belegen und aufzeigen, dass bei den in die Untersuchung einbezogenen Jugendlichen *Aufstiegsaspirationen* sichtbar waren: „Auch wenn nicht behauptet werden kann, dass alle Jugendlichen ausländischer Herkunft, deren Eltern als MigrantInnen in die Schweiz gekommen sind, eine ausgeprägte Aufstiegsorientierung aufweisen, kann dennoch festgehalten werden, dass die meisten von ihnen im Vergleich zu ihren Eltern einen sozialen Aufstieg vollziehen, da sie eine höhere Ausbildung als ihre Eltern absolvieren und höhere berufliche Stellungen einnehmen (werden)" (Juhasz/Mey 2003: 314).

Problematisch scheint in diesem Zusammenhang der Faktor der Unterstützung, nämlich die konkrete Hilfe, welche Eltern mit Migrationshintergrund ihren Kindern gewähren können. Selber wenig im Aufnahmeland verwurzelt, fühlen sie sich oft hilflos und sind selbst Diskriminierungen ausgesetzt, welche auch ihre Kinder treffen. Die Hilflosigkeit im Umgang mit der Schule wird auch dadurch deutlich, dass viele Eltern mit Migrationshintergrund direkte Kontakte mit dieser Institution scheuen. Denn sie kennen das Schulsystem und seine Regeln zu wenig und fühlen sich im Kontakt mit den Lehrpersonen verunsichert, so dass sie sich lieber ganz aus den Schulangelegenheiten heraushalten und zum Beispiel Elternabende nicht besuchen. Dazu kommt noch ein weiterer Faktor: Während in einheimischen Familien oft die Mütter den Kontakt zur Schule wahrnehmen, haben Migrantenfamilien oft auch deshalb Schwierigkeiten, weil gerade die Mütter nur über eingeschränkte Sprachkenntnisse verfügen und nicht fähig sind, sich selbst genügend zu artikulieren.

Zwar war die Beschreibung der Erfahrungen mit der Institution „Schule" nicht das vorrangige Ziel der vorliegenden Studie, die auf eine Untersuchung der Mediennutzung im familiären Kontext fokussierte. Dennoch kam es häufig vor, dass bei den Gesprächen mit den Eltern sehr schnell die Schulsituation thematisiert wurde, denn die Schulkarriere empfanden sie als eine der wichtigsten Dimensionen zur Sicherung der Zukunft ihrer Kinder. Auch in der anschließend dargestellten Auswertung der Forschungsresultate wird deshalb die Frage der Bildungsaspirationen immer wieder implizit oder explizit angesprochen werden.

2. Untersuchungsanlage und Methoden

Die im Folgenden vorgestellte qualitative Studie nimmt Ergebnisse der quantitativen Studie auf und versucht Aspekte im Zusammenhang des eben dargestellten theoretischen Hintergrunds aufzunehmen und zu vertiefen. Dabei war eine der ersten Entscheidungen die Bestimmung des Samples, auf welchem die Studie basieren sollte. Bei einer Zahl von rund acht Familien erschien es unrealistisch, mehrere Ethnien zu untersuchen, zumal diese ja selbst auch wieder intern differenziert sind. Im schlechtesten Fall hätte man so eine bis zwei Familien mit einem ähnlichen kulturellen Hintergrund gefunden.

Um wenigstens eine gewisse Vergleichbarkeit zu garantieren – sowohl intern zwischen den untersuchten Familien als auch extern im Vergleich zur quantitativen Studie – wurde die Untersuchung auf Migrantinnen und Migranten aus der Türkei beschränkt. Dies hat auch den Vorteil, dass hier am ehesten noch Studien aus Deutschland und der Schweiz vorhanden sind, welche bereits einen gewissen Forschungsstand erreichen, auf dem die vorliegende Arbeit aufbauen konnte. Hier wäre zum Beispiel auf die Arbeiten von Aumüller und Trebbe zu verweisen, die in dem von unserem Projekt herausgegebenen Sammelband *Medien und Migration* (Bonfadelli/Moser 2007) dokumentiert sind.

Theoretisch eingebettet ist das Projekt in die Cultural Studies und den Forschungen zur Identitätsarbeit. Die in Großbritannien entstandenen Cultural Studies mit ihren methodischen und theoretischen Ansätzen werden seit den 1980er Jahren auch im deutschsprachigen Raum in die Sozialforschung einbezogen. Sie richten ihr Augenmerk bewusst auf Phänomene der Alltagskultur und auf die verschiedenen sozialen Gruppierungen, Subkulturen und deren kulturelle Praktiken und Erfahrungen mit besonderer Aufmerksamkeit auf die jeweiligen Machtverhältnisse: „Cultural Studies arbeiten interdisziplinär und wollen politisch Möglichkeiten bereitstellen, die eigenen gesellschaftlichen Kontexte zu verändern" (Goldbeck 2004: 28, zit. in Hipfl, 2004: 14).

Das hier vorgestellte Projekt ist gesellschafts- und bildungspolitisch vor dem Hintergrund zu sehen, dass Jugendliche mit Migrationshintergrund im Schweizer Bildungswesen nach wie vor benachteiligt sind (vgl. Bildungsmonitoring Schweiz, Pisa 2003; Meyer 2003). Als Gründe für das schlechtere Abschneiden von Kindern und Jugendlichen aus zugewanderten Familien werden häufig *sprachliche Defizite* sowie allgemein die *„Bildungsferne" des Elternhauses* ins Feld geführt. Auch die Medien beziehungsweise der Medienkonsum ausländischer Jugendlicher wird für schlechte schulische Leistungen gerne bei gezogen. Dies, obschon man über unterschiedliche Mediengewohnheiten zwischen Jugendlichen verschiedener Herkunft und ihren schweizerischen Peers bis anhin kaum gesicherte Daten gab. Dass das Schulsystem selbst auch seinen Teil zur Chancenungleichheit beiträgt, wird zwar durch neuere Studien belegt (Auernheimer 2001; Gomolla/Radtke 2002; Gomolla 2005), in der Öffentlichkeit und auch vom Schulwesen selbst aber wenig wahrgenommen.

2.1 Forschungsanlage

Hinweis auf Sample. In die Untersuchung wurden je vier türkische und türkisch-kurdische Familien mit insgesamt sechzehn Kindern und Jugendlichen im Alter von zwölf bis achtzehn Jahren einbezogen. Die jüngeren und ältern Geschwister wurden nicht einbezogen (siehe Kapitel 2.3 Stichprobe).

Forschungsteam. Das Forschungsteam wurde in Bezug auf Geschlecht, kulturellen Hintergrund und Fachdisziplin sorgfältig und im Bewusstsein, dass es in einem interkulturellen Feld arbeitet, zusammengesetzt. Da davon ausgegangen werde konnte, dass nicht alle in die Studie einbezogenen Personen fließend Deutsch sprechen und verstehen, wurden auch zwei „native Speakers" in das fünfköpfige Team einbezogen. Neben dem Projektleiter arbeiteten zwei schweizerische und zwei kurdisch/türkische Mitarbeiterinnen und Mitarbeiter mit Fachkenntnissen aus Psychologie, Soziologie, Ethnologie, Erziehungswissenschaft und Medienpädagogik mit. Dies erlaubte einen leichteren Zugang zur anderen Kultur, einen authentischeren Einblick sowie eine verlässlichere Einordnung und Interpretation der vorgefundenen Situationen.

Sprache. Da Türkisch oder Kurdisch für die Eltern in der Regel die vertrautere Sprache ist, wurden die Gespräche mit der ganzen Familie sowie die Elterninterviews auf Türkisch bzw. Kurdisch geführt. Gespräche, die nur mit den Jugendlichen geführt wurden, fanden auf Deutsch statt.

2.2 Forschungsprozess und Methoden

Die Familien, das heißt die Eltern und die Jugendlichen, wurden innerhalb von achtzehn Monaten drei- (Eltern) beziehungsweise viermal (Jugendliche) von je zwei Mitgliedern des Forschungsteams zuhause besucht und von Juni 2004 bis Dezember 2005 befragt.

Während der Projektzeit wurden zudem zwei weitere Forschungsstränge aufgenommen:

- Eine Lizentiandin der Universität Fribourg führte die im Forschungsplan vorgesehene Befragung der Jugendlichen mit deren Freundinnen und Freunden, den Peers, durch. Die Daten wurden uns in Form von Transkripten zur weiteren Auswertung zur Verfügung gestellt.

- Im Rahmen eines Forschungsseminars an der Pädagogischen Hochschule Zürich, das der Projektleiter unserer Studie durchführte, ließ eine Gruppe Studierende Schülerinnen und Schüler zum Thema „Vorbilder" Zeichnungen erstellen. Diese wurden systematisch auf das Merkmal der Migration hin ausgewertet. Auch aus diesem Projektteil finden sich Daten im vorliegenden Bericht.

Für die *Datenerhebung* wählten wir *Methoden* aus dem Bereich der ethnografischen Feldforschung, nämlich Fragebogen, halbstrukturierte Interviews, Elemente teilnehmender Beobachtung und fotografische Fremd- und Selbstdokumentationen. Im Sinne der Cultural Studies werden die Informierenden als Produzenten und Produzentinnen von Wirklichkeit wahrgenommen. Ihre Erzählungen und Selbstdarstellungen sollen unsern Zugang zu ihren Lebenswelten erleichtern und unsere durch Vorurteile und Halbwissen geprägte Wahrnehmung revidieren. Die Daten wurden über mehrere Schritte und mittels narrativer und visueller Erhebungsmethoden (Interviews, Fotografie) erfasst.

2.2.1 Schritte und Methoden der narrativen Datengewinnung

Das *erste Gespräch* diente der Kontaktaufnahme mit der ganzen Familie, dem gegenseitigen Kennen lernen und dem Vorstellen der Studie. Eltern und Kinder/Jugendliche waren dabei zusammen. Es wurde handschriftlich protokolliert und anschließend transkribiert.

Beim *zweiten Treffen* wurden die Eltern von den kurdisch-türkischen Mitarbeitenden in einem strukturierten Interview befragt: Erhoben wurden soziodemographische Merkmale (Geschlecht, Alter, Schul- und Berufsbildung Eltern, aktuelle Erwerbstätigkeit), die Migrationsgeschichte (geographische, ethnische und konfessionelle Herkunft, Einreisemotiv, Aufenthaltsdauer und -status), die Einstellungen zu Kindererziehung und anderen Bereichen des Alltagslebens sowie der Medienbesitz und die Mediennutzung der Familie. Mit den Kindern und Jugendlichen wurde ebenfalls (getrennt von den Eltern) ein Gespräch geführt (siehe unten).

Beim *dritten Gespräch* wurde mit den Kindern und Jugendlichen ein Gespräch zur Bildreportage geführt (siehe unten).

Beim *letzten Treffen* wurden die Eltern, nochmals mit einem standardisierten Interview, nach Veränderungen seit dem ersten Gespräch befragt (Medienbesitz und Mediennutzung, Wohnsituation, Ausbildungssituation der Kinder, eigene berufliche Veränderungen etc.). Ebenfalls wurden die Kinder und Jugendlichen, getrennt von den Eltern, mit einem standardisierten Interview zu ihrer Sicht auf Veränderungen befragt. Die Interviews wurden auf Tonband und in handschriftlichen Interviewprotokollen aufgezeichnet.

2.2.2 Schritte und Methoden der visuellen Datengewinnung

Da unsere Fragestellung auf die *Rolle der Medien* bei der Konstruktion von Identität (auch im Sinne von Selbst-Bildern) fokussiert, kam in unserer Studie den fotografischen Visualisierungen von Alltagssituationen eine besondere Bedeutung zu und wir setzten diese Methode zur Erfassung der Lebenswelt der Jugendlichen ein:

> „Fotografie erlaubt spielerische und selbstreflexive Formen des identitätsbezogenen Probehandelns (Wie wirke ich in dieser Pose? Wie wirke ich in diesem Outfit?). Selbstdarstellung, Selbstinszenierung und Selbstfindung sind wichtige Bedürfnisse im Jugendalter" (Tomforde/Holzwarth 2006: 360).

Fuhs bezeichnet die Fotografie als ein Medium, über das Bilder und Botschaften, Werte und Normen kommuniziert werden (Fuhs 2003: 45). Das Bedeutungs- und Deutungspotential der Fotografie wird in jüngerer Zeit in sozialwissenschaftlichen Studien vermehrt genutzt. Gemäß Pilarczyk/Mietzner können Fotografien einerseits als Quellen Bedeutungsträger sein, etwa „wenn wir die Bilder, die wir uns von der Gesellschaft machen, als Ausdruck unserer Kultur, als Teil unserer Kommunikation interpretieren wollen" (2003: 25). Andererseits könne man Fotos, „die Jugendliche von sich selbst aufnehmen, als Selbstausdruck interpretieren" (ebd.). In unserer Studie haben wir in zwei Erhebungsschritten mit Fotografien gearbeitet, wobei die Fotos im ersten Schritt vorwiegend als Quelle, im zweiten Schritt als (jugendlicher) Selbstausdruck interpretiert wurden. Damit kamen unterschiedliche Methoden der Bildgewinnung sowie verschiedene Zugangsweisen zum Bild und zu den Lebenswelten der Jugendlichen zum Zug, nämlich:

Fotografische Fremddokumentation der Kinderzimmer. Kinderzimmer können als verkörperlichte Identitätsräume oder *embodied spaces* Aussagen machen über gegenwärtige, vergangenheits- oder zukunftsbezogene Identitätskonzepte der Bewohnerinnen und Bewohner (vgl. Moser/Hanetseder/Hermann 2006). Da es bei der *Dokumentation der Kinderzimmer* darum ging, alle Zimmer möglichst einheitlich zu inventarisieren, wurden diese von den Forschenden mittels Digitalkamera fotografiert, anschließend auf einen Laptop geladen und mit den Kindern und Jugendlichen anhand eines Leitfadens besprochen. Neben den vertiefenden Gesprächen zur Einrichtung und einzelnen Gegenständen boten die von den Kindern gewählten und separat fotografierten *drei Lieblingsgegenstände* Gelegenheit, mehr darüber zu erfahren, was den Jugendlichen im Moment wichtig ist. Ziel dieser Fokussierung war es, Hinweise auf aktuelle Identitätskonzepte zu erhalten, die sich über Beziehungen (Identifikationen, Hobbys) zu Gegenständen manifestieren. Insbesondere interessierte uns die Rolle, die in dieser

Hinsicht den Medien zukommen würde – eine Absicht, die den Jugendlichen gegenüber selbstverständlich nicht ausgesprochen wurde. Eine ähnliche Dokumentation der kindlichen Wohnumgebung im Rahmen eines Projektes zur Kindheitsforschung haben Wilk und Bacher (1994) gewählt.

Fotografische Selbstdokumentation. Die Jugendlichen wurden am Ende des zweiten Treffens gebeten, während einer Woche ihren Alltag fotografisch zu dokumentieren; beim dritten Treffen wurde diese Bildreportage dann Thema des Gesprächs. Sie sollten sich vorstellen, sie würden ihren Verwandten in der Türkei anhand von Fotos zeigen, wie sie in der Schweiz leben, wer oder was ihnen hier besonders wichtig ist oder auch, was ihnen hier nicht gefällt. Dabei gingen wir davon aus, dass diese Aufgabestellung sich an die reale fotografische Praxis der Kinder und ihrer Familien anlehnt. Was Bourdieu in den 1960er Jahren über den sozialen Gebrauch der Fotografie geschrieben hat, trifft heute noch und insbesondere auch für die Situation von emigrierten Familien zu:

> „Die geographische Versprengtheit der einzelnen Verwandten verlangt gebieterisch die mehr oder weniger regelmäßige Wiederbelebung der Verwandtschaftskontakte, und dem genügt die Fotografie besser als der bloße Austausch von Briefen" (Bourdieu 2006: 38). Die primäre Funktion der Fotografie besteht nach Bourdieu darin, „die Integration der Familiengruppe zu verstärken, indem sie immer wieder das Gefühl neu bestätigt, das die Gruppe von sich als Einheit hat" (31).

Dank der digitalen Fotografie und Videotechnik sowie der Verbreitungsmöglichkeit über das Internet hat die Praxis des Austauschs von Bildern weiter zugenommen. So zirkulieren in allen Familien, die wir im Verlauf unserer Studie besucht haben, Videofilme von Hochzeiten und Beschneidungsfesten oder Fotos, die Veränderungen im Alltag, zum Beispiel eine neue Wohnung oder den Schuleintritt der Kinder, dokumentieren.

2.3 Die Stichprobe

2.3.1 Stichprobenbildung

Über persönliche Kontakte des Forschungsteams (Freunde, Bekannte, Arbeitskollegen) und über Organisationen (Vereine, Hilfswerke, Institutionen) wurden türkische und/oder türkisch-kurdische Familien gesucht, die Kinder im Alter zwischen zwölf und siebzehn Jahren hatten. Jüngere und ältere Kinder wurden nicht in die Kinderbefragung integriert, wobei zwei Ausnahmen gemacht wurden: Zwei jüngere Mädchen wollten unbedingt wie ihre älteren Geschwister, mit denen sie das Zimmer teilen, mitmachen.

Zudem mussten sich die Familien gleichmäßig den vier ethnischen und religiösen Zugehörigkeiten zuordnen lassen. So konnten dreißig Familien erfasst werden, von denen eine erste Auswahl schriftlich und telefonisch kontaktiert wurde. Grundsätzlich stießen das Forschungsvorhaben und die Anfrage für eine Teilnahme an der Studie bei der Zielgruppe auf ein positives Echo. Intensität und Dauer der Untersuchung führten aber bei einem Teil der angefragten Personen zu einem Rückzug, so dass die nächsten Familien auf der Liste für eine Teilnahme angefragt wurden. Auffallend war, dass Familien, die von Drittpersonen oder Organisationen vermittelt wurden, sich leichter zur Teilnahme motivieren ließen als Familien, wo der Kontakt über Arbeitskollegen oder das berufliche Umfeld erfolgt war. Die Zusammenstellung der definitiven Stichprobe erwies sich so als Prozess.

2.3.2 Absagen und Abbrüche

Nicht alle der kontaktierten Familien konnten schließlich definitiv ins Sample aufgenommen werden. *Absagen* wurden oft wie folgt begründet:

- „Es interessiert uns nicht, es wird sowieso nichts ändern."
- „Wir haben keine Zeit."
- „Es dauert zu lange."
- „Unsere Kinder haben keine Probleme."
- „Wir sind nicht fähig, eine Umfrage einer Hochschule oder Universität zu beantworten."
- „Warum führen Sie mit anderen keine Interviews durch? Werden wir, die Türken, als Problemgruppe angesehen?"

Auch Familien, die zuerst ihre Teilnahme zusagten und nach dem Erstkontakt die weitere Teilnahme verweigerten, begründeten den *Abbruch* mit ähnlichen Argumenten und äußerten häufig Unzufriedenheit mit der Dauer der Studie.

Interessant war die Begründung für den Ausstieg eines Elternpaares, dass ihre Tochter inzwischen nicht mehr in der Schweiz sei, weil sie ein Gymnasium in der Türkei besuche, nachdem sie in der Schweiz nicht zugelassen worden sei. Und eine Mutter argwöhnte, dass die Studie ihnen persönlich nichts bringe und dass ihre Kinder andere Probleme hätten, denn sie würden in der Schule von den Lehrpersonen diskriminiert und schlecht behandelt – hier wäre Unterstützung nötig. Auf den Hinweis, dass die Studie möglicherweise gerade zu solchen Einsichten beitragen könne, entgegnete sie: „Die Kinder brauchen heute Unterstützung, nicht erst in zehn Jahren."

Der Rückzug aus der Studie weist, neben dem Hinweis auf Zeit und Dauer, auch auf Unbehagen hin: man will nicht zu einer „problematischen" Bevölkerungsgruppe gehören oder man erlebt bereits Benachteiligung und hat keine Hoffnung, dass sich dies durch eine Teilnahme ändern wird.

2.3.3 Soziodemographische Angaben zu den Familien

Herkunft. Die befragten Eltern stammen ursprünglich aus zehn türkischen Provinzen (Bursa, Erzincan, Istanbul, Karaman, Konya, K. Maras, Mardin, Sakarya, Sinop, Sivas), die sehr unterschiedliche Regionen der Türkei repräsentieren. Ein Vergleich der Herkunftsprovinzen der Personen unserer Studie mit den Daten von Bartals Survey[5] zeigt, dass die Verteilung der Personen auf die Provinzen und/oder Regionen in beiden Samples in etwa deckungsgleich sind.

Ethnische und konfessionelle Zugehörigkeit. Es handelt sich um drei türkisch/sunnitische und eine türkisch/alevitische sowie zwei kurdisch/sunnitische und zwei kurdisch/alevitische Familien. Abb. 1 zeigt die ethnische und konfessionelle Zugehörigkeit der sechzehn interviewten Mütter und Väter.

Abb. 1: Ethnische und konfessionelle Zugehörigkeit der acht Elternpaare

		Ethnische Zugehörigkeit	
		türkisch	kurdisch
Konfessionelle Zugehörigkeit	Sunnitisch	6	4
	Alevitisch	2	4

Gründe für Migration. Sechs Frauen und Männer sind im Rahmen der Familienzusammenführung vor ihrem 16. Altersjahr in die Schweiz gekommen. Vier Kurden flüchteten in den 1980er und 1990er Jahren in die Schweiz, später folgten die drei Ehefrauen bzw. Kinder. Zwei Frauen und ein Mann reisten infolge ihrer Heirat ein.

Alter. Das Alter der befragten Frauen und Männer lag bei der Einreise zwischen elf und 41 Jahren, wobei sieben davon jünger als 18 Jahre waren. Zur Zeit der

---

5 Isabel Bartal führte 1998 eine repräsentative Untersuchung durch: Sie befragte 260 aus der Türkei stammende, in der Stadt Zürich lebende Väter oder Mütter, die mindestens ein Kind in der Volksschule hatten. Die Befragten stammten ursprünglich am häufigsten aus den Provinzen Adiyaman, Ankara, Bingöl, Burdur, Denizli, Erzincan, Istanbul, K. Maras, Konya, Sivas, Tunceli.

Befragung betrug der Altersdurchschnitt der Gruppe 40.3 Jahre, das Alter der befragen Personen lag zwischen 35 und 45 Jahren.

Schul- und Berufsabschluss Eltern. Die Primarschule haben bis auf die eine Frau, die aus Deutschland in die Schweiz einreiste, alle Frauen und Männer in der Türkei absolviert. Ein Mann erlangte in der Türkei einen Mittelstufenabschluss und drei weitere Gymnasiumsabschlüsse.[6] Das Bildungsniveau der nach 1980 in die Schweiz geflüchteten Männer (drei von vier) ist deutlich höher als das der restlichen Personen des Samples (Gymnasialabschluss). In der Türkei hat keiner der Befragten einen Berufsabschluss erworben, was jedoch nicht erstaunlich ist, weil eine Berufsausbildung dort nicht üblich ist. Lediglich zwei Männer und eine Frau haben für kurze Dauer Berufskurse besucht. Auffallend ist, dass von den vier Frauen und den drei Männern, die vor dem 18. Altersjahr in die Schweiz einreisten, hier nur zwei Männer eine Berufsausbildung absolvierten. Unter den Frauen weist nur diejenige, welche ursprünglich auch aus der Türkei kam und in Deutschland aufgewachsen war und dann durch Heirat in die Schweiz kam, eine abgeschlossene Berufsausbildung auf.[7]

Aktuelle Tätigkeit. Die befragten Frauen weisen eine deutlich tiefere Erwerbstätigkeitsquote auf als die befragten Männer: Während sechs Männer vollzeitlich und ein Mann teilzeitlich erwerbstätig sind, sind nur je zwei Frauen vollzeitlich bzw. teilzeitlich berufstätig. Zwei Frauen beziehen Invalidenrente. Lediglich ein Mann war zur Zeit der ersten Befragung erwerbslos. Alle Frauen, unabhängig von ihrer Erwerbstätigkeit, geben an, dass sie in ihrem eigenen Haushalt voll beschäftigt sind. Zwei Männer und eine Frau sind in ihren eigenen Geschäften[8] erwerbstätig.

Aufenthaltsdauer in der Schweiz. Im Durchschnitt lebten die Befragten bereits seit 19.4[9] Jahren in der Schweiz. Eine Differenzierung bezüglich der Aufenthaltsdauer der Frauen und Männer im vorliegenden Sample nach ethnischer Herkunft zeigt eine deutliche Unterschied zwischen den beiden Gruppen: Während die türkische Gruppe eine Aufenthaltsdauer im Durchschnitt von 23.5

---

6 Bis zum Ende der 1990er Jahre war in der Türkei nur die fünfjährige Primarschule obligatorisch. Dieser folgt die dreijährige Mittelstufe und anschließend das dreijährige Gymnasium. Der Gymnasiumsabschluss allein reicht nicht für die Zulassung an eine Hochschule / Universität; dazu ist das Bestehen einer zentralen Aufnahme- und Auswahlprüfung nötig.
7 Die Daten unseres Samples und diejenigen des Surveys von Bartal weisen starke Ähnlichkeiten auf (Bartal 2004: 167-175).
8 Die drei Personen gaben bei den informellen Gesprächen am Rande der Interviews an, der Einstieg in die Selbstständigkeit sei für sie eine Notlösung gewesen, um der Arbeitslosigkeit zu entkommen.
9 Bartal (2004: 169) stellte eine durchschnittliche Aufenthaltsdauer von 14.5 Jahren fest.

Jahren aufweist, sind es bei der kurdischen Gruppe 15.2 Jahre. So ist die kurdische Gruppe im Durchschnitt 8.3 Jahre[10] später als die türkische Gruppe in die Schweiz eingereist. Die Frauen lebten zum Zeitpunkt der Befragung im Schnitt 18.7 Jahre in der Schweiz, die Männer 21.2 Jahre.

Aufenthaltsstatus. Inzwischen haben fünf Familien die Schweizerische Staatsbürgerschaft erlangt, zwei haben die Niederlassungsbewilligung C und eine Familie ist erst seit kurzem in der Schweiz und steht im Flüchtlingsstatus.

Kinder und Haushaltsgröße. Bis auf die Kinder der Familie H (siehe unten) sind alle Kinder und Jugendlichen in der Schweiz geboren und besuchen hier die Schulen. Die Haushaltsgröße der Familien variiert zwischen drei und sechs Personen. Mit Ausnahme von zwei Familien, welche ein beziehungsweise vier Kinder haben, beträgt die Kinderzahl der anderen sechs Familien zwei bis drei Kinder. In den Familien leben insgesamt 21 Kinder und Jugendliche.

2.3.4 Familienporträts

Um einen Eindruck zu vermitteln, wer die Teilnehmenden sind, werden die Familien mit einem kurzen Porträt charakterisiert. Die Familien wurden anonymisiert, so dass keine konkreten Rückschlüsse möglich sind.

Familie A

Eltern	Mutter 39 Jahre / Vater 45 Jahre
Heimatprovinz bzw. -region der Familie	Erzincan (Ost-Türkei)
Zweiter Wohnort vor der Ausreise	Vater lebte 5 Jahre in Istanbul
Ethnische Zugehörigkeit	Kurdisch
Konfession	Islamische Aleviten
Ausbildung in der Heimat	Mutter 5 Jahre Primarschule Vater abgebrochenes Hochschulstudium
Berufliche Situation in der Heimat	Mutter keine Erwerbsarbeit Vater Kellner
Einreise in die Schweiz	Mutter 1977, Familienzusammenführung Vater 1986, als Flüchtling

---

10 Vgl. Bartals Survey, wo ebenfalls 8.3 Jahre Unterschied zwischen der Immigration der türkischen und der kurdischen Bevölkerung festgestellt wurde (2004: 169).

Aufenthaltsstatus	Doppelbürger
Ausbildung in der Schweiz	Mutter keine, Vater keine
Aktuelle berufliche Situation	Mutter Hausfrau (invalid, Krankheit) Vater Kanalreiniger
Aktueller Wohnort	Stadt
Kinder	Sohn Ulas,1992, Sek. A *nicht in Stichprobe: Tochter 17 Jahre, KV-Lehre*

Familie B

Eltern	Mutter 38 Jahre / Vater 43 Jahre
Heimatprovinz bzw. -region der Familie	Bursa und Karaman (West- und Zentral-Türkei)
Zweiter Wohnort vor der Ausreise	Keiner
Ethnische Zugehörigkeit	Türkisch
Konfessionelle Zugehörigkeit	Islamische Sunniten
Ausbildung in der Heimat	Mutter 5 Jahre Primarschule Vater 5 Jahre Primarschule
Berufliche Situation in der Heimat	Mutter keine Erwerbsarbeit Vater keine Erwerbsarbeit
Einreise in die Schweiz	Mutter 1977, Familienzusammenführung Vater 1974, Familienzusammenführung
Aufenthaltsstatus	Doppelbürger
Ausbildung in der Schweiz	Mutter 4.-6. Primarschule, 1.-3. Oberschule Vater Oberschule, Automechanikerlehre
Aktuelle berufliche Situation	Mutter im familieneigenen Betrieb tätig Vater Dreher
Aktueller Wohnort	Stadt
Kinder	Tochter Yesim, 1987, Kaufmännische Lehre Sohn Yücel, 1990, Sek. B *Nicht in Stichprobe: Sohn 9 Jahre, Primarschule*

Familie C

Eltern	Mutter 38 Jahre / Vater 43 Jahre
Heimatprovinz bzw. -region der Familie	Konya (Zentral-Türkei)
Zweiter Wohnort vor der Ausreise	Keiner
Ethnische Zugehörigkeit	Kurdisch
Konfession	Islamische Sunniten
Ausbildung in der Heimat	Mutter 5 Jahre Primarschule Vater Gymnasium mit Abschluss
Berufliche Situation in der Heimat	Mutter Hausfrau Vater Gymnasiumsschüler
Einreise in die Schweiz	Mutter 1986, Heirat Vater 1982, als Flüchtling
Aufenthaltsstatus	Doppelbürger
Ausbildung in der Schweiz	Mutter keine Vater keine
Aktuelle berufliche Situation	Mutter Hausfrau Vater selbständiger Taxifahrer
Aktueller Wohnort	Stadt
Kinder	Tochter Sevser, 1990, 2. Sek. A Sohn Canfeda, 1993, 1. Sek. A *Nicht in Stichprobe: Tochter 9 Jahre, Primarschule*

Familie D

Eltern	Mutter 37 Jahre / Vater 41 Jahre
Heimatprovinz bzw. -region der Familie	Mutter Deutschland Vater Sakarya und Istanbul (Nordwest-Türkei), Vater lebte 16 Jahre in Istanbul
Zweiter Wohnort vor der Ausreise	
Ethnische Zugehörigkeit	Türkisch
Konfession	Islamische Sunniten
Ausbildung in der Heimat	Mutter Berufslehre als Coiffeuse (in Deutschland) Vater Abbruch des Gymnasiums im 1. Jahr

Stichprobe 179

Berufliche Situation in der Heimat	Mutter Coiffeuse (in Deutschland) Vater keine Erwerbsarbeit
Einreise in die Schweiz	Mutter 1989, Heirat Vater 1978, Familienzusammenführung
Aufenthaltsstatus	Vater und Mutter Bewilligung C
Ausbildung in der Schweiz	Mutter keine Vater keine
Aktuelle berufliche Situation	Mutter Lager-/Speditions-Leiterin Vater Selbstständigerwerbender
Aktueller Wohnort	Landgemeinde
Kinder	Tochter Seda, 1993, 5. Primarklasse

Familie E

Eltern	Mutter 38 Jahre / Vater 38 Jahre

Heimatprovinz bzw. -region der Familie	Sivas (Nordöstliche Zentral-Türkei)
Zweiter Wohnort vor der Ausreise	Vater lebte 5 Jahre in Istanbul
Ethnische Zugehörigkeit	Türkisch
Konfession	Islamische Aleviten
Ausbildung in der Heimat	Mutter Primarschule, 1 Jahr Schule für Schneiderin Vater Abbruch Sekundarstufe I
Berufliche Situation in der Heimat	Mutter keine Erwerbsarbeit Vater Schüler Sekundarstufe I
Einreise in die Schweiz	Mutter 1984, Heirat Vater 1978, Familienzusammenführung
Aufenthaltsstatus	Mutter Einbürgerung Vater Niederlassungsbewilligung C
Ausbildung in der Schweiz	Mutter keine Vater 3 Jahre Primarschule, Anlehre Drucker
Aktuelle berufliche Situation	Mutter Hausfrau (Invalid) Vater Drucker
Aktueller Wohnort	Stadt
Kinder	Tochter Cagla, 1985, Kaufmännische Lehre Tochter Gülden, 1991, 1. Sek. B

Familie F

Eltern	Mutter 41 Jahre / Vater 43 Jahre
Heimatprovinz bzw. -region der Familie	Mutter Istanbul und Sinop (Nordwesttürkei), Vater (Schwarzmeerregion)
Zweiter Wohnort vor der Ausreise	Vater lebte 2 Jahre in Istanbul
Ethnische Zugehörigkeit	Türkisch
Konfession	Islamische Sunniten
Ausbildung in der Heimat	Mutter 5 Jahre Primarschule, 1 Jahr Berufsschule Vater 5 Jahre Primarschule, 2 Jahre Berufsschule
Berufliche Situation in der Heimat	Mutter keine Erwerbsarbeit Vater Elektriker
Einreise in die Schweiz	Mutter 1980, Familienzusammenführung Vater 1987, Heirat
Aufenthaltsstatus	Doppelbürger
Ausbildung in der Schweiz	Mutter keine Vater keine
Aktuelle berufliche Situation	Mutter Hausfrau, Reinemachefrau Vater Staplerfahrer/Sandstrahler
Aktueller Wohnort	Stadt
Kinder	Sohn Selcuk, 1988, 10. Schuljahr Tochter Senay, 1990, 1. Sek. B Tochter Rukiye, 1994, 2. Primarklasse

Familie G

Eltern	Mutter 36 Jahre / Vater 4 Jahre
Heimatprovinz bzw. -region der Familie	Mardin (Südost-Türkei)
Zweiter Wohnort vor der Ausreise	14 Jahre Mersin (Süd-Türkei)
Ethnische Zugehörigkeit	Kurdisch
Konfession	Islamische Sunniten
Ausbildung in der Heimat	Mutter 3 Jahre Primarschule Vater 5 Jahre Primarschule mit Abschluss
Berufliche Situation in der Heimat	Mutter keine Erwerbsarbeit Vater eigenes Geschäft für Installation von Telekommunikationsanlagen

Einreise in die Schweiz	Mutter und Kinder 2002, als Flüchtlinge Vater 2001, als Flüchtling
Aufenthaltsstatus	Anerkannte Flüchtlinge / Bewilligung B
Ausbildung in der Schweiz	Mutter keine Erwerbstätigkeit Vater keine Erwerbstätigkeit
Aktuelle berufliche Situation	Mutter Hausfrau, Reinemachefrau Vater Staplerfahrer/Sandstrahler
Aktueller Wohnort	Stadt
Kinder	Sohn Nusret, 1991, 1. Sek-C Tochter Sevinc, 1993, 5. Primarklasse *nicht in Stichprobe: zwei Söhne, 10 und 2 1/2 Jahre*

Familie H

Eltern	Mutter 35 Jahre / Vater 43 Jahre
Heimatprovinz bzw. -region der Familie	Maras (Südöstliche Zentraltürkei)
Zweiter Wohnort vor der Ausreise	keiner
Ethnische Zugehörigkeit	Kurdisch
Konfession	Islamische Aleviten
Ausbildung in der Heimat	Mutter 5 Jahre Primarschule mit Abschluss Vater Gymnasiumsabschluss, Kurse als Elektriker
Berufliche Situation in der Heimat	Pflegeassistentin, Hausfrau Vater angelernter Elektriker
Einreise in die Schweiz	Mutter 1991, Familienzusammenführung Vater 1989, als Flüchtling
Aufenthaltsstatus	Anerkannte Flüchtlinge / Niederlassung C
Ausbildung in der Schweiz	Mutter ? Vater keine
Aktuelle berufliche Situation	Mutter Pflegeassistentin Vater angelernter Elektriker
Aktueller Wohnort	Landgemeinde
Kinder	Tochter Dilem, 1987, 2. Klasse Mittelschule Tochter Hanim, 1990, Sek-A (Mittelschulprüfung bestanden) *nicht in Stichprobe: zwei Söhne, 18 und 3 Jahre*

3. Ergebnisse der qualitativen Interviews mit den Eltern und den Peergruppen

Der im Folgenden dargestellte Auswertungsteil der qualitativen Studie fasst jene Resultate zusammen, welche sich auf die mit den acht an unserer Langzeit-Studie beteiligten türkisch/kurdischen Familien sowie mit einigen Peergruppen durchgeführten Interviews beziehen. Auf diesen lag der Schwerpunkt in zwei Phasen des Projekts:

- Im Rahmen des ersten Besuchs bei den Familien wurden die Eltern befragt, um einen detaillierten Überblick über die *Medienausstattung* der Familie und ihre *Mediennutzung* zu erhalten. Methodisch stiegen die InterviewerInnen dabei mit Hilfe eines Fragerasters ein, der einige wichtige Parameter der Mediennutzung quantitativ erhob. Zum Beispiel: Über welche Medien verfügen die Familien? Wo in den Wohnungen befinden sich Medien? etc. Der weitaus längste Teil der Befragung bestand aus einem leitfadengestützten Interview mit den Eltern, in dem sie vom Schwerpunkt her Auskunft über ihren Umgang mit Medien machten.

- Im zweiten Teil der insgesamt eineinhalb Jahre dauernden Begleitung der Familien fanden *Peergruppen-Interviews* statt. Dabei konnte ein jugendliches Mitglied jeder Familie die „besten" Freunde oder Freundinnen zu einem Gespräch einladen. Mit diesem Teil der qualitativen Studie sollte das Medienverhalten der Jugendlichen direkt und nicht über Aussagen der Eltern gefiltert erfasst werden.

Vergleicht man die Elterninterviews mit jenen der Peergruppen, so fällt auf, dass die *Beziehungen der Eltern* stark auf Verwandte und türkische Bekannte gerichtet sind. Demgegenüber sind die *Peergruppen der Jugendlichen* sehr stark durchmischt. Beste Freunde und Freundinnen in einer Peergruppe können, wie in einem Fall, fünf kurdische Jugendliche sein, aber auch eine Gruppe mit je einem italienisch/schweizerischen, einem tschechischen und einem türkischen Jugendlichen. Möglicherweise zeichnet dieses Beziehungsmuster einen Generationsunterschied nach, indem die nachwachsende Generation sich stärker am Leben in der Schweiz und mit Kolleginnen und Kollegen orientiert, so dass der Bezug zum kulturellen Lebenskreis der Herkunft an Bedeutung verliert.

3.1 Die Mediennutzung in den Familien

Versucht man die Resultate zur Mediennutzung in einer ersten Übersicht auf den Punkt zu bringen, so fällt zuerst auf, dass die von uns befragten türkischen und türkisch/kurdischen Familien über eine Vielzahl von Medien verfügen und sich dabei gegenüber einheimischen Familien kaum unterscheiden. Fast jede Familie verfügt auch über neuste Medien wie DVD-Player, Computer, Handy, Digital- und Videokameras, die erst in den letzten Jahren zu einem größeren Teil in die Haushalte vorgedrungen sind. Aber auch mit traditionelleren Medien wie Fernseher, Radio und Kassettengeräte sind die Familien sehr gut ausgestattet; viele verfügen über mehrere Geräte.

Generell fällt bei der Geräteausstattung zudem auf, dass von den Standorten her die Wohn- und die Kinderzimmer im Mittelpunkt stehen. Vor allem gleichen die Kinderzimmer zum Teil wahren Technoparks. Der Grossteil der genannten elektronischen Geräte wird also, so die daraus abzuleitende Folgerung, vorwiegend von den Kindern genutzt. Dies betrifft nicht zuletzt die CD-Player, die als Musikmedium in allen Kinderzimmern (oft mehrfach) anzutreffen sind. Bei den Eltern ist die Medienausstattung hier (wie auch bei Videos und DVDs) weit geringer.

Abb. 2: Medien und ihre Standorte in den Familienwohnungen

Basis: 8 Familien	Anzahl	Standorte			
		Wohn- zimmer	Schlaf- zimmer Eltern	Kinder- zimmer (K/M)	anderer Ort
Satellitenempfänger	7	7			
Fernseher	12	8		3	1 Küche
Radio	16	3	1	7	2 Küche 3 Auto
Kassettenspieler	15	2		9	2 Küche 2 Auto
CD-Player	12	1		11	
DVD-Player	7	5		2	
Video-Player	7	5		1	1 Keller
Spielkonsolen	3			3	
Computer	10	1		6	3 Arb.zimmer
Telefon Festnetz	9	6	2	1	1 anderes

Abb. 2 fasst zusammen, wie sich die wichtigsten der neueren Medien (inklusive Fernsehen und Radio) auf die einzelnen Standorte innerhalb der acht Wohnungen verteilen. Aus den qualitativen Interviews, die im Anschluss an die Medienerhebung durchgeführt wurden, geht zudem hervor, dass die Gewohnheiten der Befragten recht ähnlich sind: Fernsehen und Zeitungen/Zeitschriften stehen im Vordergrund des Interesses, während das Radio eher ein Begleitmedium ist, das im Hintergrund läuft. Auch die Computernutzung ist bei den meisten der befragten Eltern relativ gering. Was die Sprache betrifft, so werden *Medien meist in beiden Sprachen genutzt*, deutschsprachige Medien je nach Sprachkompetenz aber unterschiedlich intensiv. Insgesamt ist das Medienprofil von Frau D für die befragte Stichprobe recht typisch, wenn sie berichtet:

Frau D: „Ich nutze vornehmlich den Fernseher. Abends schaue ich schon mehrere Stunden fern. Für Nachrichten, die Tagesschau, Dokumentarfilme und Filme sowie Unterhaltungsprogramme wähle ich fast nur Sender in deutscher Sprache, wie *Euronews*, *Spiegel TV*, *Stern TV* oder *NTV*. Türkische eher nur für Serien. Sportsendungen bzw. Fußballsendungen schaue ich auch an, aber eher als Co-Fernseherin. Sehr selten schaue ich Nachrichten auf Türkisch. Es gibt zurzeit einige Serien wie „Istanbul Masali" (*ATV*) und „Yabanci Damat" *(Kanal D)*, welche ich ebenfalls auf den türkischen Sendern schaue. Radio höre ich an der Arbeitsstelle, wo es den ganzen Tag läuft, eher im Hintergrund natürlich. Das ist meistens das *Lokalradio Zürisee*. Zeitungen lese ich schon, auch eher an der Arbeitsstelle, nur auf Deutsch, es sind *Tages-Anzeiger*, *20 Minuten* und so. Zeitschriften wie *Stern*, *Spiegel* und Frauenzeitschriften, *Bunte*, *Gala* und *Annabelle*. Wobei ich die ersten zwei eher an der Arbeitsstelle lesen kann, sehr selten kaufe ich sie. Hingegen kaufe ich öfters die letzten drei Zeitschriften. Auf Türkisch lese ich keine Zeitungen, Bücher und so. Ein wichtiger Grund dafür ist, dass meine schriftlichen Türkischkenntnisse sehr schlecht sind. Das Internet nutze ich schon, auch eher am Arbeitsplatz, für meine privaten Interessen, ich meine, wenn ich nach Informationen und so suchen will. Ebenfalls fürs Mailen brauche ich das Internet."

Das Beispiel zeigt, dass sich die Mediennutzung nicht wesentlich von einer schweizerischen Durchschnittsfamilie unterscheidet, außer vielleicht dadurch, dass beim Fernsehen *der Empfang über Satellit* viel häufiger ist. Dies gibt den Befragten die Möglichkeit, vermehrt türkische bzw. kurdische Medienangebote zu nutzen, wobei die Verteilung auf die Sprachen den jeweils vorhandenen Sprachkompetenzen entspricht. Für Frau D bedeutet dies, dass sie sehr häufig türkische Fernsehprogramme sieht. Da sie jedoch nur schlecht türkisch lesen und schreiben kann, bevorzugt sie bei den Printmedien deutschsprachige Produkte. Einfach ist heute auch der Zugang zur türkischen Presse geworden, die an den Kiosken oft in aktuellen europäischen Ausgaben zur Verfügung steht, oder zu türkischen Internet-Angeboten, die auf Knopfdruck erreichbar sind.

Am Beispiel von Frau D stellt sich zudem die Frage, ob sich in der von uns gewählten Stichprobe größere *Geschlechterunterschiede* zeigen. Ein erster Hinweis ergibt der Frageraster mit Hinblick auf den Fernsehkonsum. Hier belegen die Ergebnisse, dass die Frauen deutsches Fernsehen weniger nutzen als türkisches (drei versus sechs), während dieser Unterschied bei den Männern keine Rolle spielt (sechs versus sieben). Dies deutet darauf hin, dass die Kenntnisse der deutschen Sprache bei den Frauen oft geringer sind. Sie sind meist im Rahmen des Familiennachzugs in die Schweiz gekommen und leben als Hausfrauen in der Familie, wo sie vorwiegend türkisch sprechen, während ihre Männer außer Haus arbeiten, dort mit schweizerischen Kollegen zusammenkommen und am Arbeitsplatz eher deutsch sprechen. Es fällt auf, dass die Männer meist besser deutsch sprechen und dass mehrere Frauen Mühe haben, sich flüssig in der deutschen Sprache auszudrücken. Mangelnde Sprachkenntnisse sind denn auch ein Grund dafür, dass Frau G. vor allem türkisches Fernsehen schaut: „Weil ich auf Deutsch nicht viel verstehe, ziehe ich Programme auf Türkisch vor." Zu diesem Muster passt, dass auch Radio und Handy mehr von den Männern genutzt werden, denn wer außer Haus unterwegs ist, benötigt eher ein Handy oder hört im Auto Radio.

Auch dort, wo es in den Interviews um politische Fragen und News geht, äußern sich eher die Männer zu diesen Themen und geben sich darüber orientiert. Die Frauen sind, in Gegenwart des Ehemannes, öfters still, überlassen ihren Männern das Sprechen, schließen sich deren Meinung an oder bringen vereinzelt Ergänzungen an. In diesem Sinne verraten die Interviews in Hinblick auf Außen- oder Innenorientierung eine *traditionelle Haltung*. Deutlich wird dies auch daran, dass sich die Männer sehr oft in türkischen oder kurdischen Vereinen treffen, während sich Frauen, wenn sie sich außerhalb des Hauses aufhalten, dies eher in einem Café tun.

Allerdings arbeiten auch einige Frauen außerhalb des eigenen Haushalts, zum Beispiel Frau B, die im familieneigenen Reisebüro tätig ist, oder Frau H, die an ihrem Arbeitsplatz Zugang zu Zeitungen erhält: „Für mich ist die Zeitung wichtig, da ich viele Zeitungen lese, und zwar hauptsächlich auf Deutsch. Auch an meinem Arbeitsplatz lese ich Zeitungen. Ich lese auch Zeitungen auf Türkisch, aber viel weniger als auf Deutsch."

Das Zitat belegt, dass es zu einfach ist, hier das Geschlecht allein als Variable in den Vordergrund zu rücken. Vielmehr kann das oben beschriebene Verhalten auch damit zusammenhängen, dass Frauen sich stärker auf das Leben im Kreis der Familie konzentrieren. Demgegenüber kann die außerhäusliche Arbeit einen Indikator für ein Interesse an der öffentlichen Kommunikation darzustellen und die Teilhabe an dieser gelingt leichter, wenn man auch Sprachkompetenzen gewinnt, wodurch wiederum das öffentliche Leben in der Schweiz besser erfahrbar wird.

Die in dieser Einleitung zusammengefasste allgemeine Übersicht soll im Folgenden durch eine nach Medientypen gegliederte differenzierte Darstellung vertieft werden. Diese umfasst Fernsehen, Telefon, Printmedien, Computer und weitere Medien (Radio, Film).

3.1.1 Fernsehen

In den qualitativen Elterninterviews wird mehrfach der *Fernseher als wichtigstes Medium* bezeichnet. Im oben wiedergegebenen Ausschnitt des Interviews mit Frau D wird diese von ihrem Mann sekundiert: „Ich nutze am meisten oder besser gesagt nur den Fernseher." Ähnlich betont Herr B die zentrale Position des Mediums Fernsehen, wenn er berichtet: „Mit dem Aufkommen der Satelliten, hat sich dann unsere Mediennutzung im Verlaufe der Zeit massiv geändert, zu Gunsten des Fernsehens natürlich. Das ist auch ein Grund, warum ich nicht mehr so oft wie früher türkische Zeitungen lese."

Gerade das Aufkommen des Satellitenfernsehens hat die Mediengewohnheiten im Milieu der türkischen MigrantInnen stark verändert, wie die Befragten immer wieder betonen (vgl. auch Abb. 49 im quantitativen Teil dieser Arbeit). Herr B ist denn auch keine Ausnahme: Sieben der acht befragten Familien sehen mit einem Satellitenempfänger fern, was es ihnen ermöglicht, direkt auf türkische oder kurdische Sender zuzugreifen.[11] Mehrere Familien bewerten diesen Wandel in ähnlicher Weise wie Herr E: „Früher gab es keine Satellitenantenne und so waren wir gezwungen, andere ausländische Sender anzuschauen. Mit der technologischen Entwicklung haben sich auch neue türkische Sender entwickelt, so dass wir jetzt natürlich die türkischen Sender vermehrt anschauen. Seit circa vier Jahren gibt es diese Möglichkeit." Die *starke Gewichtung der türkischen Sender bei der Mediennutzung* – nicht-türkische Sender werden von Herrn E als ausländisch charakterisiert – wird beim Frageraster daraus deutlich, dass die Befragten bei der Kategorie „täglich" neun Mal das deutsche und dreizehn Mal das türkische Fernsehen nennen.

---

11 Allein Familie H hat dem Druck nach dem Satellitenfernsehen bisher widerstanden. Herr H meint denn auch dezidiert: „Wir haben sowieso keine Satellitenantenne. So haben wir keine türkischen Sender. Ich denke nicht, einen Satellitenantenne zu kaufen. Meine Frau hört von anderen hie und da, welche Serien interessant wären. Sie wird neugierig, denkt, dass die Serien aufregend sein könnten, was ich nicht glaube. Aber ich glaube nicht, dass wir uns einen Satelliten anschaffen werden, um türkischsprachige Sender zu empfangen."

Die Möglichkeiten des Satellitenfernsehens bestehen insbesondere darin, dass man über eine viel größere Auswahl an Programmen verfügt und nicht an die Vorgaben eines Kabelbetreibers gebunden ist, welcher die deutschsprachigen Sender mit Vorrang behandelt. So ist man nicht mehr gezwungen, deutschsprachige Sender zu sehen, wie das auch Herr A für die Zeit davor konstatiert. Vielmehr habe man, wie Herr B anmerkt, jetzt Zugriff auf 39 türkische Fernsehsender. Diese Möglichkeiten haben sich dadurch ergeben, dass sich auch in der Türkei der vorher staatlich kontrollierte Fernsehmarkt seit den 90er Jahren dereguliert hat. Damit entwickelte sich auch hier – ähnlich wie in den übrigen europäischen Ländern – ein privates Fernsehen mit einer großen Angebotsvielfalt.[12]

Diese Vielfalt kann jedoch zu Lasten anderer Medienformate gehen. Mehrere der Befragten merken an, dass ihre *Lesetätigkeit abgenommen* habe. So betonen Herr und Frau B, dass das Satellitenfernsehen ein wesentlicher Grund dafür sei, dass sie nicht mehr so oft wie früher türkische Zeitungen läsen. Aber auch die Nutzung des deutschsprachigen Fernsehens ist dadurch bei vielen der Befragten zurückgegangen, etwa, wenn Herr F oder Herr C betonen, dass sie früher, das heißt vor den Zeiten des Satellitenfernsehens, ausschließlich Sender wie *DRS, ZDF, ARD* etc. geschaut hätten. Und Frau C fügt hinzu: „Stimmt, das war bei mir auch so. Ich meine, seit die türkischen TV-Sender da sind, hat sich meine Mediennutzung total geändert. Es hat natürlich auch mit der Sprache zu tun. Türkisch verstehe ich natürlich viel besser als Deutsch."

Gemeinsames Fernsehen in der Familie versus Zweitgerät

Beim Fernseher zeigt sich zudem der *Trend zum Zweitgerät*, das bei drei Familien im Kinderzimmer steht, bei zwei weiteren in der Küche. Die Anschaffung eines zweiten Gerätes löst dabei die Auseinandersetzungen über die Programmwahl: im einen Fall dadurch, dass die Jugendlichen über ein eigenes Gerät verfügen, im zweiten Fall dadurch, dass die Mutter einen eigenen Fernseher in „ihrem Bereich" (Küche) erhält. So erzählt Herr F im Interview, dass es Diskussionen gegeben habe, wenn sich Eltern und Kinder nicht über ein Programm einigen konnten, oder wenn sich die Lieblingsprogramme überlappten. Im Falle einer Uneinigkeit sei dann der Fernseher ganz ausgeschaltet worden. Dies habe sich durch den Zweitfernseher verändert:

Herr F: „Jetzt schauen wir beide hier. Wir schauen manchmal den anderen Fernseher in der Küche und rauchen." Frau F: „Das ist keine Strafe seitens der Kinder. Sie wissen, dass sie uns nicht strafen können."

---

12 Informationen zur generellen Entwicklung des türkischen Medienmarktes und der damit verbundenen politischen Strömungen finden sich im Kapitel 1.2 des qualitativen Teils.

Die Einlassung von Frau F macht deutlich, dass sie diese Situation des Rückzugs aus dem Wohnzimmer eigentlich nicht ganz natürlich findet. Deshalb versucht sie, den von den interviewenden Gästen möglicherweise einzubringenden Einwand, dass es eine Strafe sei, in die Küche „verbannt" zu werden, gleich entschuldigend vorwegzunehmen. Jedenfalls scheint der Zweitfernseher, mindestens in diesem Fall, wo sich die Eltern um des Familienfriedens willen auch einmal in die Küche zurückziehen, ein Mittel der Konfliktvermeidung zu sein.

Das gemeinsame Fernsehen in der Familie scheint jedoch auch insgesamt im kulturellen Setting der türkisch/kurdischen Familien weniger ausgeprägt als bei vielen schweizerischen Familien. Zwar läuft der Fernseher oft über mehrere Stunden, wobei er aber eher ein Begleitmedium darstellt, wo sich einzelne oder kleine Gruppen immer wieder einmal davor setzen. Geht es aber darum, dass gezielt ein bestimmtes Programm aufgesucht und von allen Familienmitgliedern geschaut wird, so bezieht sich dies auf wenige Programme bzw. bevorzugte Genres. Oft sind es bestimmte Serien, die gemeinsam gesehen werden, wie der Cartoon *Spon* in der Familie G, oder auch türkische Serien wie *Kurtlar Vadisi* (Familie C), *Ikinci Bahar* und *Gurbet Kadini* (Familie A), *Bir Istanbul Masali* und *Yabanci Damat* (Familie D) oder *Çocuklar duymasın*, eine Serie, welche Familie C am Sonntag gemeinsam anschaut. Daneben werden Dokumentarfilme über Tiere bei Familie G und Fußball bei Familie F als Genres genannt, die gemeinsam angeschaut werden.

Allerdings ist es nicht immer so, dass dieses gemeinsame Fernsehen geschätzt wird. Gerade im Fußball kann es Minderheiten geben, die damit wenig anfangen können. So erzählt Herr C, dass er bei Fußballübertragungen oft Mühe habe, sich durchzusetzen, was dann in Streit mit der jüngsten Tochter münde. Und in Familie F verlassen die Mutter und die jüngste Tochter bei Fußballsendungen den Raum.

Zusammenfassend haben die InterviewerInnen bei Familie E das ihnen typisch erscheinende Verhalten wie folgt charakterisiert: „Ein bewusstes Vorgehen bei der Auswahl der Programme, eine bestimmte Familienentscheidung gibt es nicht, sondern sie richten sich vor allem nach dem Inhalt des Programms. Der Vater schaut ein Programm länger, wenn er vom Inhalt mitgerissen wird. Ein gemeinsamer Nenner wird zufällig über das Programm bzw. über Serien gefunden. Sie planen keine Treffen, um gemeinsam etwas zu schauen, sondern werden vor allem zufällig durch ein Programm zusammengebracht."

Genre und Inhalte der Medien

In den geführten Interviews wird deutlich, dass sich die Fernsehpräferenzen der Befragten auf einige wenige spezifische Genres beziehen, welche bei der Mediennutzung an der Spitze stehen. Dies wird in der entsprechenden mit Maxqda generierten Codierungen deutlich, wo vor allem drei Genres im Mittelpunkt stehen, die von den Interviewten immer wieder angesprochen werden: Fernsehserien (Soaps), Sportsendungen und Informationssendungen (Nachrichten/ News).

Fernsehserien. Klar im Zentrum stehen die Fernsehserien, die oft von der ganzen Familie oder von Teilgruppen geschaut werden. Bei den Nennungen überwiegen dabei die türkischen Serien im Verhältnis von 10:2. Um den Charakter dieser Serien etwas zu verdeutlichen, sei kurz inhaltlich auf einige der meistgenannten Sendungen eingegangen:

- *Ikinci Bahar* ist eine der bekanntesten türkischen Serien mit beliebten Schauspielern wie Turkan Soray und Sener Sen. Alle Ingredienzien einer Soap Opera kommen darin vor: Romanzen, familiäre Beziehungen, komödienhafte Bezüge, familiäre Irrungen und Wirrungen, Konflikte und Verrat.
- *Yabanci damat* ist eine der meist gesehenen TV Serien des Jahres 2005. Nazli, ein Mädchen von Gaziantep, will ihren Kinderfreund Kadir nicht heiraten, brennt von zuhause durch und geht nach Bodrum. Hier trifft sie Niko, in den sie sich verliebt. Doch damit stellt sich ein riesiges Problem, da Niko Grieche ist. Trotz des gespannten Verhältnisses zwischen Griechen und Türken heiraten beide und kehren nach Gaziantep zurück, wo die Comedy ihren Anfang nimmt.
- Die am häufigsten genannte und offensichtlich beliebteste Serie ist *Kutlar Vadisi* (Das Tal der Wölfe), eine Serie über eine gigantische Mafia-Organisation und einen Geheimagenten, der sich einer Gesichtsoperation unterzogen hatte. Herr A interpretiert diesen Film wie folgt: „Beim ersten handelt es sich um einen Mafiafilm, aber in Wirklichkeit sehen wir im Film, was für Machenschaften in der Türkei liefen bzw. laufen. Verfilzung von Mafia und Staat usw., und der Film spielt zu einer Zeit, die auch wir miterlebten. Um 1980 herum, politische Entwicklungen bzw. Konflikte, Streitigkeiten etc. So sehen wir teilweise uns selber oder einen Teil von uns in diesem Film."

Soaps sind also, wie es das Zitat von Herrn A ausdrückt, nicht allein deswegen interessant, weil es sich um berührende und interessante Geschichten handelt, welche durch ihre regelmäßigen Fortsetzungen die Familie immer wieder an den Bildschirm holen. Die Zusehenden glauben, dadurch auch etwas über die Verhältnisse in ihrer ehemaligen Heimat zu erfahren und dies kann auch Negatives sein, wie im Beispiel von Herrn A, der sich in seinen Vermutungen über die

Verfilzung von Macht, Mafia und Staat bestätigt fühlt. Nicht zuletzt sind diese Serien auch deshalb beliebt, weil sie ebenfalls in der Türkei laufen und damit auch *Gesprächsstoff* mit den Verwandten sein können, die dort leben. Auf einer symbolischen Ebene drückt dies aus, dass man in der globalen Gesellschaft der türkischsprachigen Gemeinschaft auch in Deutschland oder der Schweiz auf dem gleichen Informationsstand wie in der Türkei selbst sein kann.

Sportsendungen. Neben den Soaps stehen Sportsendungen im Mittelpunkt des Interesses, die ebenfalls häufig von der ganzen Familie angeschaut werden. Bei den Sportarten dominiert der Fußball. Familie D hat sogar einen speziellen türkischen Sportsender abonniert, der ausschließlich Fußballspiele überträgt. Dabei sind es im Allgemeinen die männlichen Jugendlichen und die Väter, für welche der Fußball, und hier primär die Spiele der türkischen Vereine, im Vordergrund steht – wie im Fall der Familie F, wo Frau F berichtet: „Ich und meine kleine Tochter verlassen den Raum und die anderen schauen." Daneben gibt es aber auch Ausnahmen, so etwa in der Familie D, wo Tochter Seda ein genauso großer Fehnerbaçe-Fan ist wie ihr Vater. Und Herr B gesteht ein: „Meine Frau ist ein Fußballfan, sie kennt die Fußballregeln besser als ich." (Gelächter).

Wo aber das Sportinteresse über den (türkischen) Fußball hinausgeht, spielen deutschsprachige Sendungen eine zentrale Rolle. So schaut Herr G öfters Eurosport: „Ich schaue mir keine Filme zur Unterhaltung an, sehe aber sehr gerne den Sender Eurosport. Als Hobby schaue ich den TV-Kanal Eurosport. Zum Beispiel Skifahren finde ich schön." Ähnlich gelagert ist das Interesse in der Familie C beim Sohn Canfeda, der im Gegensatz zu seinem Vater deutschsprachige Sportprogramme verfolgt. So berichtet Herr C: „Ja, mit dem Sohn zusammen schauen wir uns manchmal Sportübertragungen an. Dazu wählen wir eher Sendungen deutscher Sprache, deutsche oder Schweizer. Canfeda interessiert sich auch für andere Sportarten wie Ski, ich aber nicht. Ich bleibe in der Regel beim Fußball. Für Fußballübertragungen beinahe ausschließlich aus der Türkei (für mich) kommen eher türkische Sender in Frage, wie *Star-TV*."

Informationssendungen. Ein dritter Schwerpunkt sind Nachrichten und News, die sowohl auf Deutsch wie auf Türkisch geschaut oder, zum Beispiel beim Autofahren, am Radio gehört werden. Es werden auch politische Informationssendungen wie die Schweizer Info-Magazine *‚Arena'*, und *‚Kassensturz'* oder die Sendungen von *‚Tele-Züri'* genannt. Hinzu kommt der bereits beschriebene Zugriff auf Zeitungen und Zeitschriften, der bei einzelnen recht intensiv ist. Die Ergebnisse zu Informationssendungen werden im Kapitel 3.2.5 dieser Auswertung noch vertieft dargestellt.

Weitere Genres. In den Befragungen werden auch weitere Genres erwähnt wie Unterhaltungs- und Showprogramme, Tier- und Dokumentarfilme, Kinderfilme,

Spielfilme und Magazine. Dennoch wird aus den Gesprächsanteilen in den Interviews her klar: Beim Medienkonsum stehen bei den Befragten ganz deutlich Fernsehserien bzw. Soap Operas, Sport/Fußball und News/Nachrichten im Zentrum.

Wenn Jugendliche dagegen *unter sich fernsehen*, dann sind es weniger türkisch wie deutschsprachige Programme. Die Resultate der qualitativen Studie entsprechen in dieser Hinsicht der quantitativen Untersuchung (vgl. Quantitative Perspektiven, Kapitel 9.1). Dies ist auch gegeben, weil in gemischtkulturellen Gruppen die Freundinnen und Freunde kaum türkisch verstehen und die deutschsprachigen Programme der gemeinsame Nenner sind. Inhaltlich geht es dabei um Serien, die gerade aktuell sind, um Musiksender und Fußball. In einem der Peergruppen-Interviews berichten die Beteiligten auf die Frage der Interviewerin, welche Sendungen und Sender sie nutzten, folgendes:

> H.: „Also, meistens schauen wir immer auf PRO7 *O.C.* oder *Charmed* oder so." C.: „Ja, oder *Desperate Housewifes*." H.: „Ja, genau."
>
> Interviewerin: „MTV…"
>
> H.: „Ah, ja genau. "R.: „...Viva." D.: „Schauen und hören Viva, MTV" H.: „Genau, ja!"

Diese Sendungen sind dann auch Gesprächsstoff in der Schule und in der Gruppe der Jugendlichen. Voraussetzung ist allerdings, wie die Jugendlichen in einem Interview betonen:

> S.: „Also wenn es interessant gewesen ist schon." A: „Also es gibt so Sendungen, die wir, glaub' ich, alle schauen, und dann reden wir am nächsten Tag alle darüber, dann sagen wir, ob es zu uns passt."

Generell zeigt sich beim Fernsehverhalten der Befragten ein Trend zu den globalen Themen der Jugendkultur (Fußball, MTV, angesagte Serien), während das Fernsehen der Herkunftskulturen eine geringere Rolle spielt. Auch die Schweizer Fernsehsender SF1 und SF2 werden sehr kritisch betrachtet. Im Vergleich mit den deutschen Sendern meinen Jugendliche aus einer der Peergruppen:

> Y.: „Ja...es ist…" G.: „...Pro7 ist schon besser." Y.: „„...ja!" G.: „Ja, da kommt fast die ganze Zeit etwas Cooles, zum Beispiel. Aber auf SF1 und SF2 nur selten so etwas Gutes."

Ähnlich lautet das Verdikt einer Jugendlichen aus einer anderen Gruppe zum Schweizer Fernsehen: A.: „Out". Und sie fügt hinzu: „Also das DRS 2 ist am Morgen gut, aber nachher ist es dann auch out." Ihre Kollegin S. ergänzt: „Dann kommen so Scheiß-Spiele oder so."

Die Jugendlichen finden Schweizer Fernsehen ganz grundsätzlich langweilig. Es sei ein Möchtegern-Fernsehen mit Sendungen, welche die aktuell bekannten Sendeformate lediglich nachahmten. H: „So Möchtegern-Serien wie zum Beispiel *Bianca* und so." Manche stört auch das Schweizerdeutsche, das auf sie provinziell wirkt.

3.1.2 Telefon

Das Telefonieren hat vor allem auf dem Festnetz in den letzten Jahren eine tief greifende Veränderung erfahren, wie dies Cairncross (1996) mit Bezug auf Überseetelefonate wie folgt beschreibt: „Das erste transatlantische Unterwasserkabel konnte 1956 gleichzeitig 89 Telefongespräche übermitteln. Die Einrichtung einer einzigen Gesprächsleitung kostete 557'000 Dollar. Für ein dreiminütiges Telefongespräch über den Atlantik zahlte man damals etwa gleichviel wie heute für einen Flug. Einen solchen Luxus konnten sich nur Regierungen, Grossunternehmen und schwerreiche Leute leisten. Zudem war eine Transatlantikverbindung nicht nur sehr teuer, sondern auch schwierig zu bekommen."

Generell sind die Preise für Auslandstelefonate in den Neunzigerjahren zusammengebrochen. Ein Anruf in die Türkei kostete zur Zeit der vorliegenden Interviews bei Swisscom 0.65 Franken pro Minute, wobei diese Kosten mit Telefonkarten noch unterboten werden. Und Telefongespräche mit Verwandten im angrenzenden Ausland (Deutschland, Frankreich, Italien u.a.) sind noch günstiger. Dies bedeutet, dass auch bei unseren Befragten ein Telefonanruf bei Verwandten im nahen Ausland oder in der Türkei nichts Ungewöhnliches mehr ist. Per Telefon kann man sich schnell und direkt unterhalten, wobei es von den Kosten her auch nicht mehr nötig ist, gleichsam mit der Stoppuhr zu telefonieren.

Neben dem (Festnetz-)Telefon mit insgesamt 19 Apparaten verfügen alle Familien auch über Handys, die teils über Abonnemente (18), teils über Prepaid-Karten (9) betrieben werden. Von den genannten Zahlen her bedeutet dies, dass fast alle Familienmitglieder, auch die Jugendlichen, über ein eigenes Handy verfügen. Dabei wird von einigen Familien angedeutet, dass es bei der Anschaffung des eigenen Handys wohl Konflikte gab. Charakteristisch ist die Darstellung von Herrn G: „Sie machte uns Probleme wegen eines Mobiltelefons. Am Schluss hat sie sich durchgesetzt und es bekommen, weil alle in der Schule ein Handy haben." Es dürfte die Regel sein, dass sich die Kinder mit diesen oder ähnlichen Argumenten am Schluss erfolgreich durchsetzten. Abb. 3 gibt eine Übersicht über die Nutzung (quantitative Erhebung).

Im Telefonbereich ist die Nutzung intensiv, wobei vor allem die Männer als der mobilere Teil der Familie das Handy sehr häufig nutzen (7 von 8). Allerdings ist

Abb. 3: Telefonnutzung in der Familie

Anz. Personen	Täglich	Mehrmals pro Woche	Einmal pro Wo.	Einmal pro Mt.	Seltener	Nie	Stunden und Min.
Telefonieren im Festnetz	4/5	3/2	0/1			1/0	1.20', ½, ½, 20', 1, ½
Handy zum Telefonieren	7/2	0/2		1	0/1	0/0	1, 10', ½, 1, 7, 30', 3
Mit dem Handy gamen	0/1					8/7	

wegen der Kosten beim Telefonieren das Festnetz erste Wahl (vor allem bei Auslandtelefonaten, welche zu viel zu hohen Roaming-Kosten führen würden.[13] Typisch für die Befragten ist das Verhalten der Familie A: „Besuche finden schon noch statt, aber nicht mehr so oft. Dafür telefonieren wir oft, eher im Festnetz. Handys bzw. SMS kommen selten zu diesem Zweck zum Einsatz. Sehr selten, wenn ich meinen Neffen und/oder meine Nichte in der Türkei erreichen will und sie nicht zu Hause sind, dann sende ich ein SMS, um einen Termin fürs Telefonieren (von Festnetz zu Festnetz) festzulegen. Aber wir pflegen Kontakte eher über das Telefon (Festnetz). E-Mails, Chatten oder Briefsenden mache ich nie."

Dass bei Kontakten mit der Türkei das *Telefon beliebt* ist und das *Schreiben von Briefen wenig vorkommt*, erklärt Frau H wie folgt: „Mit meinen Verwandten pflegen wir unsere Kontakte per Telefon und zwar sehr oft. Viele sind in der Türkei. Meine Mutter kann nicht lesen und schreiben. Weil Telefon ein ziemlich schnelles Kommunikationsmittel ist, benutzen wir vor allem Telefon." Ähnlich betont Herr G, er pflege keine Briefkontakte, nicht einmal nach Imrali (der Insel, wo der Kurdenführer Öcalan seine Strafe absitzt) habe er einen Brief geschrieben.

Ein Grund für die Bevorzugung des Telefons mag sein, dass die mündliche Kommunikation viel authentischer und spontaner erscheint wie das Schreiben von Briefen.[14] Gerade das Telefon stellt eine synchrone Form der Kommunikation dar, wo man gleichzeitig „auf Linie" ist und sich also wechselseitig anspre-

---

13 So erklärt Herr F: „Auf dem Festnetz bzw. Internetanschluss rufen wir diejenigen in der Ferne an, innerhalb der Schweiz kommt auch Mobil zum Einsatz."
14 Anders ist dagegen das Verhalten von Frau F: „Es gibt einige in der Türkei, zu denen ich Briefkontakte habe. Meine Tochter chattet mit ihnen und das ist für mich die Möglichkeit, mitzumachen." Aber im zweiten Teil der Aussage zeigt sich, wie auch hier das traditionelle Muster des Briefeschreibens aufgeweicht wird.

chen kann. Auch SMS kann dies nicht ersetzen, da sich dieses Medium nur für kurze asynchrone Mitteilungen eignet und generell eher ein Medium der Jungen ist, während ihre Eltern oft Mühe haben, Nachrichten über eine Zehnertastatur einzugeben. Zudem ist das (Festnetz-)Telefon auch dort erste Wahl, wo die Verwandten in der Türkei Mühe haben, schriftlich zu kommunizieren (per Brief, SMS oder E-Mail).

Kaum Probleme sehen die Eltern beim *Gebrauch* des *Handy* durch ihre Kinder. Sie betonen immer wieder, wie sorgsam und verantwortungsvoll ihre Kinder mit den Handys umgehen. Insbesondere betrifft dies die Kosten. Wie Herr B betont, sind sich die Kinder bewusst, dass Handyanrufe teuer sind: „Mit Telefonieren sind sie sehr sparsam. Beide haben ihre Handys, aber sie brauchen sie in der Regel im Notfall oder wenn wir sie erreichen wollen und so. Und mit ihren Freunden telefonieren sie schon, aber sehr kurz, ich meine, sie führen keine Unterhaltung über das Handy, nutzen es nur für Kontakte." Neben den Kosten betont Familie E als weiteres Beispiel für gerechtfertigtes Vertrauen, dass ihre Tochter auch nicht zu häufig spiele: „Unsere kleine Tochter spielt sowieso nicht mit dem Handy und braucht es auch nicht viel."

Als Beispiel für das entspannte Verhältnis mit ihren Kindern, das aber nicht ganz frei von skeptischen Untertönen ist, mag der Bericht von Familie A gelten, wie sie das Handyproblem mit ihrem Sohn gelöst hat: „Aber im Falle des Sohnes waren wir eindeutig dagegen, dass er ein Handy hat. Aber wenn er irgendwohin geht, meldet er sich vorher selten, wann, wohin, wie lange er geht und wann er zurück ist etc., daher haben wir für ihn ein Handy gekauft (easy),[15] damit wir mindestens anrufen und erfahren können, wo er ist. Schließlich ist er ja ein Kind, er hält sich nicht unbedingt an die abgemachten Regeln. Er setzt das Handy natürlich ein, wo, wann und wie er will. Kontrolle ist schwierig. Aber wir glauben, im Vergleich mit anderen Kindern braucht er das Handy nicht so viel und vor allem nicht willkürlich."

Aus der Perspektive der Jugendlichen belegen die Peergruppen-Interviews den Stellenwert des Handys als Kommunikationsmedium. Telefon und vor allem das Handy werden benutzt, um mit Kollegen und Kolleginnen in Verbindung zu bleiben, und das geschieht, wie sich H. ausdrückt: „Meistens entweder übers Handy, SMS, telefonieren oder sonst über MSN." Gegenüber den Aussagen der Eltern steht in den Peergruppen-Interviews allerdings weniger das Telefonieren vom Festnetz im Mittelpunkt. Wichtig ist für sie die Möglichkeit, schnell und zu jeder Zeit miteinander in Kontakt zu treten. Diese flüchtigen Kontakte, um sich kurz zu verständigen und Treffs abzumachen, finden übers Telefonieren mit dem Handy (dessen Kosten für lange Gespräche zu hoch sind)

---

15 Mit „easy" werden in der Schweiz die Prepaid-Karten von Swisscom bezeichnet.

und über SMS statt. Die Charakteristik dieser Kommunikationsform zeigt der nachstehende Interviewausschnitt mit M., einer schweizerischen Jugendlichen, deutlich:

> Interviewerin: „Was macht das Handy so wichtig?"
> M.: „Für das Telefonieren und SMS'len"
> Interviewerin: „Was würde passieren, wenn du nicht mehr SMS'len könntest?"
> M.: „Es wäre mein Untergang"
> [Lachen]
> M.: „Ja, also passieren würde nichts, aber ..."
> Interviewerin: „Erleichtert es dir was?"
> M.: „Wenn ich in der Stadt bin und meine Freundin nicht kommt, kann ich ihr telefonieren."
> Interviewerin: „Bringt es dir jemanden näher?"
> M.: „Ja."

Die Lebensstile von Jugendlichen haben sich offensichtlich bereits so stark gewandelt, dass das Kontaktmanagement sehr stark von diesen neuen Kommunikationsformen abhängig ist. Wenn es kein SMS mehr gäbe, so lautet die folgerichtige Konsequenz, dann wäre das „mein Untergang". Dank Handy und SMS kann man sich flexibel verabreden und sich sehr kurzfristig absprechen, wenn etwas Außergewöhnliches passiert. Handys, und dabei vor allem SMS, haben deshalb vor allem dort eine Bedeutung, wo Jugendliche in fließende Beziehungsnetzwerke eingebunden sind, in denen sie sich flexibel und oft auch spontan bewegen, Abmachungen treffen und Kontakte pflegen. Dies im Gegensatz zu intensiven Kontakten zu Freunden und Freundinnen, wo man sich viel und ausführlich erzählt und sich in vertieften Gesprächen gemeinsam austauscht. Aus dieser Perspektive bleiben Handy- und SMS-Kontakte denn auch oberflächlich und sind Ausdruck dafür, dass ihnen eine andere Funktion im Kommunikationsprozess zukommt.

3.1.3 Printmedien

Die Anzahl der Bücher streut bei den befragten Familien sehr stark: von 300 Büchern bis zu zehn. Dabei besitzen die meisten Familien sowohl deutsche wie türkische Bücher. Allerdings lässt sich der Trend ableiten, dass die Kinder eher deutsche Bücher lesen bzw., dass die Mehrzahl der deutschsprachigen Bücher in den Kinderzimmern steht. Dies wird noch dadurch verstärkt, dass viele Jugendliche, wie im Verlauf der Studie deutlich wurde, zusätzlich sehr häufig deutsche Bücher aus den schweizerischen Bibliotheken beziehen. Insgesamt bestätigen diese Resultate für die Mehrzahl der Befragten jenen Befund aus der quantitativen Studie, wonach im Bereich der Printmedien Heranwachsende aus Migrationsfamilien deutlich schlechter gestellt sind, vor allem, was die den Kindern selbst gehörenden Bücher betrifft (vgl. Quantitative Studie, Kapitel 7.2).

Schon die Eltern sind generell keine intensiven Leser und Leserinnen. So bleiben die Aussagen zur eigenen Buchlektüre in den qualitativen Elterninterviews blass und wenig ergiebig. Frau H erwähnt, wie sie mit einem kleinen Fernseher und mit einem Buch versucht hat, „eine Zeit lang Deutsch zu lernen. Sie waren für mich eine Quelle, um Deutsch zu lernen." Und Herr G ist generell skeptisch gegenüber Büchern: „Wenn Sie etwas im übertriebenen Masse anwenden bzw. benutzen, bringt dies auch Schaden. Zum Beispiel, wenn ein Kind sich wirklich maßlos Tag und Nacht mit Mathematik befasst oder Bücher liest, ist das auch ungesund. Das Kind kann vielleicht die Welt der Bücher kennen lernen, aber das Leben besteht nicht nur aus den Büchern. Es gibt noch so vieles. Was sich bewegt, ist kein Buch." Dies deutet darauf hin, dass die befragten Eltern keiner Kultur entstammen, in welcher das Bücherlesen einen zentralen Stellenwert einnimmt. Denn Bücher benötigen einen langen Atem und auch gute Sprachkenntnisse. Bei Herrn A, der hier als Beispiel dient, scheint beides problematisch: „Ich lese eigentlich gerne Bücher (früher), aber seit einiger Zeit komme ich nicht mehr dazu. Auf Türkisch. Meine Deutschkenntnisse reichen nicht aus, Bücher zu lesen."

Eher noch greifen die Befragten zu Zeitungen und Zeitschriften, wenn es ums Lesen geht. So liest die Mehrzahl der Familien eine türkische Zeitung (zehn Nennungen, wobei darin einige Vereinsblätter inbegriffen sind). Bei den deutschsprachigen acht Zeitschriften, die aufgeführt werden, sind es vor allem *Gratisblätter*, die in den Haushalten verteilt werden. Handelt es sich nicht um Gratisblätter, werden die Zeitungen oft am Arbeitsplatz gelesen, wie dies Herr A berichtet „In deutscher Sprache lese ich *20 Minuten*, das *Tagblatt* und den *Blick* (Boulevardzeitung). Diese Zeitungen lese ich in der Regel an der Arbeitsstelle während der Pausen. Die ersten zwei sind ja auch gratis." Die zeitlichen Ressourcen, die für das Zeitungslesen eingesetzt werden, sind ebenfalls eher gering. Die 6 von 16 Elternpersonen, welche eine deutschsprachige Zeitung lesen, tun dies 2,7 Stunden pro Woche. Etwas höher liegt der Durchschnitt bei den Lesern und Leserinnen türkischsprachiger Zeitschriften, nämlich 3,5 Stunden. In einer ähnlichen Größenordnung liegt die Nutzung von Zeitschriften, wobei in den Interviews Titel wie *Stern*, *Spiegel* und Frauenzeitschriften wie *Annabelle* oder Boulevardmedien wie *Bunte* und *Gala* genannt werden.

Generell werden bei den deutschsprachigen Zeitungen eher die Gratisblätter wie *20 Minute'* oder das Zürcher *Tagblatt* gelesen. Dabei interessieren insgesamt vor allem *lokale Informationen*, wie der folgende Interviewausschnitt von Frau H verdeutlicht: „Mich interessieren in den Zeitungen, die ich hauptsächlich auf Deutsch lese, vor allem die Informationen darüber, was um uns herum läuft und Aktivitäten im Quartier. Es gibt einige bekannte Kolumnisten, die täglich zur Familie schreiben, die ich gerne lese. Meine Töchter lesen auch Zeitung. Sie interessieren sich auch für die Aktivitäten, Kinoprogramme, möchten wissen, was alles läuft. In solchen Lokalzeitungen gibt es eben solche täglichen Informationen."

Was die überregionale bzw. die politische Presse betrifft, so sind es am ehesten noch die politisch motivierten Kurden, welche bewusst Zeitung lesen, wie Herr C, der täglich Zeitungen auf türkisch liest: *Hürriyet, Milliyet, Özgür Politika* (kurdische Zeitung in türkischer Sprache). Sein politisches Interesse deklariert Herr G, der als Flüchtling in die Schweiz kam: „Entsprechend meiner Situation lese ich politische Artikel in der Zeitung im Internet und schaue politische TV-Programme. Mich interessieren Informationen zur Politik. Meine Schwerpunkte sind die Politik in Kurdistan und im Nahen Osten und dann die Nachrichten zur ganzen Welt."

3.1.4 Computer

Alle Familien verfügen über mindestens einen Computer (insgesamt werden 10 Geräte genannt). Dabei fällt auf, dass die Mehrzahl in den Kinderzimmern steht (vgl. dazu auch die Werte in der quantitativen Studie, Kapitel 7). Vom Anschluss her verfügen die Familien durchwegs über Breitband-Anschlüsse (ADSL oder Cablecom). Diese Tatsache, wonach ausnahmslos alle Familien über einen Computer und einen schnellen Internetanschluss verfügen, erscheint erstaunlich, denn die Geräte sind von der Anschaffung her teuer und man könnte vermuten, dass türkische Familien als Angehörige unterer Schichten aus diesem Grund benachteiligt wären und einem Prozess des „digital divide" unterlägen. Dies mag bis vor wenigen Jahren der Fall gewesen sein, doch die Familien haben offensichtlich große Anstrengungen unternommen, um den Anschluss ans Informationszeitalter zu schaffen. Trotz fallender Preise ist es für sie eine kostspielige Anschaffung, die bei knappen Haushaltbudgets mehr ins Gewicht fällt als bei gut verdienenden Mittelschichtfamilien, und zu diesen zählen auch einige der Familien unserer Studie. Nicht auszuschließen ist allerdings, dass die Werte der qualitativen Studie etwas zu hoch ausfallen; immerhin weist auch die quantitative Studie auf ähnliche Tendenzen hin.

Wenn wir zudem festgestellt haben, dass die *Mehrzahl der Computer in den Kinderzimmern steht* (6 von 10), so interpretieren wir dies dahingehend, dass die Eltern Medien wie den Computer als wichtig für die Zukunft ihrer Kinder betrachten und diese auch dann für sie anschaffen, wenn sie nur über ein beschränktes Monatsbudget verfügen.

Ein bezeichnendes Beispiel für die eben beschriebene Situation ist die Familie G, wo der Vater arbeitslos ist. Auch diese Familie verfügt über einen Computer mit Cablecom-Anschluss, der allerdings im Wohnzimmer steht, damit alle Familienmitglieder Zugang haben. Zusätzlich will sie noch einen Laptop anschaffen, was Herr G wie folgt begründet: „Den Laptop kaufen wir für ihn (den Sohn) und nicht für uns. Er hat Französisch und Englisch zu lernen. Er bekommt CDs in der Schule. Wenn wir Gäste haben, möchte er sich zurückziehen und lernen. Wenn wir ein neues Gerät kaufen, geben wir das neue Gerät den Kindern und nehmen das alte zu uns und nicht umgekehrt. Die Kinder haben beim Kaufen eines neuen Gerätes Vorrang, solange unser Budget es erlaubt."

Dass es für Familie G nicht so leicht ist, solche Wünsche zu befriedigen, und dass sie viel unternommen hat, um zu einem Computer zu kommen, zeigt der weitere Verlauf des Interviews. Herr G berichtet von einem Bazar im Kongresshaus in Zürich, wo man Okkasionsgeräte kaufen könne. Er sei einmal dort gewesen und habe einen Computer mit einer großen Speicherkapazität zu CHF 450.- entdeckt. Weil aber das Geld vom Sozialamt noch nicht überwiesen gewesen sei, konnte er das Gerät nicht kaufen. Dennoch ist für Familie G, die erst seit knapp drei Jahren in der Schweiz lebt, der Computer ein Statusobjekt und Herr G berichtet beim zweiten Besuch in dieser Familie stolz, dass der Computer noch nicht da gestanden habe, als die Forschenden das erste Mal hier waren. Der Sohn habe ihn zum Geburtstag bekommen. Er selbst lese nun Zeitungen im Internet. Die Brüder und Schwestern, die in Deutschland lebten, hätten im Unterschied zu seiner Familie noch keinen Computer.

Aber auch eine ganze Reihe weiterer Eltern erzählen, dass sie den Computer für ihre Kinder angeschafft hätten. Denn sie wollen die Bildungschancen ihrer Kinder nicht gefährden und nehmen an, dass dazu heute ein Computer nötig sei. Dies spiegelt die Tatsache, dass Computer heute nicht mehr professionelle Geräte sind, die für ganz spezifische berufliche Aufgaben eingesetzt werden. Vielmehr werden sie zunehmend in der ganzen Breite des alltäglichen Lebens eingesetzt: um Tickets zu bestellen, Musik herunter zu laden, mit Freunden zu chatten, Hausaufgaben zu erledigen etc. Wer nicht über einen Computer verfügt, scheint zunehmend auch vom normalen Alltag ausgeschlossen, was zur berechtigten Einschätzung führt, dass es heute in einer Familie ohne Computer fast nicht mehr geht.

Dass sich Eltern aus unteren Schichten durchaus bewusst sind, wie entscheidend Computer als Schlüssel für Zukunftschancen sind, geht auch aus der englischen Studie von Holloway/Valentine hervor, die aus ihren Daten folgenden Schluss ziehen: „Unsere Interviews mit Eltern aus der Arbeiterklasse zeigen, dass die Väter und Mütter nicht weniger bedacht wie ihre Ebenbilder aus der Mittelklasse sind, dass ihre Kinder nicht auf der falschen Seite einer technologisch polarisierten Welt enden" (Holloway/Valentine 2003: 27). Hierzu folgende Aussagen aus unserer Studie, die zu diesem Muster passen:

> Familie A: „Den Computer haben wir viel früher gekauft, als Überraschungsgeschenk. Früher, als sie noch jünger waren, spielten sie eher am Computer, und später wurde das Medium immer mehr in Zusammenhang mit der Schule genutzt. Dies gilt insbesondere für die Tochter."
>
> Frau B: „Den habe ich für die Tochter gekauft, sie brauchte ihn immer mehr im Zusammenhang mit der Schule und der Lehrstellensuche, Bewerbungen etc. In der Regel entscheiden wir zusammen."
>
> Frau F: „Nicht wir, sondern er hat einen neuen Computer gekauft. Wenn was Neues gekauft werden muss, dann kommen zuerst die Interessen der Kinder dran. Wir geben ihnen unsere alten Geräte nicht."

Die Schule bzw. Bildungsaspekte spielen bei den zitierten Aussagen eine wesentliche Rolle. Die Nutzung sehen Familien A und B ganz deutlich im Zusammenhang mit Anforderungen aus der Schule oder der Lehrstellensuche. In diesem Zusammenhang ist zu vermuten, dass der Computer auch deshalb als so zentral für die Wahrung von Bildungs- und Lebenschancen wahrgenommen wird, weil hier ein Faktor vorliegt, den die Eltern direkt beeinflussen können, was bei vielen anderen auf Bildungschancen einwirkenden Einflüssen nicht oder nur langfristig möglich ist. Während man das Schicksal der Kinder in der Schule kaum direkt beeinflussen kann, verhilft die Anschaffung eines Computers zum Gefühl, dass man alles für seine Kinder tue, was in der eigenen Macht liege. Familie F macht denn auch klar, dass für die Kinder nur das Beste gut genug ist, und dass sie nicht einfach die veralteten Geräte der Eltern kriegen. Denn Multimedia, so könnte man hinzufügen, verlangt neue Geräte mit großem Speicher, schnellen Prozessoren und leistungsfähigen Grafikkarten.

Die Feststellung, dass Computer bei den befragten Familien weitgehend Kindersache sind, belegen zudem die Daten zur Computernutzung der Eltern (vgl. Abb. 4). Hier zeigt es sich, dass ihre Nutzungsfrequenz recht gering ist.

Am ehesten nutzen die Eltern E-Mail oder sie suchen Informationen auf dem Internet. Trotzdem bleiben auch hier die Werte bescheiden: Immerhin 10 von 16 Befragten nutzen das Internet für ihre Korrespondenz nicht, und nur etwas mehr als die Hälfte sucht deutsche oder türkische Informationen auf dem

Netz. Chatten und alle weiteren Computerbeschäftigungen nehmen eine Randstellung ein. Dies steht ganz im Gegensatz zu den Peergruppen-Interviews mit den Jugendlichen, welche belegen, wie souverän diese mit Chat und Messenger umgehen. Vor allem beim alltäglichen Kontaktmanagement nehmen diese neuen Kommunikationsmittel für sie einen festen Platz im Alltag ein, auf den sie nicht mehr verzichten möchten.

Abb. 4: Computer- und Internetnutzung der Eltern

Anzahl Personen		Täglich	Mehrmals pro Wo.	Einmal Woche	Einmal pro Mt.	Seltener	Nie	Std. und Min.
PC	Spiele	0/1					8/7	
	Texte schreiben	2/3	1/0	1/0	0/1	0/2	4/2	10, 15-20, ½, 4
	Grafiken/Fotos bearbeiten				1/0	2/0	5/8	10', 2
Internet	E-Mail Korrespondenz	1/1	3/1				4/6	6, 10-20, 1, 1
	Chatten: deutsch						8/8	
	Chatten: türkisch	0/1					8/7	5-6
	Infos suchen: deutsch	1/3	2/0	1/1			4/4	3, ½, ½, 4
	Infos suchen: türkisch	0/1	2		1	1	4/7	2, 20', 3, 9
1. Zahl = Väter, 2. Zahl = Mütter								

Die im Kontrast dazu stehende Unsicherheit der Eltern im Umgang mit Computern drückt sich auch in der qualitativen Elternbefragung aus, wo diese Auskunft über ihre Aktivitäten am Computer und hier vor allem auf dem Internet geben. Konkret werden folgende Tätigkeiten genannt:

- Zeitung lesen auf dem Netz, vor allem auch türkische Angebote (G, A, H)
- Einkaufsmöglichkeiten recherchieren, etwa die Preise bei ALDI (G)
- Stelleninserate durchsehen (A)
- Resultate der aktuellen Fußballspiele & Sportnachrichten abfragen (D, F)
- Die Eltern H interessieren sich für die Internetseite ihres Heimatdorfes. Sie suchen Infos und schauen sich Bilder von ihrem Dorf an.

- Suche von Informationen zur Arbeitssituation, zur Gesundheit und zu Schulfragen (H)
- Kurdische Seiten und politische Perspektive recherchieren (C)
- Frau C berichtet, dass sie manchmal ebenfalls am Computer spiele

Generell handelt es sich eher um punktuelle und inhaltlich begrenzte Interessen, die mit Hilfe des Internet realisiert werden Dieses eher limitierte Nutzungsverhalten wird auch durch Aussagen unterstrichen wie:

- Herr A: „Das Internet hatte hingegen keinen Einfluss auf meine Mediennutzung. Ein paar Mal habe ich versucht, Zeitungen im Netz zu lesen, aber dabei stieß ich auf die Grenzen meiner technischen Kenntnisse betreffend Computer- bzw. Internetnutzung und musste jeweils immer wieder das Kind zu Hilfe rufen."
- Eltern E: „Wir lesen keine Zeitungen im Netz, da wir praktisch mit Computer nichts zu tun haben."
- Herr F: „Ich surfe nicht unbedingt im Internet, sondern mein Sohn surft viel in Internet und informiert mich, wenn es etwas Wichtiges gibt."
- Herr B: „Hingegen hat das Internet keinen Einfluss auf meine Mediennutzung. Selten, wenn wir etwas suchen, eine Adresse und so, dann gehen wir vielleicht aufs Netz, sonst nie. Zeit habe ich eigentlich auch nicht dafür." (Frau H stimmt mit Nachdruck zu)

In diesen Aussagen spiegelt sich die Tatsache, dass die befragten Erwachsenen wenig Vertrauen in ihre eigenen Computerfähigkeiten haben. Charakteristisch ist die Bemerkung der Eltern von Familie A zur Medien- und Computernutzung ihrer Kinder: „Über ihre Mediennutzung unterhalten wir uns mit ihnen schon. Aber beispielsweise über ihre Computertätigkeiten, über die Einzelheiten eher selten, weil wir selber davon keine großen Kenntnisse haben." – Die Kinder übertreffen also die Erfahrungen und Kenntnisse der Eltern sehr oft bei Weitem, was einer Rollenumkehr gleichkommt, wie sie auch Holloway/Valentine (2003: 77ff.) für ihre englische Stichprobe feststellen.

Auch dass Eltern den Kindern Aufträge geben, im Internet Informationen für sie zu suchen oder sie über ihre Surfergebnisse zu informieren (wie im Fall der Familie F), ist ein Resultat, das sich in der englischen Untersuchung wiederfindet (a.a.O: 78).

Ein besonders eindrückliches Beispiel dafür gibt folgender Interviewausschnitt von Frau E: „Meine Töchter chatten und wir haben keine Geheimnisse. Sie sagen mir, mit wem sie chatten oder sie sprechen darüber. Oder sie recherchieren etwas im Internet. Letzthin fand Cagla die Webseite über unser Dorf im Internet und befasste sich damit. Sie hat auch Kontakt mit diesem Jungen aufgenommen und die Fotos verlangt. Sie ist sehr an Kulturellem und Kultur interessiert."

Infolge der mangelnden Kenntnisse sind die Eltern eher oberflächlich darüber orientiert, was ihre Kinder am Computer treiben. Herr G meint, dass er „im Allgemeinen wisse", was sie tun, denn er kenne „ungefähr" ihre Psyche. Konkret nennt er Autospiele, Aufgaben erledigen und Mailkontakte mit Kollegen. Immer wieder wird das Chatten erwähnt und der Zusammenhang zur Schule.

Kontrolle ist in diesem Bereich nur schwer zu erreichen, haben doch die Eltern eine gewisse Scheu davor, den Umgang mit dem Computer strikte zu überwachen. Zentrale Aussagen sind:

- Herr A: „Wie gesagt, wir fragen sie, was sie machen und so, sie erzählen uns, sie hätten dies und jenes neu entdeckt oder MSN oder Web-Seiten eröffnet usw. Und wir glauben ihnen. Wir haben nicht den Drang, sie unangemeldet bei etwas Unerwünschtem zu erwischen."
- Frau D: „Ja, ab und zu gehe ich zu ihr ins Zimmer und schaue ihr dabei über die Schulter, das heißt, ich kontrolliere sie. Sie chattet zum Beispiel nicht, das weiß ich."
- Herr H: „Die Mädchen chatten. Mit dem Erklären geht es nicht. Ich frage nicht, mit wem sie chatten." (Frau H interveniert und sagt, dass sie die Mädchen frage, mit wem sie chatten.). „Ich kann mir vorstellen, was der Inhalt ist. Der Computer ist sowieso in ihrem Zimmer. Wenn wir Zeit finden, gehen wir auch rein. Wir wissen, dass sie die Informationen, die sie brauchen, bekommen. Wir vermuten, dass sie wissen, was ist richtig und was ist falsch."

In diesen Zitaten fällt auf, dass die Eltern nicht detailliert darüber Bescheid wissen, womit sich ihre Kinder am Computer beschäftigen, außer dort, wo diese ihnen davon berichten. Dennoch wollen sie keine zu strenge Kontrolle ausüben, weil dies bei ihnen ein schlechtes Gewissen auslöst, nämlich in dem Sinn, dass es am nötigen Vertrauen zu den Kindern mangelt bzw. dass sie ihren, bald erwachsenen, Kindern damit das Vertrauen entzögen. So bleibt es im Wesentlichen beim „ab und zu mal über die Schultern sehen". Obwohl man natürlich nur „vermuten" kann, dass die Kinder wissen, was richtig und was falsch ist, wie es Herr H ausdrückt.

Im Vergleich zur Studie von Holloway/Valentine (2003: 82ff.) sind die von uns Befragten eher weniger kritisch im Hinblick auf mögliche *Gefahren des Internets*. Allerdings verbirgt sich dahinter möglicherweise auch eine gewisse Hilflosigkeit. Denn wer sich mit Computer sehr schlecht auskennt, hat auch Mühe, die Gefahren, die damit verbunden sind, einzuschätzen und dagegen gezielt Maßnahmen zu ergreifen.

3.1.5 Weitere Medien: Radio und Kino

In der Elternbefragung wurde ebenfalls explizit nach weiteren Medien wie Radio und Film gefragt.

Radio. Es zeigte sich, dass Radio vor allem ein Begleitmedium ist, das man unterwegs im Auto oder am Arbeitsplatz hört (vgl. Abbildung 1). So ist etwa Herr A berufshalber häufig als Beifahrer unterwegs, wobei er dann Radio hört. Ähnlich erzählt Herr D: „Ein Radiohörer bin ich eigentlich nicht, abgesehen davon, dass im Geschäft den ganzen Tag das Radio läuft. Eher im Hintergrund natürlich, manchmal, wenn es interessante Nachrichten gibt, höre ich zu. Es ist ein Lokalradio von Rapperswil, sein Name kommt mir gerade nicht in den Sinn."

Diese Funktion als Begleitmedium hängt unter anderem damit zusammen, dass man am Radio vor allem Musik hört. Wenn dabei auch Nachrichten oder weitere Informationen gesendet werden, nimmt man diese zur Kenntnis, jedoch ohne dass man gezielt solche Informationen am Radio aufsucht, so, wie es Herr D in dem zitierten Interviewausschnitt beschreibt. Allerdings gibt es auch Ausnahmen. So betont Herr C, dass er während seiner Tätigkeit als Taxifahrer von Radio DRS und vom (Lokal-)Radio 24 Informationen über Politik, zum Beispiel Wahlen und Abstimmungen, erhält.

Im Weiteren fällt auf, dass das Radio kaum mit der türkischen Sprache in Zusammenhang gebracht wird. Das kann damit zusammen hängen, dass es in der Schweiz gegenwärtig, außer bei einigen privaten Minderheitsradios wie LORA, keine Sendungen in Türkisch gibt. Wer sich deshalb für türkische Informationen interessiert, ist auf das Satellitenfernsehen verwiesen, wo es genügend Kanäle gibt, um diese Bedürfnisse zu befriedigen.

Kino. Die meisten der befragten Eltern gehen kaum ins Kino. Am ehesten noch wird das Kino zum Thema, wenn ein türkischer Film läuft. Zur Verdeutlichung seien einige Aussagen aus dem Interviewmaterial zitiert:

- Herr und Frau G: „Wir waren bis jetzt noch nie im Kino. Auch in der Türkei waren wir nicht im Kino."
- Herr A: „Nein, in der Schweiz nie." (Der Sohn interveniert) „Doch einmal haben wir zusammen den türkischen Film Vizyontele gesehen. Auch in der Türkei gingen wir einmal zusammen ins Kino."
- Frau C: „Früher gingen wir ein paar Mal ins Kino. Aber seit langem nicht mehr. Wir haben zum Beispiel einen Film von Sener Sen (Eskiya) zusammen angesehen."

Am häufigsten gehen Elternteile ins Kino, wenn sie ihre Kinder begleiten, die sie noch nicht allein dorthin gehen lassen möchten. In diesem Sinne berichtet

Frau A: „Ja, ab und zu schon. Früher ging ich eher ins Kino, als die Kinder noch Begleitung brauchten. Heute sind sie erwachsen und sie gehen eher ohne uns ins Kino, mit Freunden und so. Das waren eher Filme, in denen entweder Deutsch gesprochen wurde oder mit deutschen Untertiteln. Wenn türkische Filme in die Kinos kommen, gehen wir schon alle zusammen (Familie) hin."

Frau H, deren Familie unter den Befragten wohl am stärksten kulturell interessiert ist, erklärt detailliert, wie sie die Kinobesuche ihrer Kinder, die beide das Gymnasium besuchen, handhabt: „Im Allgemeinen schicke ich die Kinder ins Kino. Ich organisiere die Kinobesuche und ermuntere sie, ins Kino zu gehen. Ich selber gehe nicht ins Kino. Der Vater begleitet sie. Einmal die Grossen mit den Kleinen, einmal mit dem Vater, so, dass sie irgendwie ins Kino gehen. Ich weiß, was für einen Film sie sich anschauen. Als die Kinder klein waren, haben wir sie über den Film informiert und sie gefragt, ob sie so einen Film anschauen wollen. Ab einem gewissen Alter mischen wir uns nicht mehr ein, vor allem bei Dilem. Sie und Hanim sind erwachsen, so dass sie selbst die Filme auswählen. Für Mehmet entscheiden wir über den Film. Entweder lesen wir die Informationen zum Film in der Zeitung oder gibt es Werbung über den Film. Wir überlegen uns, was er bedeutet und was er ihm bringen könnte."

Das Zitat zeigt, dass der Wunsch, einen Film zu sehen, vor allem von den Kindern ausgeht. Die Eltern versuchen diesen Wunsch zu realisieren, indem sie sich (im Fall der Familie F) über den Film informieren und bei den kleineren Kindern für Begleitung sorgen. Größere Kinder, hier die beiden Mädchen, werden nicht mehr kontrolliert. Herr H betont, dass bei ihnen das Interesse an Filmen aktiv gefördert wurde und dass dies Teil eines pädagogischen Erziehungskonzepts war: „Als sie sieben bis acht Jahre alt waren, haben wir sie bei Kinobesuchen und solchen Veranstaltungen unterstützt und das Interesse bei ihnen geweckt. Ein paar Mal gingen wir auch ins Theater. Jetzt gehen Dilem und Hanim alleine und wählen selbst aus. Wir haben Vertrauen in sie, sie wissen, was sie tun."

3.2 Die Bedürfnisse, die über Medien befriedigt werden

Neben der Frage nach den verschiedenen Medienformaten bzw. Geräten versuchten wir, über die Interviews auch herauszuarbeiten, welche Bedürfnisse bei den Befragten mit der Mediennutzung abgedeckt werden. Wir fanden, dass diese von der Unterhaltung bis hin zu politischen und kulturellen Bedürfnissen reichen. Im Folgenden sollen die am häufigsten genannten Motive der Mediennutzung zusammengefasst werden.

3.2.1 Unterhaltung

Immer wieder wird in den Interviews das Bedürfnis nach Unterhaltung erwähnt. Dieses scheint selbstverständlich und wird deshalb im Allgemeinen auch nicht weiter begründet. Den Umfang der medialen Mittel, mit denen diese Unterhaltungsbedürfnisse befriedigt werden können, steckt Frau A ab: „Wenn es um die Unterhaltung und Hobby geht, dann höre ich eher Musikkassetten oder CDs und sehe Serien an etc..., ab und zu auch Talkshows. Die Kinder schauen in D. und T., und wir machen meistens mit." Generell gehören zu diesen Unterhaltungsbedürfnissen die bereits genannten Serien, dann aber auch Wettbewerbe und Quizsendungen wie *Wetten dass*, *TV total* von Stefan Raab oder *Erkan*, eine Comedy-Sendung, welche einen künstlichen Gastarbeiter-Slang[16] kreierte. Und wie Frau D berichtet, kann auch die Nutzung des Internets zum Bedürfnis nach Unterhaltung gehören: „Das Internet nutze ich schon, einfach um zu surfen und so, meistens um die Langeweile zu vertreiben." Zum Bereich der Unterhaltung gehört auch der Fußball dazu, der in vielen Familien eine wichtige Rolle einnimmt und täglicher Gesprächsstoff ist. Typisch ist die Aussage von Herrn F: „Am meistens wird bei uns Fußball geschaut und zwar in allen Sprachen. Ich, mein Sohn und meine älteste Tochter."

3.2.2 Kommunikation

Die Kommunikation mit Verwandten und Bekannten findet oft über Medien statt, sofern nicht direkte Kontakte über Besuche und Ferienaufenthalte stattfinden. Charakteristisch ist die Aussage von Herrn B: „Im Sommer gehen wir in der Regel in die Türkei in die Ferien. Wir verbringen die Ferien bei den Verwandten, Familienangehörigen, in Konya-Karaman oder Bursa. Ansonsten halten wir unsere Kontakte per Telefon aufrecht." Die Möglichkeit, fast täglich über Medien im Austausch zu stehen, lässt es als weniger dringlich erscheinen, sich häufig zu besuchen. Herr A: „Besuche finden schon noch statt, aber nicht mehr so oft. Dafür telefonieren wir oft, eher im Festnetz." Medien können dabei, wie Herr A feststellt, auch direkte Kontakte ersetzen.

Das Zusammenspiel von aktuellen elektronischen Medien wie Handy, Computer und Messenger kommt vor allem in den Peergruppen-Interviews mit Jugendlichen zum Ausdruck. Hier geht es denn auch nicht um die langfristige Sicherung und Gestaltung von Kontakten innerhalb einer breiten Verwandtschaft, sondern um die alltäglichen Kontakte mit Freunden und Kollegen.

---

16 Erkan und Stefan sind ein deutsches Komikerduo aus München. Ihr Markenzeichen besteht darin, dass sie einen künstlichen türkischen Akzent mit dem bayerischen Dialekt des Münchner Nordens und englischer Slangsprache kombinieren: „Ey Krass" (nach dem Stichwort „Erkan und Stephan" in dem Online-Lexikon Wikipedia).

Die Interviewerin fragt: „Wie macht ihr es, um miteinander abzumachen, um euch zu treffen oder in Verbindung mit anderen Freunden zu bleiben: SMS/E-Mail/Telefon?" Darauf ergibt sich folgende Diskussion:

> H.: „Meistens eigentlich durch MSN, machen wir ab, ob wir uns treffen, wo und wie. Und dann meistens eigentlich mit dem Natel, ob es jetzt wirklich okay ist, einfach so." D.: „Ja." C.: „Ja!" D.: „Oder mit dem Telefon, oder so." C.: „Aber meistens schon MSN." R.: „Konkret machen wir immer mit dem Telefon ab, aber vorher, so Allgemeines, allgemeine Sachen, zuerst über Computer."

Gegenüber den Eltern, die vor allem mit dem Telefon kommunizieren, zeigt sich hier ein neues und flexibles Kommunikationsverhalten Man ist fast immer Online bzw. kommunikationsbereit und kann sich jederzeit mit MSN Messenger oder SMS eine Nachricht geben, um sich irgendwo zu treffen. So deuten sich hier die Verhaltensweisen jener „Digital Natives" an, die Marc Prensky (2001) als charakteristisch für jene Generation betrachtet, die mit Computer und Internet aufgewachsen ist.

3.2.3 Kulturelle Bedürfnisse

Ein weiteres Motiv, das genannt wird, betrifft die Kulturen des Alltagslebens in der Schweiz und in der Türkei, die über Medien beobachtet werden können.[17] So betont Familie E: „Wir wollen den Alltag verfolgen und uns über das Alltagsgeschehen informieren, und zwar sowohl über den Alltag hier wie auch in der Türkei". Auch der Besuch von Kinofilmen oder das Hören türkischer Volksmusik, die von den Befragten genannt werden, lässt sich in diese Kategorie einordnen.

In diesem Zusammenhang kann es für Migrantinnen und Migranten ein Bedürfnis werden, sich in den Medien über die lokale Alltagskultur zu orientieren. Besonders anschaulich fasst Frau H zusammen, was sie an den Alltagsinformationen der Medien interessiert: „Ich interessiere mich für Bildungsfragen der Kinder, Bildung in den Schulen, die Lehrerschaft, in welcher Schule was passiert, was die Schulen machen usw. Zum Beispiel wird in dieser Gegend jedes Jahr ein Wettbewerb zum „Schnellsten XX" usw. gemacht. Unsere Kinder sind auch dabei. Die Ergebnisse werden in den Zeitungen bekannt gegeben. Wer Sieger/in wurde usw. Ich interessiere mich nicht für Politik und habe auch nicht

---

17 Dabei ist die Trennung zu den Unterhaltungsbedürfnissen eine Frage der Perspektive: Wer zum Beispiel Fußball sieht, erfüllt sich zum einen ein Bedürfnis der Unterhaltung. Für viele Türken und Türkinnen nimmt der Fußball zum anderen aber auch eine wichtige Stellung in der Alltagskultur ein. Und im Sinne der weiter unten genannten Informationsbedürfnisse ist es natürlich auch wichtig zu wissen, wie sich die eigene Mannschaft in der Meisterschaft schlägt.

viel Wissen dazu." Wie wesentlich die Medien sind, wenn man sich über den Alltag im Gastland orientieren will, betont auch Herr A: „In den ersten Jahren in der Schweiz konnte ich noch nicht genug Deutsch, um Zeitung zu lesen. So versuchte ich mich über das Gastland und seine Menschen und Bräuche, die Religion, Festtage wie Weihnachten und so weiter teilweise über das Fernsehen zu informieren, soweit meine Deutschkenntnisse reichten." Kaum eine Rolle spielen dagegen Angebote der Hochkultur wie klassische Musik, Theater und Literatur. Schon wegen der Schichtzugehörigkeit der Befragten ist es eher die Populärkultur, an welcher sie teilhaben.

3.2.4 Bildung

Einzelne Befragte äußern explizit, dass Medien ihnen bei der persönlichen Bildung helfen. Besonders deutlich wird bei dieser Aussage von Frau A: „Beim Zeitung- und Bücherlesen kann man auch die Lesefähigkeit entwickeln. Aber ich lese Bücher meistens, um mein Wissen zu erweitern, insbesondere in den Bereichen Erziehung, Psychologie und ähnlichem. Ich lese gern Bücher, auf Türkisch." Einerseits ist es hier die Sprachkompetenz, welche über die Mediennutzung erweitert wird. Dann aber können Medienangebote auch zur Erweiterung des eigenen Wissenshorizontes dienen, indem man sich über Sachbücher weiterbildet.

Wie in diesem Zusammenhang bereits weiter oben ausgeführt wurde, steht auch die Anschaffung der Computer in einem engen Zusammenhang mit Bildungsbedürfnissen (vgl. 3.1.4 in der qualitativen Studie).

3.2.5 Information

Man könnte vermuten, dass sich Migrantinnen und Migranten wenig für politische Ereignisse interessieren. Diese Einschätzung trifft möglicherweise dort zu, wo es um komplexe politische Sachverhalte geht, die wenig mit der Situation der Interviewten zu tun haben. Dort, wo es aber um Probleme geht, bei denen sich Personen mit Migrationshintergrund direkt betroffen fühlen, ist das Bedürfnis, gut und ausführlich informiert zu sein, in hohem Ausmaß vorhanden. Herr G, der erst vor drei Jahren als kurdischer Flüchtling in die Schweiz gekommen ist, meint dezidiert: „Entsprechend meiner Situation lese ich politische Artikel in der Zeitung im Internet und schaue politische TV-Programme. Mich interessieren Informationen zu Politik. Meine Schwerpunkte sind die Politik in Kurdistan und im Nahen Osten und dann die Nachrichten zur ganzen Welt. Letzte Woche hat es in Davos eine Veranstaltung zur Globalisierung gegeben. In Brasilien hat eine Gegenveranstaltung stattgefunden. Ich habe all das verfolgt und zwar in den Zeitungen, im Internet, auch im Fernsehen."

Wer wie Herr G aus politischen Gründen in der Schweiz Zuflucht fand, hat ein ausgewiesenes Interesse an Fragen der Politik. Aber auch die überwiegende Mehrzahl der anderen Befragten möchte politisch informiert sein, wie die folgenden Aussagen belegen:

- Familie A: „Informationen über die politischen Entwicklungen in der Schweiz und in der Türkei erfahren wir im Fernsehen. Über die Türkei durch türkische Sendungen, über die Schweiz in deutscher Sprache. Wenn es etwas Interessantes gibt, rufen wir die Kinder, damit sie es sich auch anschauen und es erfahren können. Wir möchten, dass sie über die positiven wie negativen Entwicklungen informiert sind."
- Frau D: „In Bezug auf Wahlen bzw. Abstimmungen in der Schweiz und über die Wirtschaftslage der Schweiz erfahre ich es vom TV, aber auch aus Zeitungen wie Tages-Anzeiger und vom Radio."
- Herr B: „Informationen über die allgemeinen Entwicklungen in der Welt, aber auch über die Schweiz, wir leben ja schließlich hier, interessieren uns. Über die wirtschaftliche Entwicklung, Arbeitslosigkeit, Migration, Ausländerpolitik. Auch wenn wir eingebürgert sind, sind wir eigentlich immer noch Ausländer, Fremde. Dies erfahren wir eher beim Schweizer Fernsehen in deutscher Sprache. In letzter Zeit schaue ich vermehrt deutsche Sendungen, weil oft Sendungen im Zusammenhang mit dem EU-Beitritt der Türkei ausgestrahlt werden."

Die hier wiedergegebenen Zitate belegen, dass politische Nachrichten oft mehreren Quellen entnommen werden. So nutzt man jene Medien, die einem zu einem gewissen Zeitpunkt gerade zur Verfügung stehen (beim Autofahren das Radio, zu Hause eher das Fernsehen). Es kann aber auch sein, dass man bewusst Vergleiche zwischen Medienangeboten anstellt, um der Wahrheit „näher" zu kommen, wie dies Familie A tut: „Fernsehen ist natürlich einfacher, das muss man sagen. In kurzer Zeit erfährt man vieles und dazu visuell. Man kann gleichzeitig (nacheinander) von mehreren Sendern über die gleiche Entwicklung oder das gleiche Geschehen Nachrichten erhalten. So hat man die Möglichkeit, der Wahrheit näher zu kommen oder sich eine eigene Meinung zu bilden oder das Geschehen interpretieren zu können." Mit „einfacher" meint Frau A vor allem auch, dass das deutschsprachige Fernsehen einfacher zu verstehen ist als Radiosendungen oder Berichte in den Printmedien, wo die visuellen Verständnishilfen fehlen. Die Welt in den News-Sendungen des Fernsehens illustriert zu erhalten, erscheint also als weniger schwierig, wie die des Lesens von Presseberichten, welche Ereignisse rein sprachlich beschreiben und analysieren.

3.3 Der Migrationsbezug

Beim eben dargestellten Informationsbedürfnis war die Hauptaussage, dass jene Ereignisse besonders interessieren, welche mit dem Migrationshintergrund zu tun haben. Dies äußert sich sprachlich und kulturell darin, dass Migranten über die Medien mit zwei Sprachkulturen konfrontiert sind. Wie sich dabei die Nutzung auf türkisch/kurdisch- und deutschsprachige Medienangebote verteilt, ist bereits mehrfach dargestellt worden

Die Erfahrungen mit den Medien aus den beiden Kulturkreisen führen gleichzeitig zur Frage, wie denn die MigrantInnen selbst diese Medien einschätzen – in ihrer Qualität aber auch in ihrer Aufgeschlossenheit der Migrationsthematik gegenüber. Und nicht zuletzt wird daran auch deutlich, wie gut man beidseits über die gegenseitigen Länder informiert wird.

3.3.1 Zur Berichterstattung der Schweizer Medien über die Türkei

Die Meinungen über die Berichterstattung der Schweizer Medien zur Türkei sind nicht einheitlich. Die eine Hälfte der Befragten bewertet diese positiv, die andere negativ. Bei den positiven Nennungen zur Berichterstattung wird beispielsweise geäußert:

- Frau E: „Die deutschsprachigen Medien hier sagen die Wahrheit über die Türkei und geben wahre und korrekte Informationen als die türkischen Medien."
- Herr D: „Jeder Sender und jede Zeitung hat eine eigene Medienpolitik. Dieser Politik entsprechend berichten sie. Meistens sind sie neutral und berichten richtig, übertreiben nicht maßlos."
- Herr C: „Aber im Allgemeinen finde ich die deutschsprachige Berichterstattung über die Türkei objektiv, unparteiisch. Auf jeden Fall viel besser als die Medien in der Türkei."

Der schweizerischen Medienberichterstattung wird von diesen Befragten attestiert, dass sie sich korrekt und objektiv verhalt und dass sie nicht „maßlos übertreibe". Herr D macht zudem darauf aufmerksam, dass die schweizerischen Medien nicht alle vom gleichen Standpunkt aus berichten, sondern dass man deren politischen Standort in Rechnung zu stellen habe. Und auch Herr C meint diesbezüglich: „Man muss es natürlich differenziert anschauen, nicht alle Medien in der Schweiz sind gleich gut oder gleich schlecht. Es muss schon gesagt werden, dass Blick, Tages-Anzeiger und NZZ nicht gleich sind."

Herr G, ein kurdischer Flüchtling, bemängelt dagegen, dass die Kurdenfrage zwar auf einer persönlichen Ebene des Mitgefühls mit den Opfern abgehandelt werde, dass aber die Berichterstattung den Kurden auf der politischideologischen Ebene keinen Platz einräume. Insgesamt attestiert Herr G dennoch, dass die europäischen Medien etwas freier und demokratischer wie in der Türkei seien. Insbesondere hätten sie bei der Berichterstattung keine Angst vor Armee und Polizei. Noch viel stärker kommen die negativen Einschätzungen der schweizerischen Berichterstattung in folgenden Zitaten zum Ausdruck:

- Herr A: „Über die Türkei habe ich noch keine Berichte oder ähnliches in den Medien gesehen. Ich verfolge eigentlich täglich mehrere Zeitungen, aber so etwas ist mir selten begegnet. Wenn überhaupt, dann vielleicht über die Wahlen in der Türkei oder im Zusammenhang mit dem Islamismus oder Kopftuch und so. Im Allgemeinen wird nichts Positives gebracht, kann ich sagen. Im Fernsehen wurde einige Male im Zusammenhang mit dem Beitrittswunsch der Türkei in die EU gesendet, oder dass die Sicherheit der Touristen in der Türkei in den letzten Jahren relativ gewährleistet sei, die Lage besser geworden sei. Aber im Allgemeinen ist zu beobachten, dass die Berichterstattung betreffend der Türkei und deren Gesellschaft nicht vorurteilsfrei ist."
- Frau H: „Die deutschsprachigen Medien berichten über die Türkei als ob die Türkei ein nicht soziales, demokratisches (Land) wäre, wo keine Menschenrechte existieren."
- Frau F: „In 20 Minuten haben wir bezüglich Islam der Türken sehr hässliche Nachrichten gelesen. Im Fernsehen haben wir auch geschaut. Vieles wird verallgemeinert. Bevor man das macht, sollte man gut recherchieren. In so einer Zeit der Medien bin ich auch überrascht, wenn meine Freundinnen sagen, dass sie auch nicht wussten, dass es in der Türkei so ist. Sie sehen die Türkei auf der Ebene von Saudi Arabien."
- Herr B: „Über die Türkei habe ich noch keine positiven Berichte oder ähnliches in den Medien (auf Deutsch) gesehen, sie sind immer negativ, zum Beispiel bezüglich der Menschenrechte. Wir haben im Irak gesehen, wie sie (die westliche Länder) die Menschenrechte verteidigen! Niemand spricht davon. Aber, Verzeihung, wenn jemand in der Türkei ein Verbrechen begeht und deshalb ins Gefängnis kommt, dann darf ja nicht erwartet werden, dass die Person – auch wenn ich der Betroffene wäre – in einem Fünfsterne-Hotel untergebracht wird, oder? Die Berichterstattung betreffend Türkei ist eben immer negativ, sie verbreiten Lügen. Die Berichterstatter leben hier und schreiben hier, an ihrem Schreibtisch über die Türkei unwahre Berichte oder Kommentare, ohne eine vorausgehende gründliche Recherche. Beispielsweise zum EU-Beitrittsprozess: Sind die anderen Beitrittskandidaten und kürzlich aufgenommenen Länder besser als die Türkei?"

Die Zitate belegen, dass die negativen Aussagen viel konkreter und dezidierter ausfallen wie die positiven. Letztere beziehen sich auf abstrakte Qualitäten wie „Wahrheit", „Objektivität" oder die Tatsache, dass weniger übertrieben werde. Und es sind die Kurden unter den Interviewten, welche die Berichterstattung eher positiver sehen. Deutlich wird dies beim bereits zitierten Herrn C, einem Repräsentanten dieser Gruppe, der einräumt, dass man seiner Volksgruppe eine gewisse Sympathie entgegenbringe, und dass er die schweizerische Presse als freier empfinde wie die türkische.

Möglicherweise ist es aber gerade diese Haltung gegenüber der Kurdenfrage, welche wiederum bei türkischen Befragten Misstrauen auslöst, etwa, wenn betont wird, dass man in der schweizerischen Presse an der Art und Weise, wie die Menschenrechte in der Türkei gehandhabt werden, zweifle. Als zweite Problematik wird die Skepsis gegenüber dem türkischen Beitritt zur EU genannt. Und drittens kritisiert man die unzulässigen Verallgemeinerungen zum Islamismus und zum Tragen von Kopftüchern. Frau F bringt die Kritik auf den Punkt, wenn sie meint, die Türkei werde auf die Stufe von Saudi Arabien gestellt. Immerhin kommt an einigen Stellen auch zum Ausdruck, dass die Differenzierungen in der schweizerischen Presse nicht überall fehlen, etwa bei Medienberichten darüber, wonach die Lage der Touristen in der Türkei sicherer geworden sei (Herr A).

3.3.2 Die Berichterstattung der türkischen Medien über die Türkei

Generell schätzen die Interviewten die Berichterstattung der türkischen Medien noch kritischer ein als die Berichterstattung der schweizerischen Medien. Allerdings ist zu berücksichtigen, dass dabei nicht so sehr die Berichterstattung der Presse im Mittelpunkt steht, wie diejenige des Fernsehens. Hinzuzufügen ist auch, dass die Diskriminierung der Kurden und Kurdinnen die negative Bewertung verstärkt, wobei allerdings die türkischen Interviewten kaum viel positiver urteilen. Wesentliche Kritikpunkte sind:

- Familie A: „Sie bringen nur Lügen! Nur in Zusammenhang mit den Verkehrsunfällen, wie viele Personen dabei getötet oder wie viele Personen bei Streitigkeiten erschossen wurden und ähnliches, erzählen sie eher wahrheitsgetreu. In diesem Punkt sind die europäischen Medien unvergleichbar besser als die türkischen. Sie lenken die allgemeine Sicht durch Magazinsendungen oder magazinartig dargestellte Informations- bzw. Nachrichtensendungen von den Tatsachen ab."
- Frau E: „Die türkischen Informationen interessieren mich eigentlich nicht groß. Ich bin trotzdem neugierig und möchte schauen, aber alles enthält blutige Szenen und Gewalt. Sogar die Nachrichten werden wie Showpro-

gramme präsentiert. In den Nachrichten hier (in der Schweiz) treffen sie sehr selten solche Szenen. "
- Herr D: „Sie sind unehrlich. Sie lügen, übertreiben sehr."
- Frau H: „Türkischen Medien berichten über die Türkei immer positiv."
- Herr B: „Die meisten Medien berichten bzw. zeigen immer wieder Verkehrsunfälle, Magazinprogramme, Klatschgeschichten über irgendwelche Sänger und Sängerinnen, Mannequins und Schauspielerinnen, Moderatoren und so... Einfach selten Ernsthaftes... Es dominieren immer Magazinsendungen oder magazinartig dargestellte Informations- bzw. Nachrichtensendungen."

Im Zentrum der Kritik steht der Vorwurf, dass in den türkischen Medien stark übertrieben und Show und Information zu wenig auseinander gehalten werde. Klatsch und skandalisierte Geschichten scheinen im Mittelpunkt zu stehen. Wie Familie F betont, führten die Übertreibungen, etwa bei der Darstellung von Verbrechen, Unfällen, Polizeiübergriffen etc. dazu, dass das Image der Türkei in ein negatives Licht gerate. Frau F meint dazu: „Wenn ein anderes Land die Kommentare gemacht hätte, welche die türkischen Medien über die Türkei machen, dann hätten wir dieses Land verbannt, angeprangert/aufgehängt! Der größte Feind der Türkei sind die türkischen Medien."

Dazu kommt die Parteilichkeit der Medien aus kurdischer Sicht, indem die Haltung der Türkei politisch kaum kritisiert wird. Herr G betont in diesem Zusammenhang: „Die türkischen Medien sehen die Kurden als Terroristen. Sie haben bis jetzt die Kurden gar nicht wahrgenommen und jetzt betrachten sie sie als Terroristen. Das lesen Sie auch jeden Tag in den Zeitungen. Die türkischen Medien sehen niemanden außer sich selbst."

3.3.3 Die Berichterstattung der türkischen Medien über die Schweiz

In den türkischen Zeitungen ist die *Schweiz kaum ein Thema*. So wird von den Befragten mehrfach festgestellt, dass man darüber in türkischen Medien noch kaum etwas gelesen habe (Herr A). Berichte finden sich allenfalls dann, wenn über direkte politische Ereignisse in den Beziehungen zur Türkei berichtet wird. So erzählt Herr B: „Ich habe betreffend die Schweiz selten was gelesen in den türkischen Medien. Vor kurzem gab es einen Zwischenfall mit der Schweizer Außenministerin betreffend Menschenrechte in der Türkei, sonst habe ich nichts über die Schweiz gesehen oder gelesen."

Daneben gibt es einige türkische Printmedien, die in der Schweiz herausgegeben werden. Dazu gehört die *Postzeitung*, die von der TGRT-Gruppe herausgegeben wird, oder *Merhaba* und *Ses*. Diese berichten auch über neuere politische Entwicklungen in der Schweiz und über die Ausländerproblematik, wie Herr G deutlich macht: „Im Allgemeinen berichten die türkischen Medien positiv über die Schweiz. Ich habe eine türkische Zeitung *Merhaba* gelesen. Sie kritisierten ein wenig das Schengen-Visum und Herrn Blocher. Im Referendum wurde diese Kritik bestätigt. Die Frist für die Einbürgerung wollten sie von zwölf auf acht Jahre reduzieren, was nicht geklappt hat. Solche Medien haben das Recht, die Schweiz zu kritisieren, sie kritisieren die Mängel."

Die Aussage von Herrn G macht deutlich, dass diese türkischsprachigen Medien, auch wenn sie eher magazinartig aufgebaut sind, in Einzelfällen durchaus einen parteilichen Standpunkt für die Anliegen der Migrantinnen und Migranten einnehmen. Sie werden von den Befragten auch häufig gelesen, weil hier noch am ehesten Informationen in Türkisch über die Schweiz zu finden sind.

Als Defizit ist dagegen anzumerken, dass es wenige türkische Medienangebote für türkische Migrantinnen und Migranten gibt, welche Informationen aus schweizerischer Sicht vermitteln. Das Schweizer Fernsehen sendet *weder Fernseh- noch Radiosendungen für AusländerInnen*. Irene Ristic schreibt dazu in *NZZ Online*: „Erst im Februar dieses Jahres kippte Radio DRS die letzten beiden fremdsprachigen Sendungen in kroatischer und türkischer Sprache aus dem Programm. SR DRS beabsichtige, in Zukunft aktuelle Themen mit direkt betroffenen Migranten im Rahmen von Hintergrundsendungen wie „Doppelpunkt" oder „Siesta" aufzugreifen, erklärt Verena Kottmann, Pressesprecherin von Radio DRS. Ob damit aber die erste Generation, die meist nicht gut Deutsch spricht, erreicht werden kann, ist fraglich" (Ristic 2005).

Dazu kommen höchstens einzelne Lokalradios wie das alternative Lokalradio *LORA* in Zürich, welches auch fremdsprachige Radiosendungen ins Programm aufgenommen hat. Doch *LORA* wird von keinem der Befragten genannt. Herr und Frau A vermerken in diesem Zusammenhang fast etwas neidisch, dass im zürcherischen *Tagblatt* die Italiener über eine halbe redaktionelle Seite verfügten. Dies belegt, dass man sich in der Schweiz zu Zeiten der verstärkten italienischen Einwanderung noch bewusster über die Wichtigkeit von schweizerischen Medienangeboten für Ausländer war.

Die Situation der türkischsprachigen Medienangebote kontrastiert im Übrigen mit jenen aus den Ländern Ex-Jugoslawiens, wo eine viel regere Lokalradioszene besteht, wie Ristic berichtet: So vergehe kaum ein Tag in der Schweiz, ohne dass eine „Balkansendung" über den Äther gehe, wobei die Themenpalette von Musik und Kultur bis hin zu sozialen und politischen Inhalten reiche, die sich mit dem Herkunftsland und der Schweiz auseinander setzen. Interessierten sich die Secondos, deren Eltern lange vor dem Bürgerkrieg in die Schweiz kamen, eher für moderne und innovative Musikstile, seien die später Zugezogenen und die erste Generation eher an serviceorientierten Informationen interessiert.

Ristic nennt zum Beispiel die Sendungen des Basler *Radio X*: „Es ist eine Herausforderung, den richtigen Mix zu finden", sagt der aus Bosnien stammende Edo Burazovic, der jeden Donnerstag auf Radio X in Basel die Sendung „X-Tovka" moderiert. Alte und neue Hits aus allen Ecken des ehemaligen Jugoslawien werden genauso gespielt wie alternative Musikbands aus Zagreb, Sarajewo oder Belgrad. Traditionelle Folklore sucht man hier vergeblich, und auch Politik hat keinen Platz in Burazovics Programm" (Ristic 2005).

3.3.4 Die schweizerische Berichterstattung zur Migrationsthematik

Neben dem Fehlen von fremdsprachigen Angeboten für MigrantInnen ist festzuhalten, dass von den Befragten auch die Berichterstattung über die Migrationsproblematik in den schweizerischen Medien als ungenügend betrachtet wird. Das Schicksal der AusländerInnen in der Schweiz sollte ihrer Meinung in der Presse größere Beachtung finden, auch, um das Verständnis der Schweizerinnen und Schweizer für die Situation der MigrantInnen zu verbessern. In diesem Sinne äußert sich Frau F: „Meiner Meinung nach nehmen diese Themen nicht genug Platz in den Medien, besonders wir Migranten nicht. Sie sollten Gespräche mit uns Migrantinnen und Migranten führen und zwar in der Familie, am Arbeitsplatz. Sie sollten erfahren, ob wir vom Süden Erfolg haben, welche Probleme und Schwierigkeiten wir haben. Migration und Integration kommen sehr wenig zur Sprache. Ich spreche nicht nur von den Türken, sondern von allen Ausländern. Wir bekommen zum Beispiel gratis Zeitschriften von Migros und Coop. Darin finden sich keine Berichte zu Ausländern. Jedes Mal, wenn sie von uns einzelne Informationen bekommen würden, würden so auch die Kulturen bekannt gemacht."

Eine solch differenzierte Berichterstattung wird von den Interviewten als Beitrag zur Integration gesehen. Denn diese setzt auch voraus, dass die Einheimischen die Migranten nicht einfach aus der Perspektive überkommener Klischees und Vorurteile wahrnehmen. Dies wird besonders in der folgenden Interviewpassage von Frau E deutlich: „Ich bin auch damit einverstanden und ich versuche, mich zu integrieren und habe Jahre lang hier gearbeitet. Die Medien sollten schon über Ausländer schreiben, aber nicht immer Negatives, sondern auch Positives muss geschrieben werden. Schließlich bin ich eine Ausländerin, aber lebe hier."

Gerade auf Fragen der Migrationspolitik und auf die faktische oder vermutete Diskriminierung reagieren die Befragten sehr sensibel. Insbesondere die Kampagnen der SVP und die Verschärfungen im Asyl- und Ausländerrecht werden von ihnen immer wieder angesprochen. Dies belegen u.a. die folgenden Aussagen:

- Herr G (Jahresaufenthalter und im Moment arbeitslos): „Die Nachrichten über Migranten haben sich verschlechtert. Die Verschlechterungen sehen wir bezüglich der Anerkennung der Asylgesuche. Die Unterdrückung der Asylsuchenden nimmt zu. Zum Beispiel wird ein neues Gesetz erarbeitet, das besagt, dass man keine Niederlassungsbewilligung C bekommen kann, wenn man arbeitslos ist und weiterhin die Jahresaufenthaltsbewilligung besitzt. Die Situation verschlechtert sich und entsprechend auch die Nachrichten."
- Herr und Frau A: „Betreffend der Migranten ist die Berichterstattung nicht unbedingt vorurteilsfrei und manchmal sogar negativ. Vor den letzten Abstimmungen zum Beispiel gab es eine politische Werbung betreffend Einbürgerung. Es war eine anti-islamische Kampagne: Das Land werde in wenigen Jahren mehrheitlich islamisch und so. Eine unverhältnismäßig übertriebene Werbung."
- Herr D: „In letzter Zeit habe ich das Gefühl, dass allgemein die Tendenz zu Fremdenfeindlichkeit und zu Diskriminierung steigend ist. Dies sieht man auch in der Berichterstattung der Medien, wenn zum Beispiel über eine Person mit Migrationshintergrund meist im Zusammenhang mit etwas Negativem berichtet wird. Auch wenn es sich bei der Person um jemanden Eingebürgerten handelt, dann heißt es in der Regel ‚der Schweizer mit türkischer Herkunft' und so ..."
- Herr B: „Wenn es etwas Negatives zu berichten gibt wie Streitigkeiten, Verkehrsunfälle, in die Ausländer verwickelt sind, dann schon." (lacht)

Vor allem das Beispiel von Herrn G macht deutlich, dass bei diesen Einschätzungen auch die persönliche Betroffenheit im Spiel ist, indem er seine eigene schwierige Situation in den Medien wieder findet und dabei eine Verschärfung des Ausländerrechts konstatiert, die seinen eigenen Aufenthaltsstatus in der Schweiz betrifft. Medienberichterstattung und die alltägliche Erfahrung persönlicher Diskriminierung ergänzen sich bei der Einschätzung der eigenen Stellung als MigrantInnen. So meint Frau F, sie brauche keine Zeitung, um dies zu erfahren: „Diese Diskriminierung ist groß. Ich brauche nicht darüber zu lesen. Ich sehe es und habe viele ausländische Freundinnen, mit denen ich viel darüber diskutiere. Auch von den Kindern bekommen wir Informationen darüber. Dasselbe Programm/Unterricht, dieselbe Methode, aber trotzdem Unterschiede. Das macht mich traurig." – Daneben machen die Aussagen deutlich, dass die Berichterstattung der Medien sehr genau auf Fragen der Fremdenfeindlichkeit und Diskriminierung abgetastet wird, etwa, wenn Eingebürgerte als „Schweizer mit türkischer Herkunft" bezeichnet werden, oder wenn bei Verkehrsunfällen die Nationalität hervorgehoben wird.

Allerdings finden sich neben Aussagen, dass sich die Medienberichterstattung bezüglich der Migrations- und Ausländerproblematik eher verschärft habe, auch Meinungsäußerungen, welche die Berichterstattung „viel positiver als früher" (Herr D) empfinden. Herr und Frau A fügen ihrer Kritik an anti-islamischen Kampagnen übergangslos hinzu: „Aber im Allgemeinen kann man sagen, dass die Migranten in den Medien nicht negativ oder schlecht dargestellt werden. Und ich habe den Eindruck, dass es immer besser wird." Ähnlich Frau F: „Es gibt jetzt mehr Sensibilität. Ich möchte aber, dass die Berichterstattung über Ausländer besser und transparent wird. Es ist noch nicht genug."

Solche Brüche könnten auch darin bestehen, dass Medien und gesellschaftliche Akteure je nach politischem Hintergrund die Migrationsthematik sehr unterschiedlich einschätzen. Eine solche Differenzierung wird allerdings nur von einem der Befragten bewusst nachvollzogen. So betont Herr E: „Wenn irgendetwas passiert, reden sie von Ausländern. Jede Partei denkt anders wie SP oder andere Parteien. Es ist eigentlich Berichterstattung über die Ereignisse auf der Welt, nicht speziell über die Migranten. Eine Tendenz in letzten Jahren habe ich nicht festgestellt." Generell dürfte es allerdings für viele Migrantinnen und Migranten schwierig sein, die komplexen Hintergründe der politischen Diskussionen und die verschiedenen Standpunkte einzuschätzen. Was bei den Befragten vor allem hängen bleibt, sind die plakativen Kampagnen bei Abstimmungen oder die Stimmungsmache in den Boulevardmedien gegen ausländische „Raser". All dies aber erhöht den Druck und schürt Ängste bei den MigrantInnen, selbst dann, wenn sie als „Schweizerinnen und Schweizer türkischer Herkunft" migrationspolitisch nichts zu befürchten haben.

3.4 Die Frage der Medienerziehung in türkischen und türkisch / kurdischen Familien

Mit dem Forschungs-Setting als Familienprojekt, das die Mehrgenerationenthematik im Milieu der Migrantinnen und Migranten thematisiert, wurde in den Interviews mit den Eltern die Frage nach ihren Konzepten zur Medienerziehung und den dabei gültigen Regeln erörtert.

Die Befragten schätzen die Situation so ein, dass in der Schweiz in der Kindererziehung – und damit auch bei der Mediennutzung – eine große Regeldichte herrscht. Die *eigene Haltung* wird als toleranter und weniger streng eingeschätzt. So meint Herr G, dass die Schweizer streng nach Regeln lebten, was man an der Einhaltung von Terminen sehe: „Wenn ich drei Minuten zu spät bin, ist die Hölle los. Aber auch sie verspäten sich nicht einmal drei Minuten. Ich denke, dass sie auch solche Regeln zu Hause mit ihren Kindern haben."

Diese allgemeine Einschätzung, dass Schweizer und Schweizerinnen sehr pünktlich, vielleicht auch etwas pingelig seien und auf die Einhaltung von Regeln besonderen Wert legen, wird auch auf die Erziehung der Kinder und auf das Bildungssystem ausgedehnt. Charakteristisch für diese Haltung, die in der überwiegenden Mehrzahl der Interviews ersichtlich wird, ist der folgende Ausschnitt aus dem Gespräch mit Familie F:

- Frau F: „Ich denke, dass die Schweizer Familien viel strengere Regeln aufstellen. Ich habe Nachbarn, die ich gut kenne, obwohl ich nicht bei ihnen war. Ich finde die Regeln der Schweizer auch auf der Strasse gegenüber den Kindern sehr streng. Zum Beispiel das Kind kann Fehler machen, die wir Erwachsene auch machen. Das akzeptieren wir alle. Die Fehler, die sich wiederholen, sind eine Ausnahme. Wenn das Kind zum Beispiel die Zeit für das Essen verpasst, circa eine halbe Stunde zu spät nach Hause kommt, dann wir wissen ja nicht, was draußen passiert ist, dann glaube ich, ich bin sogar sicher, dass das Kind kein Essen mehr bekommt und ins Zimmer geschickt wird, bevor sie seine Erklärung gehört haben. Ich war vielmals Zeugin davon und ich kenne das."
- Herr F: „Ich habe keine solchen Beispiele erlebt, habe aber durch den Austausch mit Kollegen gehört, dass die Schweizer Kinder um 20.00 Uhr ins Bett gehen müssen. Ich sage meinen Kindern am Abend, warum sie nicht ins Bett gehen wie ihre Schweizer Kollegen. Wir schicken sie mit großer Mühe ins Bett und erst um 21.00 oder 22.00 Uhr." (Frau F bestätigt) „Ich finde diese Regel der Schweizer nicht korrekt."

Zu betonen ist in diesem Zusammenhang, dass es nicht darum geht, ob Beobachtungen, wie sie Herr und Frau F schildern, der Realität bei Schweizer Familien entsprechen. Wesentlich ist vielmehr die Wahrnehmung, die darin zum Ausdruck kommt. Offensichtlich ist es so, dass die Interviewten das Erziehungsverhalten von Schweizer Eltern als wenig tolerant und rigide beurteilen.[18] Das mag sich dann wiederum in Vorurteilen von SchweizerInnen spiegeln, welche das Erziehungsverhalten von Familien mit Migrationshintergrund als zu wenig konsequent betrachten. Aber auch in der wissenschaftlichen Literatur zu Medien und Migration finden sich Hypothesen, wonach „in türkischen Familien weniger auf dem Medienumgang der Jüngsten geachtet wird, als dies in deutschen Familien der Fall ist" (Eggert/Theunert 2002: 294).

    Dass es bei solchen Fragen und den implizit damit verbundenen gegenseitigen Vorbehalten um mehr geht als um bloß vereinbarte Regeln, sondern um

---

18   Das wird unter anderem auch von Frau C unterstrichen: „Sobald es 8 Uhr abends wird, gehen ihre Kinder ins Bett. Und alle Kinder helfen immer mit, zum Beispiel beim Aufräumen nach dem gemeinsamen Essen und so. Sie sind ziemlich anders."

eine ganz unterschiedliche kulturelle Einbettung des Erziehungsverhaltens, macht Herr A deutlich: „Wie sie sich bzw. diese strengen Regeln durchsetzen, oder ob das überhaupt realistisch und gut ist, weiß ich nicht, aber ich muss sagen, es gibt schon Momente, wo ich mir wünschte, ich hätte dies auch gekonnt! Aber es ist nicht einfach für uns. Bei uns herrschen schon noch teilweise so genannte „feudale" Verhältnisse. Ich meine, Kindererziehung ist nicht nur eine Elternsache. Wir pflegen noch intensive verwandtschaftliche Beziehungen. Es kommt mal der Onkel, mal die Tante, mal die Großmutter usw. vorbei. Und diese verwöhnen die Kinder meistens."

Die *„feudalen" Strukturen*, welche Herr A hier anspricht, beziehen sich auf großfamilienartige Strukturen, in der viele Migrantinnen und Migranten vernetzt sind. Diese üben einen nicht zu unterschätzenden Einfluss auf das Erziehungsverhalten aus, wie Herr A dies mit dem Stichwort des Verwöhnens betont. Unter dem Stichwort des traditionellen Erziehungsverhaltens wird allerdings nicht allein das Phänomen des Verwöhnens diskutiert. Viel häufiger wird unterstellt, dass damit ein rigideres und verstärkt an Erziehungsautorität gebundenes Verhalten verbunden sei. So betonen Heitmeyer/Müller/Schröder (1997: 76), dass sich türkische Jugendliche im Gegensatz zu deutschen, und hier vor allem die Mädchen, mit rigideren Norm- und Wertvorstellungen und restriktiverem Erziehungsverhalten durch die Eltern auseinander zu setzen hätten.

Aus solchen Beobachtungen lässt sich folgern: Es dürfte schwierig sein, von einem umfassenden und generellen Maßstab der Strenge auszugehen, der über alle Situationen des Alltags gleich ist. Bei welchen Normen und Verhaltensweisen strikte Regeleinhaltung verlangt wird, wird vielmehr von unterschiedlichen Kulturen ganz verschieden geregelt. Wenn im häuslichen Rahmen der *Fernsehkonsum weniger reglementiert* ist oder wenn Pünktlichkeit kulturell weniger streng eingefordert wird, muss dies nicht automatisch bedeuten, dass zum Beispiel bei den Mädchen keine Ausgangskontrolle stattfindet.

Allerdings stellt sich auch die Frage, wie homogen die Erziehungsnormen in verschiedenen Bevölkerungsgruppen sind. Innerhalb unserer Migrations-Stichprobe unterscheidet sich der Umgang mit Regeln zum Medienverhalten jedenfalls stark. So gibt es in den Interviews mehrere Familien, die durchaus, mit mehr oder weniger großem Nachdruck, Wert auf Kontrolle legen, der sich von den schweizerischen Gewohnheiten weniger zu unterscheiden scheint, als dies aus den oben zitierten Äußerungen der Befragten hervorgeht. Doch auch innerhalb der schweizerischen Bevölkerung dürfte es kaum eine durchgängige Haltung gegenüber erzieherischen Regeln geben.

Diese *Unterschiedlichkeit der Regeln im Medienumgang* illustrieren die Antworten aus den Interviews:

- Herr G: „Am Wochenende stellen wir bis 23.00 Uhr keine Regel. Natürlich wenn sie die Aufgaben gemacht haben. Während der Woche muss es Regeln geben. Sie müssen zuerst die Aufgaben gemacht haben und um 21.00 Uhr müssen sie ins Bett gehen. Die Regeln werden hauptsächlich von der Mutter gestellt, ich bin nicht konsequent. Wenn aber die Kinder sich nicht daran halten, beschuldigt sie mich."
- Familie A: „Er hat früher auch oft mit der Playstation gespielt. Wir mussten das Gerät in den Keller bringen."
- Frau H: „Seit zwei Wochen haben wir das Fernsehen und ich gedenke es zu kontrollieren, wir sind noch in der Probezeit: Ich sage Mehmet, dass er pro Tag zwei Stunden Fernsehen darf. Er kann diese Zeit auf den ganzen Tag verteilen, zum Beispiel jedes Mal eine Viertelstunde. Einerseits lernt er diese Zeitabschnitte zu addieren, andererseits fragt er nicht ständig, ob seine Zeit um ist. Das ist die jetzige Regel, die ich gestellt habe und ich kontrolliere auch, ob sie sich daran halten."
- Herr F: „An Wochenenden werden zum Beispiel die fremden Sender (deutschsprachige Sender) ab 21.00 Uhr gar nicht geschaut, es ist verboten."

Insgesamt zeigt sich hier eine Palette von Maßnahmen, die von den Bemühungen von Schweizer Familien kaum groß abweichen dürften. Hier wie dort sind es eher die Mütter, die aufgrund der häuslichen Anwesenheit für Medienregeln verantwortlich sind. Inhaltlich geht es dabei um folgendes:

- Durchsetzung eines Zeitmanagements: Bis wann darf geschaut werden?
- Verwarnung, wenn Regeln nicht eingehalten werden
- Diskussionen darüber, ob einzelne Sendungen gesehen werden dürfen etc.[19]

Außerdem wird oft auch das *Alter* angeführt, welches bei den doch schon fast erwachsenen Kindern in unserer Stichprobe zu enge Kontrollen obsolet erscheinen lassen: Bei Jugendlichen muss schon ein hohes Maß an Selbstregulation vorausgesetzt werden, wie der folgende Interviewausschnitt mit Herrn D verdeutlicht: „Sie kann dies selber einschätzen. Ich kenne da keine Grenzen. Sie weiß, wann sie lernen muss und wann sie fernsehen kann und wann sie ihre Hausaufgaben machen muss. Von mir aus braucht sie keine Regel, und sie darf alles sehen, und wie lange sie will und so ... sie kann selber entscheiden und

---

19 Ein Ausschnitt aus dem Interview mit Familie A verdeutlicht dies: „Manchmal gibt es Gewaltfilme, Science Fiction und Psychothriller oder erotische Filme, welche im Kindesalter nicht erwünscht sind und so. Darüber sprechen wir mit ihnen und sagen unsere Meinung, das heisst, dass dies keine guten Filme seien und insbesondere für Kinder nicht."

sollte dazu schon in der Lage sein, aber die Mutter erlaubt ihr dies nicht." Auch hier würden schweizerische Eltern wohl nicht viel anders argumentieren und hier wie dort dürfte es auch innerhalb der Kultur recht unterschiedliche Überzeugungen geben.

Auch wenn es gewisse kulturspezifische Unterschiede gibt, etwa, dass der Fernseher bei türkischen Familien oft viel länger läuft, sollte man bei der Generalisierung solcher Unterschiede Vorsicht walten lassen. Wie Lale Akgün betont, dürfen die Gemeinsamkeiten nicht außer Acht gelassen werden: „die Verhältnisse, unter denen diese Kinder aufwachsen, die Tatsache, dass diese Verhältnisse einander sehr ähneln, gleich aus welcher ‚Kultur' diese Kinder stammen, die Tatsache, dass sie unter ähnlichen Bedingungen erzogen werden – all dies wird meistens übersehen" (Akgün 2002).

Neben der Frage, *inwieweit die Mediennutzung der Kinder zu regulieren und zu kontrollieren ist,* stellt sich aber auch die Frage nach den Medien als gezielt eingesetzte Ressource für die Entwicklung der Kinder. Wenn sehr viele Computer in den Kinderzimmern stehen, so hängt dies auch damit zusammen, dass die interviewten Familien damit die Bildungschancen ihrer Kinder nicht gefährden wollen (siehe oben).

Am Beispiel des Computerkaufs zeigt sich, dass ein Vorurteil besteht, wenn man Familien mit Migrationshintergrund als weniger bildungsorientiert betrachtet. Sie haben ihre Heimatländer oft auch aus dem Grund verlassen, weil sie dort kaum Aussichten auf ein besseres Leben sahen oder weil sie dort physisch bedroht waren. Dabei mussten sie feststellen, dass ihre heimatlichen Bildungsabschlüsse in der Schweiz nicht anerkannt wurden. Dieses *fehlende bzw. entwertete Bildungskapital* vermissen sie in ihrem Gastland schmerzlich, weil ihnen die notwendigen Zertifikate und Diplome fehlen, um sich hier so beruflich verwirklichen zu können, wie sie es sich möglicherweise vorgestellt hatten. Aus diesem Grund konzentrieren sie Wünsche auf ihre Kinder und sind darauf bedacht, wenigstens diese im Rahmen ihrer Möglichkeiten zu fördern.[20] Der Computer ist dabei eine der wenigen Möglichkeiten, welche die Eltern ganz in der eigenen Hand haben. Bei Gesprächen mit Lehrpersonen oder ganz allgemein bei Kontakten mit der Schule können sie dagegen nie sicher sein, ob Faktoren einer subtilen Diskriminierung eine Rolle spielen.[21]

---

20 Ähnliche Phänomene haben Juhasz/Mey bei ihrer Analyse der Situation von Jugendlichen aus der zweiten Generation beschrieben. So stellen sie zur Biographie der 17-jährigen Natascha fest: „Gleichzeitig ist bereits oben zur Sprache gekommen, dass davon auszugehen ist, dass Natascha von ihrem Vater den Auftrag ‚übernommen' hat, dessen unerfüllt gebliebene Bildungswünsche an seiner Stelle einzulösen" (Juhasz, Mey 2003: 208).

21 So ist es die Erfahrung von Herrn E: „In den Schulen werden Unterschiede gemacht. Sie wollen nicht, dass die ausländischen Kinder mehr Erfolg als die schweizerischen Kinder haben, und es wird ihnen wenig Aufmerksamkeit geschenkt."

Neben der Schule gilt dieser Förderungsaspekt auch generell für die *berufliche Zukunft*. Hier nehmen die Interviewten eine Tendenz in der Gesellschaft wahr, wonach Computerkenntnisse eine Schlüsselkompetenz darstellen – so wie es Herr E beschreibt: „Unsere Töchter sehen die Zukunft der Welt durch Medien und lernen die Welt kennen. Der Computer wird zurzeit in allen Berufen gebraucht und ist für die berufliche Zukunft wichtig. Ohne Computer können Sie zurzeit nichts tun, alles läuft über Computer."

Darüber hinaus scheinen Medien den Befragten insgesamt eine Bildungsfunktion zu erfüllen, die für das heutige Leben wichtig ist. Herr F meint denn auch dezidiert: „Ich glaube schon, dass Medien wie Fernseher und Internet viel zum Bildungsprozess beitragen. Es ist vielleicht nicht gut für die Augen und anstrengend für das Hirn, aber wichtig für die Bildung, wenn dosiert gute Programme geschaut werden." Nur wer sich mit Medien beschäftigt, kann sich über die heutige Welt und ihre Anforderungen informieren. So berichtet auch Frau E, ihre Tochter Cagla habe erst aus den Medien erfahren, dass es Arbeitslosigkeit gebe. Immer wieder wird in den Interviews betont, dass über Medien Wissen vermittelt werde:

- Herr E: „Der Computer bringt unseren Töchter Vorteile in Bezug auf Wissen und Informationen. Wenn wir etwas nicht wissen, finden sie es sofort im Internet. Egal wo man ist, man kann immer im Internet eine Antwort bekommen."
- Frau A: „Eine zielgerichtete Nutzung des Computers kann ebenfalls förderlich sein, insbesondere bei der Erweiterung des allgemeinen Wissens."

Auf dem Hintergrund solcher Überlegungen versuchen die Eltern, den Kindern ein Leben zu ermöglichen, das sie in der Medienausstattung gegenüber den schweizerischen Kindern nicht benachteiligt. So findet sich in den Familien die ganze Palette von Geräten wieder, die generell die heutige Jugendkultur kennzeichnet. Und es wird auch mehrfach ausgesagt, dass Medien vorwiegend aufgrund von Wünschen der Kinder angeschafft werden, wie es Herr B schildert: „Wenn sie etwas kaufen wollen, sage ich in der Regel nein, wir brauchen nichts und so, aber meine Frau kauft es trotzdem. Wenn die Kinder etwas haben wollen, kaufen wir es irgendwann ein, im Rahmen der Möglichkeiten, auch wenn wir zuerst nein sagen."

3.5 Migrantinnen und Migranten in der Mediengesellschaft

Die mit den Eltern geführten Interviews belegen, dass Migrantinnen und Migranten in einer Mediengesellschaft leben, die einen großen Einfluss auf ihren Lebensalltag in der Schweiz ausübt. Dies unterstreicht einmal die Tatsache, dass die Befragten über vielfältige Erfahrungen mit Medien verfügen und dass sie eine große Anzahl Medien benutzen. Im Zeitalter globaler Medien bedeutet dies auch, dass sie Zugang sowohl zu türkischen wie zu schweizerischen Medien haben. Dies ermöglicht einerseits Vergleiche, wie sie vor dem Zeitalter des Satellitenfernsehens nicht möglich waren. So erfährt man hautnah jeden Tag, wie sich die Lebenssituation in der Türkei darbietet, und man kann all jene Medienangebote ebenfalls nutzen, zu welchen die Angehörigen in der Heimat Zugang haben. Gleichzeitig ermöglichen die Medien sowie die allgemein zunehmende Mobilität auch eine intensive Vernetzung mit den Angehörigen, dies im Sinne von *transnationalen Gemeinschaften*, die über Medien in konstanter und direkter Verbindung zueinander stehen. Ein Beispiel für eine solche, über Grenzen hinausgehe Vernetzungen, gibt die Schilderung von Herrn E: „Wir haben einen Onkel in Deutschland. Mit seinen Kindern pflegen wir regelmäßig den Kontakt. Auch in der Türkei haben wir einen Onkel. Wir rufen viel mehr in Deutschland an als in die Türkei. Ich rufe sie meistens an, mein Bruder und beide Töchter chatten mit ihnen. Jedes Jahr kommen sie zu uns oder wir gehen nach Deutschland. In die Türkei gehen wir normalerweise jedes zweite Jahr, wenn wir Geld haben."

Die von uns befragte Gruppe von türkischen Migranten ist *transnational vernetzt*, was aber sowohl auf der Seite der Beziehungen wie auf jener der Medien sehr unterschiedliche Formen annehmen kann. Das reicht von Familie A, die betont, überall – in der Türkei und im übrigen Ausland (England, Deutschland, USA, Australien usw.) – Verwandte zu haben, bis zu Familien, die vorwiegend auf die Schweiz und die Türkei beschränkt sind. Was die Medien angeht, so finden sich Kontakte über Internet und Chat ebenso wie Familien, die ausschließlich per Brief und Festnetz-Telefon in Verbindung stehen. Üblich ist es zudem, dass man möglichst einmal pro Jahr in die Türkei fährt, um Verwandte zu besuchen und in die Heimatregion zu fahren.[22]

Dieser transnationale Bezugsrahmen macht es aber auch schwierig, sich einer Kultur zuzuordnen, nicht zuletzt auch wegen der Kinder, die stark in der Schweiz verwurzelt sind. So betont Frau G: „Ich möchte eigentlich in Kurdistan leben, aber ich möchte auch die Kinder nicht alleine lassen. Wo soll ich meine Kinder lassen?" In einem ganz ähnlichen Sinn meint Herr H: „Es ist eine sehr schwierige Frage. Im Normalfall, wenn wir die Möglichkeiten und die Voraussetzungen dafür hätten, hätten wir es vorgezogen, in die Türkei zurück zu kehren. Das ist nur eine Phantasie, denn die Kinder sind hier auf die Welt gekommen und hier groß geworden. Es ist nicht möglich, sie wieder in die Türkei zu bringen und sie dort zu integrieren."

---

22 Dies gilt allerdings nicht für Flüchtlinge, die aus politischen Gründen in die Schweiz gekommen sind, wie Frau H in Hinblick auf ihren Mann berichtet: „Ich gehe schon in die Türkei, aber A. kann aus politischen Gründen nicht gehen."

So kann sich ein *Gefühl der Fremdheit* ergeben, das sich letztlich auf beide Kulturen bezieht oder wie es Frau A ausdrückt: „Wir sind überall fremd. In die Türkei gehen wir in die Ferien. Spätestens nach drei Wochen Aufenthalt wird es für mich in der Türkei langweilig. Ich bin mit elf Jahren hierher gekommen. Reisen oder Weltreisen würde ich schon unternehmen, wenn das möglich wäre. Aber leben möchte ich doch in der Schweiz. Hier bin ich mit dem Leben zufrieden. Aber Sonne und Meer wären nicht schlecht." Auch die Einbürgerung bringt für diese Situation letztlich keine Lösung. Sie gibt zwar eine Sicherheit dafür, dass man in der Schweiz bleiben kann, vermittelt aber darüber hinaus keine direkte Verwurzelung im Gastland.

Dieses Dilemma zeigt die folgende Interviewpassage mit Frau F sehr deutlich: „Ich möchte hier leben. In der Türkei möchte ich als Touristin leben. Denn ich habe mich hier seit 24 Jahren so eingewöhnt. Auch meine Kinder leben hier. Wir haben uns deshalb die Frage gestellt, wer wir sind? Sind wir Schweizer oder Türken? Die Kinder leben auch in einer Leere. Deshalb haben wir uns eingebürgert. Natürlich ist die Türkei meine Heimat und ich möchte auch dort leben. Für immer in die Türkei zu gehen, ist sehr schwierig. Unsere Wurzeln werden hier sein. Ich sehe hier als Garantie für mich. Meine Eltern und Schwester sind zurückgekehrt und haben die Schweiz immer noch nicht vergessen. Sie reden von der Schweiz als „ihrem eigenen Dorf". Sie lebten zwanzig Jahre in der Schweiz. Wenn mein Vater hierher kommt, ist er sehr glücklich und meint, dass er in sein Dorf zurückgekehrt ist."

Um der Leere zu entgehen, hat sich Familie F eingebürgert. Sie hat sich in der Schweiz eingebürgert, ist aber nicht sicher, ob die eigentliche Heimat nicht doch die Türkei ist. Umgekehrt haben sich ihre eigenen Eltern dafür entschieden, im Alter in die Türkei zurückzukehren – mit ebenso zwiespältigem Ergebnis, da sie in der Schweiz das „eigene Dorf" lokalisieren.

In diesem Zusammenhang stellt sich die Frage, welches denn nun wirklich für MigrantInnen „mein Dorf" ist. Möglicherweise ist es häufiger die transnationale Gemeinschaft, in der sich diese Familien bewegen, als ein geografisch zurechenbarer Ort. *Diaspora* bezeichnet damit weniger wie in den großen türkischen Gemeinschaften in Deutschland, beispielsweise Berlin-Kreuzberg, einen bestimmten Ort sondern eine Form von Beziehungen, innerhalb deren man sich verortet. Und nicht zuletzt sind es die Medien, welche die verschiedenen Standorte überbrücken und so eine transnationale Gemeinschaft erst möglich machen.

Im *Zeitalter der transnationalen Beziehungen* spiegelt sich die Schwierigkeit, eine eigene Identität in diesen komplexen Verhältnissen zu entwickeln, auch in den Peergruppen-Interviews. Eine besondere Aktualität liegt auch darin, weil die meisten der befragten Peergruppen aus Personen unterschiedlicher kultureller Herkunft zusammengesetzt sind. So entspinnt sich in einer der Gruppen folgende Diskussion um die Frage, wo denn die eigene Heimat zu lokalisieren sei:

> Interviewerin: Was ist für euch Heimat?
> S.: „Unser Zuhause." A.: „Amerika, denke ich, wenn ich dort wohnen würde, würde ich auch als meine Heimat bezeichnen oder Frankreich. Ich denke von jedem Land, von dem man stammt, bezeichnet man als Heimat, immer dort wo man geboren wurde." S.: „Am Anfang kommt man wahrscheinlich hier ..." A.: „Aber meine Heimat ist auch, wo ich mein Haus habe, also wo meine Mutter wohnt. Dort, wo ich ein Dach über dem Kopf habe."

Heimat ist für diese beiden Jugendlichen eine unsichere Kategorie, die in einer Matrix von örtlichen und psychischen Räumen konstruiert wird (Ali 2003: 123). Sie liegt einerseits dort, wo man wohnt und gegenwärtig seinen Lebensmittelpunkt hat und sich geborgen fühlt, dann aber auch in jenem Land, aus welchem man stammt. Gleichzeitig ist es auch eine imaginierte Heimat, etwa, wenn man sich vorstellt, auch Amerika könnte die eigene Heimat sein, sofern man dort geboren wäre.

Mit der Betonung der Geburt kommt jene Dimension von Heimat in den Blick, die mit Herkunft oder Verwurzelung bezeichnet werden könnte. Ganz ähnlich beschreibt Ali die Äußerungen in ihren Interviews mit Kindern mit Migrationshintergrund in Großbritannien: „Für Kinder erscheint das parallele Verstehen von Heimat als „home" bzw. als Ort, wo sie gegenwärtig leben, parallel zu den Begriffen des „woher man kommt", als Diskurse von Raum und Ort, die innerhalb von Diskursen der Nationalität und Ethnizität artikuliert werden." (Ali 2003: 123).

Wie schwierig es ist, *sich zwischen Wohnort und Herkunft zu entscheiden*, kommt in dem folgenden Interviewausschnitt mit Jugendlichen zum Ausdruck, die aus Italien, Tschechien und der Türkei stammen:

> Y.: „Uh, das ist schwierig, schwierig zu sagen." H.: „Ja, irgendwie beides, denn ich kenne eigentlich beide Länder sehr gut. Hier in der Schweiz bin ich geboren, aufgewachsen und alles. Und dort bin ich schon sehr oft hingefahren. Aber hier habe ich eigentlich viel mehr Zeit meines Lebens verbracht als dort, also doch irgendwie mehr hier." G.: „Bei mir auch, meine meisten Verwandten sind eigentlich hier. Es sind eigentlich alle hier, außer dem Bruder meines Großvaters." Y.: „Ja, bei mir ist es die Türkei, weil mehr als die Hälfte der Familie in der Türkei wohnt, und ich wäre vielleicht schon noch lieber dort. Aber jetzt zurückgehen wäre vielleicht schon ein bisschen schwer, denn jetzt weiß ich, wie es in der Schweiz läuft ..."

Die meisten *Jugendlichen* kommen in der Gruppendiskussion zum Schluss, dass *ihre Heimat eher dort zu finden sei, wo sie wohnen*, Freunde und Bekannte haben, so, wie es C. auf den Punkt bringt: „Also Heimat ist für mich persönlich einfach hier, wo meine Familie ist, wo meine Freunde sind. Wo die Leute sind, die ich gerne habe, und wo ich mich wohl fühle, die Umgebung, die ich kenne und die ich gerne habe." Heimat ist, wie dieses Zitat ausdrückt, nicht allein ein geografischer sondern ein *emotionaler Ort*, der sich auf eine tief liegende emotionale Verbundenheit bezieht. Zu dieser gehört, wie es die Jugendlichen in derselben Gruppe ausdrücken, Familie und Geborgenheit. Diese findet man in der Regel am Ort, wo man wohnt, es sei denn, eine Familie unterhält sehr intensive Beziehungen zum Heimatland.

Diese emotionale Verbundenheit, die mit den Konzepten von Heimat verbunden ist, ist zwar tief verwurzelt, aber auch anfällig für Verletzungen psychischer Art. So kann ein Besuch in der ehemaligen Heimat zu Gefühlen der Fremdheit führen anstatt die Zugehörigkeit zu unterstreichen. So wird man, wie im folgenden Interviewausschnitt berichtet wird, bei Ferienaufenthalten trotz der Herkunft aus dem Ferienland häufig als Schweizer oder Schweizerin konnotiert. Auf die Frage, was einen denn in der Wahrnehmung der Einheimischen zu Schweizern macht, präzisieren die Beteiligten:

> A.: „Die Kleider." (lachen) „Nein, ich weiß ..."
> Interviewerin: „Ja, als ersten Eindruck sicher ..."
> A.: „Ja." Se: „Nein, wie du dich benimmst und so, deine Bewegungen."
> Interviewerin: „Die Bewegung auch? Bist du anders Frau?"
> Se.: „Ja, die Mädchen, die sich dort bewegen, sind so ... viel ernster." (lachen) Se.: „Wirklich, die sind so anders."
> Interviewerin: „Hast du dich dort im Vergleich mal beobachtet und überlegt, was anders ist?"
> Se.: „Die können dort nicht alleine aus dem Haus!"
> Interviewerin: „Ah, klar, du bist dich auch dort gewohnt an deine Freiheiten ..."
> Se.: „Ja!... Und ja, es ist komisch." A.: „Und sicher das Aussehen auch, das Gesicht und alles. Denn dort kennen sich die Leute und wissen, dass du aus dem Ausland bist und dann sagen sie, die ist gekommen und statt Schweiz sagen sie Schweden. Irgendwie sind wir dort Ausländer, wir sind hier Ausländer, wir haben fast keine Heimat."

Ähnlich wie bei ihren Eltern besteht auch bei den Jugendlichen der zweiten Generation der *Eindruck des Gespaltenseins*. Gerade Besuche im Heimatland wie die eben geschilderten können dieses Dazwischen bzw. Fremdsein deutlich machen und dies sogar bei fünf in der Türkei geborenen kurdischen Jugendlichen, die zu folgendem Fazit kommen:

S.: „In der Türkei, da bist du Schweizer." N.: „Ja, ich weiß." S.: „Egal ob du keinen Schweizer Pass hast." N.: „Obwohl du nicht Schweizer bist."

Diese Interviewausschnitte machen deutlich, dass Theorien über transnationale Gemeinschaften und zur Hybridisierung von Identitäten nicht heißen können, dass die Verwurzelung in lokalen Kontexten damit keine Bedeutung mehr hat. Vielmehr brauchen die befragten Jugendlich eine *Verortung in Raum und Zeit*, was nicht zuletzt auch damit zusammenhängt, dass man an einem bestimmten Ort Geborgenheit sucht. Zum „eigenen Dorf" kann zwar durchaus ein über die Welt gespanntes Beziehungsnetz gehören, zu welchem zentral auch die Verwandten in der ehemaligen Heimat gehören. Doch Besuche machen den Jugendlichen, wie sie in den Gruppendiskussionen immer wieder berichten, deutlich, dass sie dort nur beschränkt dazugehören und als Schweizer oder Schweizerinnen gelten. So ist für sie der *Wohnort als Ort der Verwurzelung* meist wichtiger, also eher Oberwinterthur wie Serbien-Montenegro: A.: „Ich glaube, wenn ich weg müsste von hier, ich würde nicht gehen, denn ich bin hier aufgewachsen. Ich kenne hier alle Leute und wenn ich woanders hinginge und mich jemand fragte, würde ich, glaube ich, nicht sagen dass ich aus Serbien-Montenegro bin, sondern aus Oberwinterthur oder eben Winterthur."

Allerdings steht der Wohnort nicht mehr wie vielleicht zu früheren Zeiten im Zeichen einer rasch zu vollziehenden Integration ins Schweizertum. Denn dieser schweizerische Wohnort ist für viele ausländische Jugendliche selbst zu einem multikulturellen Setting geworden, wo man Kolleginnen und Kollegen gefunden hat, die von ihrer (ausländischen) Herkunft her in einer ganz ähnlichen Situation sind. Der Druck zur Anpassung an spezifisch schweizerische Verhaltensweisen, wenn es diese denn überhaupt noch geben sollte, hat sich damit verringert. Man fühlt sich in den eigenen Peergruppen wohl und aufgehoben. Erst wenn sie Ferien im Heimatland machen, merken die Jugendlichen, wie stark sie bereits von außen als Schweizer und Schweizerinnen wahrgenommen werden, etwa bezüglich Kleiderstil, Bewegungen.

4. Ergebnisse der visuellen Erhebungsschritte

Die bisherigen Daten aus der qualitativen Studie stellten das Beziehungsgeflecht dar, in das Jugendliche und ihre Eltern verflochten sind, wobei vom Thema der vorliegenden Arbeit die Medien speziell fokussiert wurden. Gingen wir dabei von der Mediennutzung in den Familien aus (Zeitungen / Zeitschriften, Fernsehen, Computer etc.), so wurde gegen Ende des bisherigen Textes deutlich, wie der Diskurs der Migranten und Migrantinnen um den Begriff der Heimat kreist. Man sucht seine Wurzeln, spürt aber auch, dass sie unwiederbringlich im „Dazwischen" von Heimat- und Aufenthaltsort stehen. In der Türkei werden sie häufig ebenso oft als „Ausländer" konnotiert wie in der Schweiz. Traditionelle binäre Zuschreibungen scheinen in Lebenssituationen nicht mehr zu funktionieren, die transnationale Räume umfassen und wo das Heimatgefühl selbst sich auf die in der Diaspora weltweit verstreuten Angehörigen und Bekannten fokussiert hat.

Es gehört zu den wichtigsten Aufgaben des Jugendalters, sich der *Frage nach der eigenen Identität* zu stellen – und dies in verschiedenen Dimensionen der Sozialisation wie Geschlecht, Herkunft, zukünftige berufliche Identität.

Schwierig ist es allerdings oft, vertiefte Angaben über direkte Interviews zu erhalten, da diese voraussetzen, dass man bereit und fähig ist, über solche komplexe Themen zu sprechen. Aus diesem Grund haben wir versucht, über visuelle Stimuli – Fotos, die von bzw. zusammen mit Jugendlichen aufgenommen wurden – Gespräche in Gang zusetzen, die dann wiederum Gegenstand einer eingehenden Auswertung wurden.

In diesem Zusammenhang werden im folgenden Resultate zu zwei Bereichen dargestellt, die mit einem visuellen Zugang eine vertiefte Beschreibung der Situation der Jugendlichen zum Ziel hatten:

- Dies betrifft einmal die Kinderzimmer der Jugendlichen unserer Familien; wie fassten diese als „embodied spaces", also als verkörperlichte Räume, in denen sich Identitätskonstruktionen von Jugendlichen spiegeln.
- In einer weiteren Phase unseres Projekts fotografierten die Jugendlichen ihren Alltag, so wie sie ihn türkischen Verwandten präsentieren würden. Auch aus diesen Bildern sollte die Frage deutlicher werden, wie sie ihren Alltag in der Schweiz interpretieren, und welche Rolle sie selbst in diesem Alltag für sich sehen.

4.1 Kinderzimmer als verkörperlichte Identitätsräume

Auf der Suche nach möglichen Bildern, von denen jugendliche Identitätskonstruktionen abgelesen werden können, fiel die Wahl zunächst auf Fotos von Kinder- und Jugendzimmer, ausgehend von der Überlegung, dass in der Einrichtung und Gestaltung der eigenen Zimmer Spuren von Identitätskonstruktionen der Jugendlichen sichtbar werden. In kaum einem anderen Bereich ihres Lebens, mit Ausnahme des Kleidungs- und Haarstils, haben Kinder und Jugendliche einen so großen Gestaltungsfreiraum, wie in ihrem Zimmer. Wir haben deshalb diese *alltagsästhetischen Arrangements* auf ihre Aussagekraft befragt, inwieweit sie als verkörperlichte Selbstbilder oder „embodied spaces" der BewohnerInnen zu deuten sind und ob sie Hinweise geben können auf Identitätsprozesse.

Identität von Jugendlichen wird einmal selbst als räumliches Konstrukt deutlich – so, wie dies Stars wie Madonna vormachen, deren Image in der Analyse von John Fiske in einem raum-zeitlichen Erscheinungsbild verankert sind, das sie von sich entwerfen (Fiske 2003: 103ff). Dabei ist jedoch nicht nur der Körper selbst als Text wichtig, vielmehr verweist er durch intertextuelle Beziehungen auf den umgebenden Raum, der dadurch in gewisser Weise „verkörperlicht" wird beziehungsweise zum Teil des eigenen Bedeutungskonstruktes der Jugendlichen wird. Der Text der Poster an der Wand geht zum Beispiel in den Stil der Präsentation des eigenen Körpers ein und erzeugt damit als Ensemble das gewünschte Image.

In unserem Projekt beziehen wir diese konzeptuellen Überlegungen auf eine Untersuchung der Kinder- und Jugendzimmer. Darin schließen wir an Bachmair (2001: 328ff.) an, der Kinderzimmer als komplexe alltagsästhetische Texte interpretiert hat. Er betont dabei auch die aktive Komponente der räumlichen Aneignung von Kindern und Jugendlichen. Heranwachsende statten ihre Zimmer mit symbolischem Material aus und konstruieren ihre Lebenswelt unter Einbezug medialer Angebote. Letztlich ergibt sich damit eine Erweiterung des traditionellen Textbegriffs, der nicht allein die Bildsprache als Texte analysiert, sondern auch komplexe kulturelle Tatsachen auf diesem Hintergrund interpretiert. In diesem Rahmen entwickelten wir das Konzept, über das Fotografieren von Kinder- und Jugendzimmern der symbolischen Konstruktion von Lebenswelt und den diese regulierenden Identitätskonzepten auf die Spur zu kommen.

Kinder- und Jugendzimmer sind in dieser Perspektive ein Ort mit einer spezifischen Vergangenheit, deshalb wurden deren Geschichten über eine Befragung der Bewohnerinnen und Bewohner erhoben. Sie machten Ausführungen zu den räumlich festgehaltenen Objekten. Diese Objekte sind denn auch nicht für sich zu nehmen, sondern an ihnen äußert sich die Intertextualität des alltagsästhetischen Arrangements. Insbesondere soll an diesen Objekten der „Verweischarakter" deutlich werden, den die Objekte in den Zimmern erhalten. Damit erschließt sich der Kontext, in dem die Objekte zu verstehen sind.

Auf das leitende Forschungsinteresse nach der Bedeutung des Migrationskontexts für die untersuchten Jugendlichen lässt sich die Frage formulieren, wie bedeutsam das Faktum Migration in den Kinder- und Jugendzimmern zutage tritt oder ob es andere Verweise gibt, die diese überlagern: Artefakte einer globalen Jugendkultur, gender-bezogene Orientierungen, Einflüsse des „Aufnahmelandes" etc.

Abb. 5: Die Kinder und Jugendlichen in der Übersicht

Name[23]	Alter	Schule /Lehre	Ethnie	Religion	Status CH
Ulas A (m)*	12	1 Sek. A	Kurdisch	Alevitisch	Schweiz[24]
Yesim B (f)*	18	KV-Lehre	Türkisch	Sunnitisch	Schweiz
Yücel B (m)+	14	2. Sek. B	Türkisch	Sunnitisch	Schweiz
Sevser C (f)**	15	3. Sek. A	Kurdisch	Sunnitisch	Schweiz
Canfeda C (m)**	12	1. Sek. A	Kurdisch	Sunnitisch	Schweiz
Ester C (f)[25]**	9	3. Klasse	Kurdisch	Sunnitisch	Schweiz
Seda D (f)*	12	5. Klasse	Türkisch	Sunnitisch	Bew. C
Cagla E (f)*	18	KV-Lehre	Türkisch	Alevitisch	Schweiz
Gülden E (f*)	14	1. Sek. B	Türkisch	Alevitisch	Schweiz
Selcuk F (m)*	18	Lehre	Türkisch	Sunnitisch	Schweiz
Senay F (f)**	15	2. Sek. B	Türkisch	Sunnitisch	Schweiz
Rukiye F (f)**	11	3. Klasse	Türkisch	Sunnitisch	Schweiz
Nusret G (m)+	14	1. Sek. C	Kurdisch	Sunnitisch	Flüchtling, Bew. B
Sevinc G (f)*	12	5. Klasse	Kurdisch	Sunnitisch	Flüchtling, Bew. B
Dilem H (f)**	18	2. Gym.	Kurdisch	Alevitisch	Flüchtling, Bew. C
Hanim H (f)**	15	2. Sek. A	Kurdisch	Alevitisch	Flüchtling, Bew. C
*Diese Kinder haben ein eigenes Zimmer; ** Diese Kinder teilen sich ein Zimmer; + Diese Kinder teilen ein Zimmer mit jüngerem Bruder.					

---

23 Alle Namen wurden geändert.
24 Alle Kinder mit Status „Schweiz" haben das Doppelbürgerrecht Schweiz/Türkei.
25 Nur Auswertung des Kinderzimmers und der Lieblingsgegenstände.

Insgesamt fotografierten und inventarisierten wir zwölf Zimmer (siehe Abb. 5) und führten mit den Jugendlichen ein halbstandardisiertes Gespräch. Aus diesem Datenmaterial erschlossen wir *vier Dimensionen der Identitätskonstruktion:* 1) Räume, die sich als transparente oder hermetische Texte präsentieren; 2) die eine oder mehrere Zeitdimensionen aufweisen; 3) die als kulturell hybride Texte gelesen werden können; 4) die auf geschlechterspezifische Entwürfe verweisen.

4.1.1 Räume als transparente oder hermetische Texte

Die Gestaltung eines Zimmers erlaubt es, mehr oder weniger leicht Aussagen zu machen zur Person, die es bewohnt. Neben Hinweisen zum Alter oder Geschlecht (siehe Kapitel 4.1.4) geben einzelne Räume Aufschluss über Interessen, Identifikationen und Orientierungen der Jugendlichen. Wir bezeichnen deshalb Räume, die sich leichter entschlüsseln lassen, als „transparente Texte" und solche, die nur schwer ohne weitere Erläuterungen verständlich sind, als „hermetische Texte".

Als Kriterien für transparente Räume definieren wir das Vorhandensein klar erkennbarer Objekte wie Musikposter, Fußballutensilien, Bücher, DVDs oder Musikkassetten usw., anhand derer auf Interessen der Besitzenden geschlossen werden kann. Als hermetisch hingegen gelten Zimmer, die abgesehen vom Geschlecht der betreffenden Jugendlichen keinerlei Andeutungen auf deren persönliche Vorlieben machen.

Gemäß dieser Unterscheidung weist die Mehrzahl der Zimmer ein gewisses Maß an Transparenz auf. Besonders die Zimmer der jüngeren, neun- bis fünfzehnjährigen, Mädchen in unserer Stichprobe (Rukiye, Seda, Sevser, Ester, Gülden, Senay, Sevinc) und der vier von fünf Knaben (Ulas, Yücel, Selcuk, Nusret) lassen sich als eher offene Texte lesen. Die älteren Mädchen (Cagla, Dilem, Hanim, Yesim) pflegen einen dezenteren Einrichtungsstil. Sie wählen die ausgestellten Objekte sehr bewusst aus und erzählen dazu spannende Geschichten.

Ein Beispiel für einen transparenten Raum ist das Zimmer der 12-jährigen Seda (siehe Abb. 6). Sie verfügt nicht nur über die breiteste Medienpalette aller Kinder in unserer Stichprobe, sondern gestaltet den Raum auch mit einer Vielzahl an Postern von Musikidolen, mit Fotos und Ansichtskarten, Teddybären und Figürchen (Diddl), die sie bereitwillig kommentiert. Anhand der ausgestellten und an die Wand gehängten Objekte liest sich ihr Zimmer wie ein Text: Hier lebt ein breit interessiertes und bestens informiertes Mädchen, das sich für Krimi- und Hexengeschichten interessiert, die sie über Bücher, Hörkassetten und DVDs im eigenen Zimmer konsumiert. Sie schwärmt für die Olsen Twins und sammelt Diddl-Objekte. Ihr Zimmer, die Mediennutzung und ihre Ausführungen dazu, lassen sich vergleichen mit dem von Bachmair (1997) im Aufsatz „Ein Kinderzimmer als Text" beschriebenen Jungen.

Abb. 6:
Sedas Zimmer als Beispiel für einen transparenten Text.

Demgegenüber finden sich im Zimmer der beiden Schwestern Dilem und Hanim kaum offensichtliche Hinweise auf persönliche Interessen, was den Raum als hermetischen Text auszeichnet. Dies mag unter anderem mit dem Einfluss der älteren Schwester, der Gymnasiastin Dilem, zu tun haben, die jegliches Aufhängen von Fan-Postern verbietet: „Ich finde das überhaupt nicht schön, wenn man irgendeine Person, die man überhaupt nicht kennt, aufhängt. Man kann diese Person schon gut finden, aber wenn man ein Bild aufhängt, dann finde ich das oft ein wenig billig." Auf die Frage, ob Hanim denn gerne ein Poster aufhängen würde, antwortet sie: „Nein, ja, so eine Zeitlang, so in der fünften oder sechsten Klasse, aber jetzt habe ich gar nicht so das Bedürfnis."

Diese Aussage ist ein Beispiel dafür, dass mit zunehmendem Alter eine Abkehr von manifesten Identifikationen zu beobachten ist und dass stattdessen die Auseinandersetzung mit Fragen zur eigenen Identität verinnerlicht und dadurch weniger sichtbar ausgetragen wird. Hierzu passt die Schilderung von Hanim, dass sie einen Roman schreibe: „Also mein Buch ist so ein Unterhaltungsbuch. Es geht nicht um Geschichtliches, es ist einfach so ein bisschen Schnickschnack. Es geht um ein Mädchen und so." Zwar versucht sie etwas den Ernst der Beschäftigung herabzuspielen („Schnickschnack"), aber es wird deutlich, dass es in der Geschichte um eine Auseinandersetzung mit Bildern und

Vorstellungen von einem Mädchen, das heißt ihr selbst, geht. Auch Cagla, deren Zimmer erst durch ihre Erzählung „lesbar" wird, berichtet über ein aufgehängtes Poster (siehe 4.1.3) unten) und vor allem von einem selber gezeichneten Selbstporträt von der persönlichen Auseinandersetzung mit ihren Selbstbildern.

Interessant und berührend ist die fehlende Präsenz von Canfeda: Er teilt das Zimmer mit seinen beiden Schwestern und erhält ganz offensichtlich im Zimmer keinen spürbaren Spielraum. Selbst das über dem Computer aufgehängte Beckham-Poster ist nicht eindeutig ihm zuzuordnen. Erst die Präsentation seiner Lieblingsgegenstände und seine Reportage zeigen, mit was für einer Persönlichkeit wir es zu tun haben.

4.1.2 Räume, die auf Zeitdimensionen verweisen

Räume tragen oft die Spuren der vergangenen Zeit ihrer Bewohnerinnen oder Bewohner. Sie lassen sich darauf hin „lesen", was im gegenwärtigen Leben bedeutsam ist und manchmal finden sich Hinweise auf Pläne, Wünsche und Sehnsüchte an die Zukunft.

Bei allen Jugendlichen gibt das Zimmer Auskunft über gegenwärtige, alltägliche Beschäftigungen. Alle Zimmer verweisen mit Schulutensilien, manchmal einer Schultasche oder dem Sportsack, in der Schule hergestellten Gegenständen auf die Schule bzw. die Lehre. Pokale, Fotos von Vereinsanlässen, Tierbilder, CDs und DVDs etc. zeigen Hobbys und Freizeitbeschäftigungen.

Bei zwei Dritteln aller Jugendlichen ist das Zimmer auch ein Ort mit einer spezifischen Vergangenheit: Die Gestaltung des Zimmers und einzelne Objekte – Kuscheltiere und Puppen, Spielautos, Bilderbücher, Familienfotos – sind mit Geschichten verknüpft und oft werden sie ganz bewusst in Szene gesetzt oder erhalten einen hübschen Platz auf dem Regal. Seda:

> „Dieser Bär ist der wichtigste, den habe ich von den Eltern geschenkt erhalten. Er ist mir wichtig, weil ich ihn schon seit klein habe, weil ich ihn mit einjährig bekommen habe. Er erinnert mich an die schönen Sachen von früher, z.B. an die Türkei bei den Grosseltern. Ich habe ihn überall mitgenommen."

Interessanterweise, aber vielleicht auch nicht überraschend, finden sich keinerlei sichtbare Hinweise auf die Vergangenheit bei den beiden Kindern der geflüchteten Familie – hier ist die Gegenwart präsent. Aber es gibt Andeutungen auf Zukunftswünsche: Die Geschwister Nusret und Sevinc drücken durch die an die Wand gehefteten Bilder, die zum Beispiel Hongkong oder erfolgreiche Rapstars zeigen, aus, was sie sich von der Zukunft erhoffen, nämlich in der „weiten" Welt eine erfolgreiche Sängerin bzw. ein berühmter Fußballer zu werden.

Abb. 7:
Selcuk verbindet seine Hobbys mit Berufswünschen.

Yücel erwähnt, als er seine selbst gebastelte Laterne zeigt, dass er vielleicht später gerne Schreiner werden möchte. Und Fußball und Computer sind für Selcuk nicht nur momentane Freizeitbeschäftigungen, sondern sind auch Ausdruck seiner beruflichen Träume: Profifußballer oder Informatiker zu werden (siehe Abb. 7).

Selbst eine Schultasche kann die Träume an die Zukunft bergen, wenn sie eine gute Schulbildung symbolisiert, dank der man Zugang zu einem interessanten Beruf erhält, wie Canfeda schildert.

4.1.3 Räume als kulturell hybride Texte

Als kulturell hybride Raumtexte bezeichnen wir Räume, in denen sich Zeichen aus der Herkunftskultur neben Zeichen aus einem globalen oder lokalen Kontext finden. Die zwölf Zimmer unterscheiden sich kaum von Zimmern anderer, westlicher Gleichaltriger: Es finden sich vor allem Verweise auf den lokalen und globalen Kontext. Uns interessierte zudem, ob sich Gegenstände der Heimatkultur finden lassen. Dies ist bei Jugendlichen aus vier Familien der Fall.

Im Zimmer von Ulas, einem Jungen mit kurdisch-türkischem Hintergrund, ist direkt über seinem Arbeitstisch ein Poster des kurdischen Sängers Shiwan Perver angebracht, und bei der Türe hängt ein, in den kurdischen Farben gelb und rot gefertigtes, Basketballnetz. Gleichzeitig stehen in seinem Büchergestell die deutschsprachigen Ausgaben der *Harry-Potter*-Bände und auch sein Musikgeschmack ist nicht auf kurdische Musik eingeschränkt (vgl. Abb. 8).

Abb. 8:
Das Poster eines kurdischen Sängers inmitten von Schulmaterialien, Fussballtrophäen und Musik-CDs.

Im Zimmer von Nusret, dem ältesten Sohn der kurdischen Flüchtlingsfamilie, findet sich ein Poster, das Milizen der kurdischen Arbeiterpartei (PKK) zeigt. Beide Jungen scheinen sich eher über ihre Ethnie denn über die Nationalität zu definieren.

Ähnliches lässt sich auch von Cagla sagen, in deren Zimmer ein Poster auf eine große alevitische Veranstaltung in Deutschland hinweist, an die die ganze Familie reiste.

„Wir waren so um die 150 Leute, bei dem Tanz, also wirklich sehr groß. Es war etwas sehr wichtiges, das im Fernsehen ausgestrahlt wurde. Es hat mit unserer Religion zu tun. Und wenn man da mitmachen durfte, dann war das schon etwas sehr schönes. Wir trugen Trachten."

Hier ist es eher die religiöse als die nationale Zugehörigkeit, die Caglas Identität mitprägt, was durch das starke Engagement der Eltern im alevitischen Verein gefördert wird und auch als ein Stück (vorläufiger) Identifikation mit den elterlichen Vorstellungen verstanden werden kann.

Die Identifikation über den Fußballklub Galatasaray ist in Selcuks Zimmer unübersehbar. Neben mehreren großformatigen Fahnen und einem Trikot seines Lieblingsklubs ziert aber auch eine große türkische Flagge die Längswand seines Zimmers. Auch im Zimmer seiner beiden Schwestern finden sich türkische Flaggen in verschiedenen Varianten. „Ich liebe mein Land", meint die 11-jährige Rukiye stolz. Die drei Kinder aus einer sunnitisch-türkischen Familie fühlen sich, obschon sie das Schweizer Bürgerrecht haben, auch der Türkei zugehörig.

In den Zimmern der anderen Kinder sind Zeichen der kulturellen (heimatlichen) Orientierung manchmal erst in der Erzählung und sehr viel subtiler wahrnehmbar, so etwa bei Seda und ihrem Bären (vgl. 4.1.2) oder wenn Gülden berichtet: „Als wir in dieses Haus zogen, hatte ich keine Idee für einen Vorhang. Dann ist meine Mami in die Türkei gefahren und hat mir so einen schönen Vorhang für mein Zimmer gebracht."

4.1.4 Räume als Entwürfe von Männlichkeit und Weiblichkeit

Erwartungsgemäß präsentieren die Räume auch Entwürfe von Männlichkeit und Weiblichkeit. Bereits ein erster Blick in die Zimmer verrät, ob hier ein Mädchen oder ein Junge wohnt. Woran liegt das? Elektronische Geräte wie Radio, CD-Player, manchmal ein Fernsehgerät oder der Computer, CDs und DVDs finden sich bei beiden Geschlechtern gleichermaßen.

Die *Zimmer der Knaben* machen auf die Besucherin oder den Besucher mehrheitlich einen eher am Praktischen orientierten Eindruck und erscheinen wenig gestaltet. Eine Ausnahme ist Selcuk, der die ganze Einrichtung sehr bewusst komponiert hat und Pläne hat, wie er die Wände noch gelb-rot anstreichen möchte. Drei der fünf Jungen (Ulas, Yücel, Selcuk) präsentieren sich eindeutig über Gegenstände, die mit ihren Hobbys verbunden sind und die sie an prominenter Stelle im Raum platzieren: der gewonnene Fußballpokal, das Spieltrikot, auch der Fußball selber, das Foto mit der Fußballmannschaft, Rennautos, der Basketballkorb. Sie berichten von damit verknüpften Erfolgserlebnissen und von wichtigen Erfahrungen, an die sie die Objekte erinnern. Auch Computer oder Bastelarbeiten werden mit einer entsprechenden, gerne ausgeübten Handlung assoziiert. Selcuk: „Ich mache eigentlich alles am Computer: chatten und ins Internet gehen, neue Programme herunterladen, Interviews ansehen, Strategiespiele spielen, Musik hören usw." Häufig verweisen Gegenstände und Handlungen auf einen sozialen Kontext außerhalb des Zimmers. Bei den älteren Jungen finden sich auch männliche Kosmetika (Deo, Rasierwasser). Die Zimmer dieser drei Knaben lassen sich auch leicht als transparente Texte lesen (siehe Kapitel 4.1.1).

Demgegenüber sind die *Zimmer der meisten Mädchen* bewusst mit Farbe und Materialien gestaltete und auch gern bewohnte Räume – der Raum als Ganzes wird als wichtig für das Wohlbefinden geschildert. Mehrere Mädchen schildern, dass die Einrichtung für sie von zentraler Bedeutung ist, dass sie zum Beispiel den Spiegel, das Bett, den Schrank oder einen selbst restaurierten Tisch gerne haben. Auch Kosmetika (Parfums, Pflegeprodukte, Schminkutensilien) werden manchmal dekorativ präsentiert, wobei auch mal Konflikte zwischen den Schwestern durchschimmern. So holt Rukiye ihr Parfum aus einem Versteck hervor und erklärt dazu: „Senay benutzt es sonst – und ich darf von ihr nicht nehmen. Ich habe es schon eineinhalb Jahre." Die beiden Schwestern bewohnen gemeinsam ein Zimmer (siehe Abb. 9).

Abb. 9: Spiegelschrank und mädchenhafte Bettwäsche verraten das Geschlecht der Bewohnerinnen.

Teilweise geben auch Kuscheltiere und Puppen, Diddl, Buchtitel oder die aufgehängten Poster den Hinweis, dass hier ein Mädchen wohnt. Unterschiede lassen sich zwischen den jüngeren und den älteren Mädchen erkennen: Je älter die Mädchen werden, desto eher zeigen sie einen gepflegten, umsichtig eingerichteten, aber auch eher schwer auf die Interessen und Orientierungen hin zu lesenden Raum (siehe 4.1.1).

4.1.5 Lieblingsgegenstände in den Zimmern

Nach den durch die Forschenden fotografisch dokumentierten Kinderzimmern und den Gesprächen mit den Jugendlichen über ihr Zimmer sollten diese durch Nennung dreier besonders wichtiger Gegenstände aus dem gesamten Ensemble eine Gewichtung vornehmen. Diese Gegenstände wurden separat fotografiert und die dazu erzählten Geschichten ebenfalls aufgenommen und ausgewertet (Abb. 10).

Bei den Jungen nehmen die Gegenstände aus der Welt des Fußballs (Bälle, Leibchen, Pokale) eine wichtige Rolle ein, während einige Mädchen der Möblierung ihres Zimmers besonderes Gewicht beimessen und ihr Bett, den Wandschrank, den Spiegel oder einen Tisch als Lieblingsgegenstand bezeichnen.

Neben Gegenständen, über deren Wichtigkeit ein hoher Konsens unter den Jugendlichen zu herrschen scheint, finden sich auch sehr persönlich gefärbte Nennungen, etwa ein Amulett, Handarbeiten, Kuscheltiere oder Fotos. Auffällig ist, dass Medien (Computer, Musikabspielgeräte, Handys usw.) bei beiden Geschlechtern eine dominante Rolle spielen. Die Medien, die von Mädchen wie Jungen mit großer Häufigkeit genannt wurden, sind in Abb. 11 noch weiter ausdifferenziert.

Abb. 10: Lieblingsgegenstände der Jugendlichen (3 Objekte pro Kind)

Objekte/Kategorie	Mädchen (n = 11)	Knaben (n = 5)
Medien	13	5
Möbelstücke	7	
Fußball (Ball, Dress usw.)		5
Teddybären/Puppen	4	
Handarbeiten/Zeichnungen	2	1
Amulett	1	
Fotos, persönlich	1	2
Parfum/Kosmetik	3	
Schiefertafel	1	
Tischtennisschläger		1
Schultasche		1
Herzkissen	1	

Abb. 11: Medien als Lieblingsgegenstände

Medien	Mädchen (n = 11)	Knaben (n = 5)
Computer	4	4
Handy	2	
CD-Spieler	2	
Playstation		1
Bücher	2	
Musik-CDs	2	
Poster	1	
Anteil an Lieblingsgegenständen	40%	33%

Wie lassen sich nun die Lieblingsgegenstände den Sozialisationsinstanzen und den kulturellen Ebenen zuordnen?

4.1.6 Verweise auf die Sozialisationsinstanzen

Medien. Obschon aufgrund der kleinen Stichprobe Aussagen über Unterschiede zwischen den Geschlechtern nur mit Vorsicht gemacht werden können, so fällt auf, dass die Mädchen eine breitere Medienpalette bevorzugen, reichen doch ihre Lieblingsmedien von Büchern über CDs bis zum Handy und Computer.

Dieser Unterschied wird teilweise dadurch kompensiert, dass Knaben den Computer tendenziell vielseitiger nutzen: Sie brauchen ihn zum Spielen, zum Downloaden von Musik und Filmen, um fernzusehen, aber auch zum Kommunizieren (mailen, chatten, skypen). Für die Hausaufgaben benötigen sie den Computer selten.

Aber auch Mädchen nutzen die Medienkonvergenz des Computers kompetent, wie Hanim sagt: „Also für die Schule brauche ich ihn gar nicht so oft. Mehr so ein wenig zum chatten, Spiele spielen, DVDs anschauen, mehr eigentlich zum Vergnügen." Und ihre Schwester Didem kommentiert:

> „Wir hatten lange einen alten PC und dann haben wir einen neuen gekauft, und dann war das [die Web-Kamera] gerade dabei, nicht, weil wir das gebraucht haben oder so. Es ist eben so, dass wir noch Verwandte in der Türkei haben, die mein Vater lange nicht mehr gesehen hat. Und weil die auch eine Web-Cam haben, macht es auch Sinn, dass wir auch eine haben."

Familie. Wie das Zitat zeigt, spielen Medien für die familiale Kommunikation mit Verwandten in der Türkei eine wichtige Rolle. Nicht selten kommt den Kinderzimmern mit ihren gut ausgerüsteten Computern daher die Funktion einer Kommunikationszentrale zu, wo sich die ganze Familie einfindet, um via Internet Kontakte zu entfernt lebenden Familienmitgliedern zu pflegen. Ansonsten finden sich unter den Lieblingsgegenständen nur noch Yesims Amulett, das ihr die Mutter geschenkt hat, als Objekt mit einem expliziten Bezug zur Familie.

Schule. Zwei Kinder führen unter ihren Lieblingsgegenständen Arbeiten auf, die im Rahmen des schulischen Handarbeitsunterrichts hergestellt wurden. So zeigt Yücel eine aus Holz und Glas gefertigte Laterne. Sevinc präsentiert Stoffkatzen, die sie ebenfalls in der Schule gemacht hat und für die sie die Bestnote erhalten hat (vgl. Abb. 5). Ihr älterer Bruder dagegen zeigt als einen seiner liebsten Gegenstände das an der Wand hängende Klassenfoto aus der sechsten Primarklasse, eine Zeit, an die er schöne Erinnerung hat. Neben diesen Gegenständen, die eine positive affektive Haltung zur Schule oder zu einzelnen Fächern verraten, sind es nochmals einzelne Medien – Computer oder Bücher –, die einen Bezug zur Schule herstellen. Wenn es ums Recherchieren für einen Vortrag geht, wird der Computer benutzt. Den Nutzen von Büchern und die damit verbundene Lesekompetenz erkennen einzelne Kinder als Voraussetzung für den Schulerfolg. Sevser erklärt, „dass das Lesen die Phantasie anrege und das Sprachgefühl verbessere."

Abb. 12:
In der Schule hergestellte Stoffkatzen als Lieblingsgegenstände von Sevinc.

Peers. Jugendliche Freunde und Freundinnen finden sich in einem Fall auf einer Fotocollage. Cagla erklärt zu diesem Lieblingsobjekt: „Das ist halt etwas, das mir das Gefühl gibt, nicht alleine hier zu sein. Das ist schon schön, wenn man Kollegen hat, und die sind mir sehr wichtig. Und ich dachte mir, sie verdienen es. Es sind einfach sehr liebe Leute. So herzhaft. Sie verdienen einfach einen Platz in meinem Zimmer." Außerdem nutzen alle Kinder, die über einen Zugang zum Internet verfügen, den Computer oft, um mit Freundinnen und Freuden zu chatten. Auch das Handy, das zwei Mädchen zeigen, dient vorwiegend der Kommunikation mit Freundinnen. So bleiben Senay und Yesim über SMS mit ihren Kolleginnen im Kontakt.

Vereine. Drei von fünf Jungen spielen in einem lokalen Verein Fußball. Der Stellenwert dieses Sports schlägt sich in der Wahl der Lieblingsgegenstände nieder. Alle zeigen Objekte, die ihre Zugehörigkeit zum Verein bezeugen: Pokale, die von gemeinsam errungenen Erfolgen zeugen, eine Mannschaftsfotografie, zwei Jungen präsentieren Bälle und einer hält stolz das Leibchen seines bevorzugten türkischen Fußballvereins vor die Kamera.

4.1.7 Verweise auf Herkunftskultur, lokale und globale Kultur

Lieblingsgegenstände, die eindeutig auf die Kultur des Herkunftslandes verweisen, sind selten. Yesim zeigt ein Amulett gegen den bösen Blick, das sie von ihrer Mutter erhalten hat. Seda stellt eine Musik-CD mit Fan-Songs des türkischen Fußballklubs Fenerbahçe vor: „Das ist die, die ich am liebsten habe. Die nehme ich immer mit und höre sie jeden Tag."

Auch Gegenstände, die eindeutig auf den lokalen kulturellen Kontext verweisen, sind selten. Zu ihnen zählen die im schulischen Werkunterricht gefertigten Gegenstände, die Schultasche, das Tischtennisset und die Schiefertafel.

Am Beispiel der männlichen Begeisterung für den Fußball wird deutlich, wie Jugendliche sich über ein Hobby gleichzeitig in zwei verschiedenen kulturellen Räumen verorten: Sowohl der lokale Juniorenklub wie der türkische Spitzenklub bieten sich zur Identifikation an (Abb. 13).

Abb. 13:
Einer von Yücels Pokalen, die er mit dem lokalen Fussballklub gewonnen hat.

Die meisten der bevorzugten Gegenstände lassen sich einem globalen Kontext zuordnen: Hier finden sich die Medien (Computer, CD-Player, Handys, Bücher, Fan-Poster), Teddybären und Puppen, das Herzkissen, Parfum und Kosmetika und auch die Möbel, die einem universellen Geschmack entsprechen.

4.2 Fotografische Selbstdokumentationen „Eine Woche im Leben von ... "

Wurden die Kinder- und Jugendzimmer im Einverständnis mit den Familien von den Forschenden fotografiert, so dokumentierten in einem nächsten Schritt fünfzehn Jugendliche (zehn Mädchen,[26] fünf Knaben) mit einer Einwegkamera ihren Alltag. Aus den 15 Reportagen entstanden insgesamt 278 auswertbare Fotos (Mädchen 174, Knaben 104).

Die 278 Fotos wurden zunächst nach wiederkehrenden Motiven kategorisiert (Abb. 14). In einem zweiten Schritt erfolgte eine Ausdifferenzierung innerhalb der einzelnen Motivgruppen, und drittens haben wir Motive, in denen wir eine Auseinandersetzung mit Identitätsprozessen wahrgenommen haben, systematisch zusammengestellt und sie in Beziehung gesetzt zu den bereits vorliegenden Daten (Narrationen, Fotos Kinderzimmer und Lieblingsgegenstände).

4.2.1 Motive der Reportagen im Überblick

Menschen sind bei weitem das häufigste Motiv und werden mit 40% aller Aufnahmen doppelt so häufig als Motiv gewählt wie Gegenstände (21%), öffentlicher Raum (17%) und Medien (16%). Neben weitgehenden Übereinstimmungen in den Reportagen von Mädchen und Knaben fällt einzig auf, dass Mädchen eine etwas breitere Palette von Motiven zeigen. Sie fotografieren auch Tiere und ihren konkreten Schul- oder Arbeitsplatz (vgl. Abb. 14).

Dass Menschen derart oft fotografiert wurden, erstaunt einerseits, werden Jugendlichen doch oft materielle Orientierungen an Konsum- und Prestigegütern nachgesagt (so hätte man erwarten können, dass noch mehr Fotos mit gefragten Statussymbolen vorgelegt werden). Andererseits aber bestätigt der „erste Rang", den die Menschen einnehmen, Erkenntnisse aus Jugend- und Entwicklungspsychologie, die die Wichtigkeit von sozialen Beziehungen, Vorbildern und Gruppen für Jugendliche immer wieder empirisch belegen.

Innerhalb der größten Motivgruppe *Menschen* sind die SchulfreundInnen für die Jugendlichen die wichtigsten Bezugspersonen, erscheinen sie doch auf jedem zweiten Bild innerhalb dieser Motivgruppe (vgl. Abb. 15).

---

26 Die Reportage eines Mädchens (Ester) konnte nicht ausgewertet werden.

Sieben von zehn Mädchen und vier von fünf Knaben fotografieren ihre Schulkolleginnen und -kollegen. Am häufigsten werden sie in der Schulumgebung und zuhause fotografiert. Selcuk hat weder Eltern, Geschwister noch Verwandte fotografiert, aber zehn Mal Schulfreunde und einmal die Kollegen des Fußballclubs.

Abb. 14: Kategorisierung der Fotos nach Motiven

Motive	Total (n = 15)	Mädchen (n = 10)	Knaben (n = 5)
Menschen	112	68 (39%)	44 (42%)
Gegenstände	59	36 (21%)	23 (22%)
Öffentlicher Raum	47	24 (14%)	23 (22%)
Medien	44	32 (18%)	12 (12%)
Klassenzimmer ohne Menschen	7	7 (4%)	
Gebäude	4	2 (1%)	2 (2%)
Tiere	5	5 (3%)	
Total Fotos	**278**	**174**	**104**

Abb. 15: Menschen als Motive der Reportagen

Menschen	Total (n = 15)	Mädchen (n = 10)	Knaben (n = 5)
Schulfreundinnen, -freunde	58 (52%)	34 (52%)	24 (54%)
Selbstporträts	18 (16%)	13 (18%)	5 (12%)
Eltern, Geschwister	18 (16%)	8 (11%)	10 (23%)
Verwandte	15 (13%)	11 (17%)	4 (9%)
Andere	3 (3%)	2 (1%)	1 (2%)
Total Fotos	**112**	**68**	**44**

Selbstporträts nehmen einen wichtigen Anteil ein. Bei jedem zweiten Mädchen und drei der fünf Knaben finden sich ein oder mehrere Selbstporträts (siehe Kapitel 4.2.2).

Die eigene Familie, Eltern und/oder Geschwister, werden etwa gleich häufig fotografiert wie Verwandte. Mit 29% aller Bilder ist das nahe Umfeld also deutlich präsent, wenn auch klar weniger als die Peers.

Bei der Motivgruppe der *Gegenstände* reicht das Spektrum von Einrichtungsgegenständen über Sportartikel, Schulsachen, Bastelarbeiten bis hin zu

Kosmetik, Handtaschen, Blumen, Esswaren und Musikinstrumenten (vgl. Abb. 16). Die relativ hohe Anzahl von Fotos in dieser Gruppe geht allerdings auf wenige Kinder zurück, die überdurchschnittlich viele Gegenstände fotografierten.

Abb. 16: Gegenstände als Motiv der Reportage

Gegenstände	Total (n = 15)	Mädchen (n = 10)	Knaben (n = 5)
Sportbekleidung	6 (10%)	1 (3%)	5 (23%)
Sportartikel	2 (3%)	1 (3%)	1 (4%)
Sportpokale	1 (2%)	–	1 (4%)
Fanartikel	2 (3%)	–	2 (9%)
Einrichtungsgegenstände	16 (27%)	7 (19%)	9 (40%)
Esswaren	8 (13%)	7 (19%)	1 (4%)
Bastelarbeit	2 (3%)	1 (3%)	1 (4%)
Amulett	2 (3%)	1 (3%)	1 (4%)
Kosmetik	3 (5%)	2 (5%)	1 (4%)
Religiöser Gegenstand	1 (2%)	–	1 (4%)
Schul-/Arbeitsmaterial	7 (12%)	7 (19%)	–
Musikinstrumente	2 (3%)	2 (5%)	–
Blumen	5 (9%)	5 (13%)	–
Taschen	1 (2%)	1 (3%)	–
Auto	2 (3%)	2 (5%)	–
Total	**60**	**37**	**23**

Unter *öffentlichem Raum* haben wir Bilder von einem Stadtpark, einem Schulgarten, Schulhäusern und -plätzen, Landschaftsaufnahmen und Ausblicke aus der Wohnung auf die Strasse und die benachbarten Häuser zugeordnet.

Medien sind im Gesamt der Aufnahmen an vierter Stelle; bei den Mädchen stehen sie sogar an dritter Stelle. Sechs der zehn Mädchen und alle fünf Knaben legen hier Bilder vor (siehe Abb. 17).

Mädchen fotografieren zehn verschiedene Sujets in dieser Motivgruppe gegenüber fünf Sujets bei den Knaben.

Abb. 17: Medien als Motive der Reportage

Medien	Total (n = 15)	Mädchen (n = 10)	Knaben (n = 5)
Werbeplakat/Poster	11 (25%)	8 (25%)	3 (25%)
Computer/Zubehör	10 (23%)	8 (25%)	2 (17%)
Computerspiel	3 (7%)		3 (25%)
TV-HIFI	5 (12%)	4 (14%)	1 (8%)
Handy	3 (7%)	1 (3%)	2 (17%)
Bücher	3 (7%)	3 (9%)	
Hundemagazin	2 (4%)	2 (6%)	
DVDs	2 (4%)	2 (6%)	
Diddl (Medienverbund)	2 (4%)	2 (6%)	
Ghettoblaster	2 (4%)	1 (3%)	1 (8%)
Discman	1 (3%)	1 (3%)	
Total	**44**	**32**	**12**

Werbeplakate und Poster, vor allem mit Abbildungen von Tieren, Städteansichten, politischen Figuren (Öcalan) stellen zwar die größte Gruppe dar, was aber vor allem auf die Reportagen der zwei Geschwister Nusret und Sevinc zurückzuführen ist. Während Computer, Fernsehen und Handys sowohl von Mädchen wie Knaben fotografiert werden, sind DVDs, Bücher, eine Hundezeitschrift, Diddl und Diskman ausschließliche Motive von Mädchen (siehe 4.2.4).

Neben der Zuordnung und Auszählung der Fotos nach schnell erkennbaren Motiven, kristallisierten sich im Quervergleich der Reportagen wiederholte Themen, denen eine Bedeutsamkeit bei den Identitätsbildungsprozessen zukommt. Diese sind Selbstporträts, Ausblicke aus Fenstern, der Lebens- und Erlebensraum Schule sowie Medien.

4.2.2 Selbstporträts als Ausdruck von Identitätsarbeit

Wirklichkeitsgetreue Darstellungen von Personen, auch die Darstellung und Sichtbarmachung der eigenen Person, z.B. als Künstler, finden sich erst seit dem 14. Jahrhundert (Gombrich 2005: 214f; Calabrese 2006). Das Selbstbildnis sagt etwas Spezifisches aus über das Bedürfnis, als besondere Person sichtbar und wahrgenommen zu werden: „Graphische, gemalte, plastische oder mit Fernauslöser fotografierte Selbstporträts haben großen Aussagewert über die individuelle Selbsteinschätzung und Persönlichkeit des Dargestellten" (Hartmann 2006). Selbstporträts – alleine, mit Eltern oder Geschwistern, mit Freundinnen und Freunden – nehmen mit einem Total von 16% innerhalb der Motivgruppe Menschen einen wichtigen Anteil ein. Bei fünf der zehn Mädchen und drei der fünf Knaben finden sich ein oder mehrere Selbstporträts. Die Mädchen haben sich etwas häufiger (18% der Bilder) als die Knaben (12% der Bilder) selber porträtiert bzw. porträtieren lassen. Welche Posen, Situationen und Formen der Selbstdarstellung wählen die Jugendlichen in ihren Porträts?

Zeigt sich der oder die Jugendlich alleine, werden oft besondere Situationen oder das Posieren mit aussagekräftige Requisiten bzw. Körperteilen präsentiert. Es finden sich auch Hinweise auf die Bewusstheit der Auseinandersetzung mit Werten. Zeigen sich die Jugendlichen mit anderen, so sind dies immer bewusst ausgewählte und für die Betreffenden wichtige Personen.

Im Einklang mit der Autorität. Rukiye posiert stolz und freudig im Zimmer ihres Bruders Selcuk mit und vor der türkischen Flagge und meint: „Ja, ich habe mein Land gern." Hier lässt sich anmerken, dass Flaggen „wichtigstes Element der politischen Symbolik im Islam waren" (Lurker 1991: 348) und eine besondere Bedeutung haben. Wenn Rukiye hier als Bannerträgerin bezeichnet werden kann, so rückt sie sich damit in die Nähe der Macht und der Herrschenden, ist also stark mit Autoritäten identifiziert. Gleichzeitig strahlt das Bild auch etwas Kindliches aus und zeigt das Mädchen eingebettet in den familiären und vor allem in den gemeinschaftlichen Kontext der Herkunft. Diese Interpretation wird gestützt, zieht man ein weiteres Selbstporträt bei, das sie mit ihrer Mutter zeigt. Nahe an ihre Mutter gelehnt und von dieser mit beiden Armen umfasst, sagt sie: „Ich habe meine Mutter gerne, sie hat mich, glaube ich, auch gerne." Sie präsentiert sich als elfjähriges Mädchen im Einklang mit den Älteren und mit ihren Werten.

Die Stärkung von Körper und Seele. Nusret zeigt sich zweimal bei Körperübungen und führt aus: „Ich mache fast jeden Abend Muskeltraining, und da habe ich so eine Stange im Türrahmen befestigt. Die habe ich von einem Nachbarn bekommen. Er ist jetzt fort. Und ich übe, um Kraft zu bekommen." Die Ertüchtigung des Körpers steht auch im Zusammenhang mit seinem Berufswunsch, Fußballer zu werden. Die Stärkung des Körpers soll aber wohl auch der Stärkung der mentalen Kräfte dienen: „Mein Fehler im Fußball ist einzig mein Selbstvertrauen, sonst ist alles gut." Bemerkenswert erscheint auch, dass ihm die Trainingsstange von einem Nachbarn geschenkt wurde – der jetzt aber nicht mehr hier lebt. Hier klingt der Verlust einer wichtigen Person an, jemand, der ihn in seinen Bedürfnissen ernst genommen hat. Vielleicht ist dieser Wegzug für ihn auch deshalb erwähnenswert, weil er selber erst vor kurzem als Flüchtling in die Schweiz gekommen ist.

Das Leben in die Hand nehmen. Cagla zeigt ihre Hand, die stellvertretend für die ganze Person steht (vgl. Abb. 18):

„Und da, die Hand ist sehr wichtig. Ich habe Nägel machen lassen und ich habe früher immer meine Hand versteckt, weil ich fand, ich hätte hässliche Hände. Ich habe so den Körperbau vom Vater und die Hände sind genau die gleichen Hände vom Vater. Und nachdem ich die Nägel machen ließ, habe ich aufgehört, die Nägel zu kauen und einfach die Hand zu verstecken, ich hatte sie immer unter dem Pullover versteckt. Jetzt kann ich sie zeigen."

Abb. 18: Caglas Hand als Ausdruck ihres gewachsenen Selbstbewusstseins.

Sie wählt einen Körperteil zur Auseinandersetzung mit ihrer Person und ihren Vorstellungen von Schönheit, von dem Cooper (1986: 22) schreibt, er sei „eines der Gliedmassen von größter symbolischer Expressivität. Nach Aristoteles ist die Hand ‚das Werkzeug der Werkzeuge'." Es ist aufschlussreich, dass sie ihre Hände in Beziehung und in Abgrenzung setzt zu ihrem Vater. Indem sie einen Weg gefunden hat, das Nägelbeißen, eine „kindliche" Unart, zu bewältigen und erwachsen zu werden, sind die Hände nun neu besetzt, lassen sich zeigen und gebrauchen. Das eigene Leben wird „gepackt": „Die rechte Hand ist die ‚Hand der Macht'" (Cooper 1986: 72). Unbewusst hat sie so ein archetypisches Motiv gewählt, um ihre Auseinandersetzung mit der Ich-Werdung, ihre Abgrenzung von elterlicher/väterlicher Autorität und das Finden und Zeigen der eigenen

Schönheit und Stärke zu offenbaren. Über die Handhaltung, die ausdrucksvoll ausgestreckten Finger, lässt sich zudem sagen, dass sie im Mittelmeerraum als magisches Abwehrmittel bekannt ist (Lurker 1991: 274). Die bereits bei den Fotografien des Kinderzimmers artikulierte Selbstsuche, in Gedicht oder selbst gezeichnetem Porträt, setzt sich fort und differenziert sich. Auch auf einem Selbstporträt gemeinsam mit zwei Freundinnen ist der eigenständige Weg ins Leben thematisiert: „Kolleginnen sind das wichtigste. Die eine möchte auch einen Sprachaufenthalt machen." Sie selbst hat Pläne, nach Abschluss der Lehre nach Australien zu gehen.

Unsichtbar sichtbar. Interessanterweise finden sich auch Porträts, bei denen die abgebildete Person gar nicht abgebildet werden wollte – und die vielleicht gerade darin außerordentlich interessante Einblicke in Identitätsprozesse gewähren. Gülden wollte nicht fotografiert werden, doch die Schwester Cagla respektierte diesen Wunsch nicht und machte zwei Schnappschüsse:

„Diese Fotos hat meine Schwester gemacht. Sie ist einfach mit der Kamera herumgelaufen und hat fotografiert. Das ist mein Fenster mit dem Vorhang, das mir gut gefällt. Als wir hierher gezogen sind, hatte ich keine Idee für einen Vorhang. Dann ist meine Mami in die Türkei gefahren und hat mir so einen schönen Vorhang gebracht. Sie (Cagla) war ein bisschen hässig, weil ich so einen schönen Vorhang bekommen habe, aber dann hat sie ihren bekommen und dann war sie auch zufrieden."

Bezeichnenderweise spricht die Porträtierte nicht direkt von sich selber, sondern vom Vorhang und seiner Geschichte: Vorhänge, die verbergen und den Einblick von außen verhindern (vgl. 4.4.2). In den Schilderungen zum Bild wird ein rivalisierendes und gespanntes Verhältnis zwischen den beiden jungen Frauen spürbar. Noch deutlicher wird die Verletzung der Privatsphäre im folgenden Bild: „Das war auf jeden Fall meine Schwester, die mich fotografiert hat. Sie ist einfach ins Zimmer geplatzt und hat fotografiert. Da habe ich mich unter der Bettdecke versteckt." Dass sich Gülden versteckt, kann als Versuch, ihre private Sphäre zu schützen, interpretiert werden: „Nonverbale Regulationsmechanismen können als Reaktion auf unerwünschte ‹Nähe› von anderen benutzt werden, um die interpersonalen Grenzen wieder herzustellen" (Scheer u.a. 1998: 298).

Im Erleben von Gülden hat eine Grenzverletzung stattgefunden. Erwägen kann man, ob Gülden zurzeit ohnehin nicht mit ihrem Gesicht oder ihrer Person sichtbar werden möchte, um selber zu entdecken, wer sie sein möchte. Das Verbergen wäre dann nicht einzig etwas Reaktives, sondern gibt auch eine aktuelle Befindlichkeit wieder. Sie hat das Bedürfnis nach Schutz und möchte, „unter der Decke", unerkannt und ungesehen, sich entfalten können. Das Bett wird ja von ihr als einer der Lieblingsgegenstände benannt und Schlafen als eine bevorzugte „Tätigkeit". Da liegen Assoziationen nahe mit dem Narzissenmythos, mit dem Schlaf in der Unterwelt, bis die Zeit gekommen ist, sich wieder an der Oberfläche zu zeigen. Und auf einem anderen Foto ihrer Reportage hat sie ein Buch mit dem Titel „Der Unsichtbare" fotografiert (siehe 4.4.3). Ein anderes Bild zeigt Gülden von hinten mit ihrem Nachhilfelehrer:

> „Das ist mein Lehrer. Der kommt jeden zweiten Samstag hierher und wir machen vier Stunden Französisch. Es macht eigentlich recht Spaß, ich lerne noch viel und meine Noten werden besser. Wir machen nicht nur Französisch. Wenn ich zum Beispiel in Deutsch Probleme habe, dann hilft er mir im Deutsch oder Mathe. Manchmal ruft er meinen Lehrer an und redet mit ihm. Weil, mein Lehrer kennt ihn schon. Er wird von uns bezahlt. Er war früher Anwalt."

Hier findet sich eine für die junge Frau wichtige Person, die die Verbindung zwischen der schweizerischen und der Herkunftskultur sichert, ihr Hilfestellungen gibt und konkrete Vermittlungsdienste leistet. Als Anwalt kann er auch ein Vorbild sein für eine erfolgreiche berufliche Laufbahn und für Gespräche mit Lehrern.

Aufgehoben im Kreise der Freundinnen. Hanim kommentiert ein Foto, auf dem sie selbst im Kreis von Schulkolleginnen abgebildet ist:

> „Und dann Kolleginnen, weil das immer gut ist. Diese drei sind nicht so meine Kolleginnen, die finde ich ein bisschen blöd, die stehen einfach da. Aber diese hier sind meine Kolleginnen. Sie zwei und sie, die sind ganz gut. Mit ihnen mache ich ganz viel. Es sind alles Schweizerinnen. Sie ist Philippinin."

Interessant ist der Hinweis auf die ethnische Herkunft der Mädchen – und die klare Abgrenzung von den anderen Mädchen. Dies sind Ein- und Ausschlussphänomene, wie sie häufig bei Mädchenfreundschaften auffallen. Freundinnen und Freunde teilen gleiche Situationen, die Schule, Hobbys und manchmal auch die gleichen Träume. Sie stärken einen in den eigenen Plänen, sind Ansporn und Vorbild. Mehrere Jugendliche (Hanim, Dilem, Cagla, Rukiye, Selcuk) bildeten sich in dieser Weise ab. Die seelische Nähe wird meist auch durch eine deutliche körperliche Nähe vermittelt, indem die Freunde sich umarmen, den Arm um die Schulter legen oder auch sich auf den Schoss sitzen.

4.2.3 Zwischen Innen und Außen, Gegenwart und Zukunft: Ausblicke aus Fenstern

Ein anderes häufig wiederkehrendes Motiv ist die Aussicht aus einem Fenster. Das Fenster als „Verbindung zwischen dem Innen und dem Außen" (Lurker 1991: 204) ist ein Motiv, das in der Kunst und Literatur auf eine große Tradition zurückgreift, auch wenn die Jugendlichen solche Bezüge nicht bewusst herstellen. Fensterdarstellungen verweisen oft auf „das Wechselverhältnis zwischen offenem Raum und umschlossener Behausung und zwischen innen (Ich) und außen (Welt)" (Daemmrich 1995: 154). Darin verwoben sind folgende Aspekte:

> Das Fenster ruft jedoch nicht nur die mit der Raumerfahrung verknüpften Vorstellungen hervor. Es kann die besondere geistige Verfassung einer Figur charakterisieren. Im Fenster kommt der Wunsch nach Kontakt mit anderen zum Ausdruck. (...) Es veranschaulicht die Bereitschaft, am Geschehen der Welt aktiv teilzunehmen. (...) auch den ungelösten Konflikt zwischen Freiheit und Begrenzung scharf hervortreten lassen (Daemmrich 1995: 154 f.).

Gedanken schweifen lassen. Sevser kommentiert eines ihrer sieben wichtigsten Fotos folgendermaßen: „Das ist der Ausblick von unserer Wohnung. Ich schaue noch gerne hinaus und denke so ein bisschen" (vgl. Abb. 8). Die Schülerin, die das Gymnasium nach der Probezeit verlassen musste, teilt mit ihren beiden jüngeren Geschwistern ein Zimmer: „Es ist etwas eng. Aber es geht schon."

Abb. 19: Sevsers Aussicht.

Ihre Reportage fällt in dreierlei Hinsicht auf: erstens fotografiert sie als einziges Kind keine Menschen, zweitens fotografiert sie nur in der Wohnung (und aus der Wohnung heraus) und drittens hält sie viele Medien fest. Sie erzählt, dass sie früher viele Bücher auf Deutsch gelesen habe, dass sie jetzt lieber „mit Kollegen abmache" und Musik höre, meist über den neuen Computer im Kinderzimmer, an dem sie auch Aufgaben macht, surft und chattet.

Sevser hat also Bücher durch andere Medien ersetzt, vor allem durch solche, mit denen sie kommunizieren kann. Darin kommt eine zunehmende Orientierung und Teilnahme an der äußeren Welt zum Ausdruck. Ihre Gedanken verlagern sich von einer inneren (durch Lektüre angeregten) Phantasiewelt zu einer von Gleichaltrigen mitgestalteten Welt, deren Mittelpunkt außerhalb des familiären Rahmens ist. Die Situation der am Fenster sitzenden jungen Frau ist typisch für Sevser, die zwar die Enge in der Wohnung akzeptiert, die aber ihren Blick und die Gedanken am Fenster in die Ferne schweifen lässt.

Fenster dienen auch als „Aussichtsplattformen". Als solche können sie gemäß Pilarczyk und Mietzner auch ein „Zeichen der Passage, des Wartens und der Kontemplation" (221) setzen. Sevser, noch ans elterliche Heim gebunden, befindet sich in einer Phase des Übergangs, in der sie ihre Möglichkeiten und nächsten Schritte im Leben abwägt.

Ähnliches lässt sich auch von Sevinc sagen. Sie fotografiert ebenfalls nur in der Wohnung, was damit zu tun haben könnte, dass sie als Kind einer Flüchtlingsfamilie erst seit kurzem in der Schweiz ist. Ihre Aussichten aus dem Fenster begründet sie einerseits mit den verschneiten Dächern, die ihr gefallen, und mit der Turmuhr der reformierten Kirche, die eine zeitliche Orientierung ermöglicht: „Ich habe sie am Morgen fotografiert. Das sieht schön aus. Wir sind dann in die Schule gegangen." Auch Sevincs Welt ist stark vom Gebundensein ans Elternhaus geprägt. Wie Sevser fotografiert auch sie viele Medien, die ebenfalls Fenster zur Welt sein können (siehe 4.4.3).

Erweiterter Handlungsspielraum – Yesims Landschaften aus dem Auto.
Yesims Ausblicke aus verschiedenen Fenstern verweisen auf einen größeren Handlungsspielraum. Zwar richtet auch sie die Kamera aus ihrem Zimmerfenster, von wo sie einen Blick auf den Spielplatz ihrer Siedlung hat. Diesen verbindet sie mit schönen Momenten aus der Vergangenheit und Gegenwart, etwa, wenn sie dort mit ihren Brüdern Tennis spielt. Der Spielplatz als geschützter und durch die Eltern kontrollierbarer Außenraum hat ihr schon früh einen erweiterten Handlungsradius und eine Alternative zur Wohnung ermöglicht.

Als eines ihrer wichtigsten Fotos nennt Yesim eines, das sie aus dem Fenster eines fahrenden Autos gemacht hat. Im Kommentar dazu sagt sie, dass ihr die „grüne Wiese, der Himmel und die Bäume" gefallen. Vor allem die Farbe Grün mag sie. Der Blick aus dem Fenster eines fahrenden Autos enthält zusätzlich die Komponente der Geschwindigkeit und Mobilität. Letztere scheint für Yesim wichtig zu sein, fotografiert sie doch als eine der wenigen Jugendlichen das Familienauto.

Yücels Wunschhaus. Yesims Bruder Yücel ist der einzige Junge, der Fotos aus einem Fenster macht. Dabei fotografiert er das Nachbarhaus. Im Kommentar zum Foto kommt ein Lebensentwurf zum Ausdruck. Ihm gefällt, dass der Bauherr sein Haus neben dasjenige seiner Eltern gebaut hat. Auch die Behaglichkeit, die der Neubau ausstrahlt, und der mit dem kleinen Swimmingpool angedeutete Luxus beeindrucken Yücel. Außerdem erwähnt er die Tatsache, dass die Familie zwei Kinder hat, was auch seinem Wunsch entspricht.

Güldens verschleierte Sicht aus dem Zimmer. Den Garten vor ihrem Elternhaus hat Gülden durch die Tagesvorhänge ihres Zimmers fotografiert, so dass das satte Grün des Rasens, der „so schön ist", nur andeutungsweise zu sehen ist. Dass Gülden für das Foto die Vorhänge nicht zur Seite gezogen hat, mag überraschen. Hat es damit zu tun, dass ihr die Vorhänge so gut gefallen und dass sie gleich zwei Sujets auf einmal festhalten wollte? Im Zusammenhang mit anderen Motiven aus Güldens Reportage (siehe 4.4.1 und 4.4.3) scheint aber eine andere Interpretation näher liegend: Dem Aufforderungscharakter des Fensters folgt Gülden nur teilweise. Sie zentriert noch stark auf die Innenwelt und zeigt sich als ein Mädchen, das am liebsten zuhause ist, mit dem Hund spielt, Hausaufgaben macht und schläft. Ihr Wunsch nach der Außenwelt ist noch nicht erwacht.

4.2.4 Medien als virtuelle Fenster

Kinder, die Ausblicke aus den Fenstern fotografierten, haben in ihrer Reportage gehäuft Medien abgebildet. Eine Erklärung könnte sein, dass Medien von ihnen auch als „Fenster zur Welt" genutzt werden. Jugendliche, die sich neben der Schule vorwiegend zuhause aufhalten, erweitern ihren Erfahrungsraum über Medien. Mediale Vorbilder bieten sich zur Identifikation, wodurch eine Auseinandersetzung mit der eigenen Identität angeregt werden kann (vgl. Hoffmann 2004).

Anregungen zum Probehandeln – Yesim mag Liebesfilme. Eines von Yesims Fotos zeigt einen laufenden Fernseher. Sie sagt dazu: „In der Freizeit schaue ich gerne Fernsehen, nach den Hausaufgaben. Ich schaue türkische und deutsche Sendungen. Am liebsten Liebesfilme oder *Wer wird Millionär?*" Und die auf dem Foto abgebildete TV-Szene kommentiert sie: „Dies hier auf dem Bild ist eine türkische Serie, das ist aber Zufall und die schaue ich auch nie." Diese etwas widersprüchliche Aussage ist typisch für die Art, wie Jugendliche über ihren Fernsehkonsum reden: Oft spielen sie die Bedeutung einzelner Sendungen herunter. Umso mehr Gewicht erhält Yesims Aussage, dass sie gerne Liebesfilme sieht, worin sich ihr Interesse an Partnerschaft und Freundschaft zeigt.

Der (die) Unsichtbare – Gülden fotografiert ein Buch: Wie in der quantitativen Studie gezeigt wird, nehmen Printmedien im Leben von türkischstämmigen Jugendlichen einen verhältnismäßig bescheidenen Platz ein (siehe Quantitative Studie, Kapitel 7 und 8). Gleichwohl finden sich in drei Reportagen von Mädchen Fotos von Büchern und einer Zeitschrift.

Gülden hat zum Zeitpunkt der Reportage den Sprung in die Sekundarstufe A geschafft und lernt viel, um im höchsten Leistungsniveau zu bleiben. Sie legt ein interessantes Foto vor. Mats Wahls Jugendbuch *Der Unsichtbare* liegt auf einem blau-gelben Teppich, der mit arabischen Schriftzeichen verziert ist, der an einen Gebetsteppich erinnert (vgl. Abb. 20).

Abb. 20: Gülden arrangiert ein Buch mit sprechendem Titel.

Auffallend ist das sorgfältige Arrangement dieses Fotos: Die Umschlagsfarben passen zu den Farben des Teppichs. Der Titel des Buches könnte (in der weiblichen Form) als Legende für Gülden selber verwendet werden. Sie ist selber eine *Unsichtbare*, versteckt sie sich doch eher auf ihren Selbstporträt, als dass sie sich zeigt, und der Ausblick aus dem Fenster wird durch Vorhänge verhüllt (siehe 4.1.4).

Heimatsehnsucht und Zukunftsträume – Nusrets und Sevincs Poster. Werbeplakate und Poster sind die am häufigsten abgebildeten Medien, was vor allem auf die Reportagen der Geschwister Nusret und Sevinc G zurückzuführen ist. Wie John Berger konstatiert, prägt diese Art von Bildern unseren Alltag: „In unseren Städten sehen wir täglich Hunderte von Plakaten und anderen Reklamebildern. Keine andere Bildart begegnet uns so häufig" (Berger 2005: 122). Nusret und Sevinc G sind die Kinder der sozial schwächsten Familie und erst seit kurzer Zeit in der Schweiz. Für sie haben Bilder mit kurdischen Ikonen eine besondere Bedeutung. Sevinc fotografiert ein Porträt des Kurdenführers Öcalan: „Ja, und Abdullah Öcalan liebe ich sowieso. Weil er uns gerettet hat und wir haben kein Land gehabt und er hat uns geholfen. Dann hat er Soldaten gemacht und so." Auch ein Poster der kurdischen Stadt Diyarbakir hat Sevinc fotografiert: „Es ist die Hauptstadt von Kurdistan. Sie ist sehr alt. Es gibt dort auch große Steine und man weiß nicht, wie die dorthin gekommen sind. Wenn ich in die Türkei gehe, möchte ich dorthin gehen, wenn es geht."

Andererseits fotografieren beide Geschwister ein Poster mit einer Skyline von Hongkong. Damit verbinden sie einen Lebenstraum: Nusret möchte dort einmal Fußball spielen und Sevinc möchte als Sängerin in einer Großstadt auftreten: „Ich wollte immer in so eine große Stadt gehen und dort singen. Ich möchte einmal Sängerin werden und in New York einen Clip machen und so."

Virtuelle Räume – Chatten und surfen im Internet. Da die Jugendlichen die räumliche Enge der elterlichen Wohnung nicht immer nach Belieben verlassen dürfen, bietet das Internet mit seinen Chaträumen eine willkommene Erweiterung ihres Lebensraums. Einige von ihnen haben ihren Multimedia-PC oder den Bildschirm mit einem offenen Chatraum fotografiert, um die Wichtigkeit dieser Kommunikationsform zu demonstrieren. „Das ist mein PC", sagt Sevser, „da sitze ich noch viel und chatte mit Kollegen oder drucke Bilder aus, zum Beispiel von Stars." Auch Yesim nutzt diese Alternative zum gemeinsamen Ausgang mit Freundinnen: „Wir machen vorher ab und dann treffen wir uns im Chatraum."

Kultsendung „Osman" – Gesprächsstoff in Dilems Freundeskreis. Spricht man Jugendliche auf beliebte Sendungen oder Programme an, bekommt man nicht sehr konkrete Antworten. Im Gespräch zu ihrer Reportage kam Dilem aber auf eine Sendung zu sprechen, die in ihrem Freundeskreis als Kultsendung gilt. Die Talkshow von Daniel Fohrler[27] zum Thema Jugendgewalt, die bereits einige Jahre zuvor ausgestrahlt worden war, bietet einen Gesprächsanlass zu Themen wie Gewalt und Fremdenfeindlichkeit. In der Show äußern sich gewaltbereite Jugendliche sehr offen über ihren schockierenden Umgang mit Gewalt. Dilem berichtet: „Die Kollegen können das alles [die Dialoge], ich kann es nicht so gut, aber die Kollegen können es wirklich in- und auswendig. Es ist immer wieder das gleiche, aber es ist dennoch lustig." Die krassen Äußerungen der Podiumsteilnehmer – „Weisch, er luegt mich a und ich schlan ab" – sorgen im

---

27 Die Sendung kann im Internet immer noch gesehen werden (Fohrler live 2001).

Freundeskreis für Heiterkeit und werden gerne nachgeahmt. So können Dilems Kolleginnen und Kollegen, die in Fragen der Ausländerpolitik nicht immer der gleichen Meinung sind, mit einer gewissen Unbefangenheit und offensichtlichem Vergnügen die heiklen Themen besprechen.

4.2.5 Lebens- und Erlebensraum Schule

Die Vielzahl der Fotos und die Vielfältigkeit der abgebildeten Situationen rund um die Schule dokumentieren, dass die Schule für die Jugendlichen ein zentraler Lebensbereich ist – dreizehn Jugendliche legen Fotos zu diesem Sujets vor. Beinahe alle Jugendlichen berichten, dass sie die Schule als wichtig erachten. Danach gefragt, verneinen sie, selber Diskriminierungen ausgesetzt zu sein. Die Einschätzung der Benachteiligung findet sich eher in den Gesprächen mit den Eltern.

Innen- wie Außenansichten der Schulgebäude und das Klassenzimmer selber wurden fotografiert. Seda: „Da verbringe ich die meiste Zeit und ich habe es auch gerne. In der Projektwoche haben wir das Thema Kanada gehabt." Das Zimmer steht nicht einzig für die viele Zeit, die das Kind hier verbringt, sondern auch für interessante Erfahrungen, die gemacht werden. Auf den anregenden Charakter der Schule verweist auch, wenn selbst hergestellte Gegenstände fotografiert wurden, zum Beispiel die Uhr, von der Yücel freudig sagt: „Das ist der schönste Gegenstand, den ich je gemacht habe. Gefällt mir wahnsinnig gut. Sie läuft. Die Ziffern sind reingestanzt und hier kann man ein Lämpchen anzünden." Auch Schultasche, Schulbücher und -hefte werden fotografiert. Die eigene Person oder Kollegen und Kolleginnen werden bei den Hausaufgaben festgehalten, was „halt zum Alltag gehört", wie Dilem kommentiert.

Auch Pausenplätze, der Schulgarten und der Schulweg wurden dokumentiert. Durch Ausflüge oder durch die Schule initiierte Tätigkeiten können die Jugendlichen neue Erfahrungen machen: „Alle Zweitklässler [der Oberstufe] müssen jedes Jahr die Ufenau putzen, um einen Beitrag für die Umwelt zu leisten. Und jetzt haben wir das gemacht, und wir konnten Fischeranzüge anziehen", berichtet Dilem und zeigt auf drei Fotos diesen Einsatz. Auch für Ulas, der sonst kaum durch Menschen belebte Fotos zeigt, aber zahlreiche Abbildungen des früheren und des aktuellen Schulgebäudes und der Umgebung vorlegt, berichtet über den von den Schülerinnen und Schülern geführten Filmclub.

Die Schule ist auch deshalb ein zentraler Ort, weil hier die Begegnung mit den Kolleginnen und Kollegen als „bedeutungsvollen Anderen" möglich sind. Canfeda porträtiert sich bei einem Schulausflug in den Wald mit einem guten Schulfreund und beide Kinder erheben selbstbewusst ihre Holzspeere, mit denen sie später Fische braten werden (siehe Abb. 21).

Abb. 21:
Canfeda lässt
sich auf einem
Schulausflug
mit einem guten
Freund abbilden.

Manchmal äußern die Jugendlichen auch mit einer gewissen Wehmut, dass dies Kolleginnen und Kollegen von früher seien. Canfeda zeigt ein Bild und erzählt, dass dieser Freund nun ins Gymnasium gehe und nicht mehr hier sei – und eigentlich hat er denselben Wunsch: „Die Schule ist mir sehr wichtig. Sie ist wichtig, damit man einen guten Beruf lernen kann. Ich werde alles ausschöpfen, was ich kann, damit ich die Prüfung ins Gymi schaffe." Die Berufswünsche der Jugendlichen reichen von Tier- oder Kinderärztin, Unterwassertiefseeforscherin, Sozialpädagogin, Physiker, Mathematiker zu Elektriker, Verkäuferin in einem Juweliergeschäft, Fußballer, Informatiker – und zeigen so ein Spektrum, wie wir es bei Jugendlichen mit Schweizer Hintergrund auch antreffen.

5. Zusammenfassende Diskussion der Ergebnisse

Die vorliegende qualitative Studie versucht mit verschiedenen methodischen Zugriffen das Verhältnis von türkischen Migrantinnen und Migranten zu den Medien zu erhellen. Neben Interviews sollten visuelle Methoden, die auf Aspekte Bezug nehmen, welche schwer zu verbalisieren sind, die Analyse vertiefen. Dabei legten wir Wert darauf, unseren Untersuchungen nicht ein lineares Wirkungsmodell zugrunde zu legen, sondern komplexe kulturelle Wechselwirkungen im Migrationskontext zu beschreiben. Insbesondere sollten Medien und Medienwirkungen nicht isoliert betrachtet werden, sondern im Kontext familiärer und kultureller Lebenswelten, die mit spezifischen Lesarten von Medienereignissen verbunden sind. In diesem Sinn bezogen wir Fragestellungen des lebensweltlichen Alltags von MigrantInnen in unsere Untersuchung ein, etwa Fragen nach dem Verhältnis der Zugehörigkeit zum Ursprungsland und zur Schweiz, nach der Identitätskonstruktion von Jugendlichen oder nach der Relevanz von Bildungsaspirationen.

Im Weiteren war es uns wichtig, dabei immer die Möglichkeit eines Abgleichs mit den quantitativen Daten vor Augen zu haben. Denn es erscheint schwierig, aufgrund einer Stichprobe von acht Familien allgemeine Folgerungen für *die* Türken oder *die* türkischen Kurden zu ziehen. Schon eher ist dies mit gebührender Vorsicht möglich, wenn sich die von uns interpretierten Daten auf die im ersten Teil dieses Buches dargestellten quantitativ-statistischen Daten beziehen lassen, die sich auf eine repräsentative Stichprobe von Jugendlichen mit Migrationshintergrund stützen.

Was lässt sich nun unter Berücksichtigung dieses Hintergrunds abschließend festhalten? Was den Besitz von Medien betrifft, so ist deutlich geworden, dass die von uns begleiteten acht türkischen beziehungsweise türkisch/kurdischen Familien genauso im Zeitalter von Multimedia angekommen sind wie schweizerische Familien. Die Mediennutzung ist ähnlich breit wie die von einheimischen Familien. Vor allem achten die Familien darauf, dass ihre Kinder beim Zugang zu Medien nicht benachteiligt sind, so dass die Kinderzimmer oft digitale Medienlandschaften mit Computern, Fernseher, MP3 Player, Videorecorder und Spielkonsolen darstellen. Schon dies weist darauf hin, dass die Eltern innerhalb unserer acht Familien ihren Kindern all das ermöglichen möchten, was sie als Standard bei den einheimischen Kindern orten.

Wenn man ein Medium als Leitmedium zu bezeichnen hätte, so ist dies fraglos das Fernsehen. Auch dies gilt generell für Migranten wie für Schweizer – aller-

Zusammenfassung 257

dings mit einem wesentlichen Unterschied: Es ist bei türkischen Migrant/ innen auch deshalb zum zentralen Medium geworden, weil man über Satellitenantennen direkt auf türkische und kurdische Programme zugreifen kann. In den von uns geführten Interviews rangierten drei Angebote weit vorne, die von den Familien genutzt werden:

- *Soaps aus der Türkei*, die von der ganzen Familie generationenübergreifend gesehen werden: Die Beliebtheit dieses Genres hängt nicht zuletzt damit zusammen, dass Geschichten aus der ehemaligen Heimat, welche die Eltern besonders ansprechen, nach einem Muster medial aufbereitet sind, das auch die Jugendlichen anspricht. Sie kennen ähnliche Formate aus dem deutschen Fernsehen, die besonders auf diese gesellschaftliche Gruppe abzielen (etwa: *Gute Zeiten, Schlechte Zeiten, Marienhof* etc.).

- *Sportsendungen* (vor allem Fußball), die oft Familien vor dem Fernseher zusammenführen: Dabei sind es vor allem die männlichen Mitglieder, Väter und Söhne, die von diesem Genre besonders angesprochen werden. Auf der einen Seite geht es dabei um die nationale Liga, die man als Fan von Clubs wie Galatasaray oder Fenerbahçe Istanbul aufmerksam verfolgt. Fußball ist aber auch ein internationales Geschäft, das – z.B. mit der Champions League – symbolisch einen Nationalstolz ausleben lässt, wie er in anderen gesellschaftlichen Bereichen kaum mehr gegeben ist. Stars wie Hakan Sükür sind internationale Größen, die sich im Ausland durchgesetzt haben und damit das Nationale in einer globalen Sphäre repräsentieren. Sie sind Beispiele für Migranten, wie man im Ausland etwas erreichen kann. Der symbolische Charakter solcher „türkischer Helden" ist dabei nicht nur auf die erste Generation der Immigranten bezogen. Auch dort, wo Jugendliche längst das schweizerische Bürgerrecht haben und sich mindestens zum Teil als Schweizer fühlen, schlägt gerade beim Fußball die Affinität zum ehemaligen Heimatland durch.

- *News-Sendungen auf Deutsch* – eine Tatsache, die erst einmal zu überrascht. Denn man würde vermuten, dass MigrantInnen das politische System der Schweiz schlecht kennen, sich wenig dafür interessieren und deshalb auch über die dort berichteten politischen Ereignisse wenig informiert und. Wenn schon, würde man vermuten, dass sie an den Ereignissen in der Türkei interessiert sind. Aus den Ergebnissen unserer Studie geht jedoch hervor, dass in den Familien, nicht zuletzt über die Männer vermittelt, Newssendungen häufig auch auf Deutsch gesehen werden. Erwähnt werden Konsumentensendungen wie der *Kassensturz* oder Politsendungen wie die *Arena*. Dazu kommen Zeitungen, nicht zuletzt Gratiszeitungen, über die politische Informationen bezogen werden. Allerdings ist zu vermuten, dass diese Anteilnahme weniger einem systematischen Interesse an schweizerischer Politik entspricht, sondern vorwiegend jene Themen und Problemstellungen betrifft, die eng mit der Migrationssituation zu tun haben. Das können billige Lockvogelangebote im Konsumbereich sein, mit denen MigrantInnen über den Tisch gezogen werden, oder Berichte über ausländische *Raser*, die härter angepackt werden sollen. Auf der politischen Ebene sind es vor allem jene Informationen, die mit der Ausländer- und Migrationspolitik zusammenhängen. In der Zeit von 2004-2008, als Christoph Blocher von der Schweizerischen Volkspartei (SVP) zuständiger Bundesrat war, nahmen die betroffenen MigrantInnen die Verschärfung der Ausländerpolitik intensiv und oft angstvoll zur Kenntnis – wie es deutlich aus unseren Interviews hervorgeht. Deutsches Fernsehen interessierte in der Zeitperiode unserer Studie auch deswegen, weil in den Newssendungen der Medien der EU-Beitritt der Türkei ein stark diskutiertes und aktuelles Thema war.

Neben den Ergebnissen zum Leitmedium Fernsehen konnten wir bei weiteren Medien charakteristische Nutzungsmuster feststellen:

- Das *Telefon* hat seit dem Aufkommen der Handys an Bedeutung gewonnen, wobei die Betroffenen als Teil der ärmeren Bevölkerung im Land Strategien entwickelt haben, kostengünstig mit diesem Medium umzugehen: Dort, wo man ins Ausland telefoniert, nutzt man eher das billige Festnetz; Handy dagegen ist das Medium der Jungen und der Väter. Die Jugendlichen nutzen häufig SMS, was den Eltern vor allem deshalb verwehrt ist, weil sie sich häufig nur schlecht und viel weniger flüssig als ihre Kinder im Schriftlichen auszudrücken vermögen. Daneben wird lokal und in der Schweiz auch häufig mit dem Handy telefoniert, vor allem bei kürzeren Anrufen.

- Der *Radio* war das dominierende Medium der „Vor-Fernsehzeit". Was die Satellitenantenne für heutige Generationen ist, das war die Kurzwelle vor fünfzig Jahren. So konnte man vom Ausland aus verzitterte, an- und abschwellende Tonfolgen aus dem eigenen Heimatland empfangen. Besonders bedeutsam war das international orientierte Kurzwellenradio im Zweiten Weltkrieg, als man den Stand des Krieges und dessen Kommentierung über die englische BBC in Erfahrung bringen wollte.

- Heute dagegen ist das *Radio primär ein lokales Medium*, wobei auf lokaler Ebene auch Angebote für MigrantInnen im Sinne von Bürger-Radios entwickelt wurden, zum Beispiel *Radio Lora* in Zürich. Unsere Resultate zeigen allerdings, dass diese Programme für Ausländerinnen und Ausländer bei den Betroffenen weitgehend unbekannt sind. Vielmehr steht im Mittelpunkt des Radiokonsums der Mainstream jener Musikteppiche, die vorwiegend über

Lokalsender verbreitet werden. Dazu bekommt man einige Informationen mit, die in den Nachrichtenblöcken gesendet werden. Insbesondere schätzt man, dass es sich um Informationen zum lokalen Raum handelt, über dessen Ereignisse und Probleme man interessante und hilfreiche Hinweise erhält.

- *Buchbesitz und Lesen* streuen in den befragten Familien stark. Gerade die Jugendlichen, vor allem die Mädchen, nutzen häufig die schweizerischen Bibliotheken. Dagegen sind die Haushalte schlecht mit Büchern ausgestattet, was auf ein unterdurchschnittliches kulturelles Kapital hinweist, das Bildungschancen der Kinder gefährdet, sofern diese nicht, wie eben angedeutet, Angebote der Bibliotheken (vor allem auch der Schulbibliotheken) in Anspruch nehmen. Eine weitere Schwierigkeit sind oft auch Sprachprobleme. Während die Kinder Bücher in Deutsch lesen (möchten), sind ihre Eltern oft nur in der Lage, türkische Bücher zu lesen.

- Sowohl in der quantitativen wie in der qualitativen Untersuchung hat sich eine *digitale Kluft beim Computerbesitz* gezeigt, die allerdings eine überraschende Auflösung findet. Betrachtet man die Computernutzung im Wohnzimmer, so verfügen einheimische Kinder hier über einen großen Vorsprung. Umgekehrt ist es, wenn man die Situation in den Kinderzimmern betrachtet. Hier sind die türkischen Kinder im Vorteil. Wir haben dies dahingehend interpretiert, dass türkische Eltern Computer weniger für sich selbst als essentiell notwendige Geräte betrachten. Sie sind allerdings der Meinung, dass sie die Bildungschancen ihrer Kinder gefährdeten, wenn sie ihnen für das Kinderzimmer keine Computer anschaffen. Und zudem hat dies die Folge, dass immer dann, wenn es sinnvoll ist, Computeranwendungen zu nutzen, mit den Kindern die „hauseigenen" Experten vorhanden sind, welche den eher unbeholfenen Eltern unter die Arme greifen können.

  Allerdings kann man dies auch als Ausweichstrategie betrachten, denn Eltern von Kindern mit Migrationshintergrund haben oft Schwierigkeiten, sich im Schulsystem für die adäquate Förderung ihrer Kinder einzusetzen. Sie fühlen sich als Opfer eines Systems, das sie nicht kennen und vor dessen Macht sie Ängste entwickelt haben. Das geht bis zu Aussagen, dass es ja klar sei, dass man die ausländischen Kinder in der Schule benachteilige.

  Dem *Lern- und Lebensraum Schule* kommt dagegen generell in unseren visuellen Studien ein sehr hoher Stellenwert zu. Im Gespräch über die Fotos zu den dokumentierten Schulszenen äußern sich die Jugendlichen durchwegs positiv zur Wichtigkeit der Schule für ihr Leben. Die starke Bildungsorientierung wird von den Eltern gestützt, sei es durch den Kauf eines Computers für die Kinder und/oder durch bezahlten Nachhilfeunterricht.

- Der *Computer* scheint ihnen eine geeignete Strategie, die eigenen Kinder zu fördern, ohne direkt mit Repräsentanten des Schulsystems (Lehrpersonen, Schulpsychologen, Schulleiter) in Kontakt kommen zu müssen. Allerdings wird dabei zu wenig in Rechnung gestellt, dass Computer im heutigen Bildungssystem lange nicht so intensiv genutzt werden, als dass daraus eine wirksame Strategie gegen die vermuteten oder realen Vorurteile des geltenden Schulsystems entstehen könnte. Mit anderen Worten: Der Zuwachs an sozialem und kulturellem Kapital, welchen sich die Eltern über die Anschaffung eines Computers für ihre Kinder erhoffen, zahlt sich so direkt nicht aus. Es stellt mehr eine Ausweichstrategie dar, zeigt aber auch deutlich, dass in türkischen Familien bildungsmäßiges Engagement und Ressourcen vorhanden sind, die vom offiziellen Schulsystem oft zu wenig zur Kenntnis genommen werden.

Mit diesen letzten Ergebnissen aus der Untersuchung ist bereits der zweite zentrale Themenkreis der qualitativen Studie angesprochen, nämlich Fragen, die eng mit Identifikationen und Identitäten, wie sie im Schulalltag deutlich werden, zusammenhängen. In unserem Zusammenhang interessierte uns generell, wie Prozesse der Identitätsfindung und der Entwicklung im Medienzeitalter bei jungen MigrantInnen ablaufen. Unsere Untersuchungen belegen, dass binäre Muster des „Hier" und „Dort" zu kurz greifen. Vielmehr verlaufen *Prozesse der Identitätsfindung* in einem komplexen Spannungsfeld verschiedener Identifikationsangebote: In unserer Untersuchung wurden drei entscheidende Faktoren deutlich, welche die Identitätskonstruktion beeinflussen: Einerseits die Einflüsse aus der originären Kultur der Eltern, die noch stärker in der Kultur ihres Heimatlandes verwurzelt sind. Bei Jugendlichen, deren Eltern aus der Türkei in die Schweiz eingewandert sind, ist das familiäre Setting zum Teil noch stark von der Herkunftskultur geprägt. Dies wird am deutlichsten an der Sprache, die in der Familie gesprochenen wird: Bis auf die Familie D sprechen zuhause alle Kinder türkisch oder kurdisch mit ihren Eltern. Und es zeigt sich auch in den sozialen Kontakten, welche die Eltern pflegen: Zu einem großen Teil konzentrieren sich diese auf Verwandte oder Bekannte aus der Türkei. Diesen familiären Praktiken setzen die Kinder mit zunehmendem Alter ihr Tun im eigenen Lebensraum entgegen, wobei sie sich stärker von globalen und lokalen Kontakten leiten lassen. Angesprochen sind damit einerseits Einflüsse aus einer globalen Jugendkultur, welche Rapmusik und Techno ebenso umfasst, wie Barbie oder generelle Normen, wie ein zeitgenössisches Kinderzimmer auszusehen hat. Am wichtigsten ist für die befragten Jugendlichen aber die Kultur des Lokalen, wo sie selbst ihre Freunde, Freundinnen und Bekannten haben; diese ist aber nicht einfach „lokale schweizerische" Kultur. Viele der befragten Jugendlichen haben selbst wieder einen Freundeskreis, der von Jugendlichen aus mehreren

Kulturen geprägt ist und damit die hybride Situation der eigenen Sozialisation nochmals verdoppelt.

Wie wichtig die *Partizipation an einer lokalen Kultur* ist, die unterstreicht, dass für das Leben die Teilhabe an jenem Ort am wichtigsten ist, den man als eigenen Lebensmittelpunkt bezeichnet, kommt etwa in jenen Aussagen von Dilem zum Ausdruck, in denen sie erzählt, wie sie bei ihren Eltern für eine großzügigere Regelung des abendlichen Ausgangs warb: „Am Anfang war das schon ein Problem, weil ich die ältere Tochter war und plötzlich ausgehen wollte. Und es ist so, dass ich viele Schweizer Kollegen habe. Und da habe ich gesagt, es ist wichtig für meine Integration, dass ich mit denen in den Ausgang gehen kann. Wenn ich nicht mit meinen Kolleginnen in den Ausgang gehen kann, dann werde ich von ihnen ausgeschlossen."

Dieses Zugehörigkeitsbedürfnis zur lokalen Kultur kommt nicht zuletzt durch einen selbst bestimmten Medienkonsum zum Ausdruck, der sich von den Gewohnheiten der Eltern unterscheidet. Die meisten Jugendlichen geben an, lieber deutschsprachige TV-Programme anzuschauen, während ihre Eltern türkische Sendungen bevorzugen. Aber es finden auch Rückbesinnungen auf die Herkunftskultur statt: Verschiedene Jugendliche berichten, dass sie nach einer amerikanisch dominierten Hip-Hop-Phase wieder vermehrt türkische Popmusik hören – und nach einer Weile wandelt sich diese Vorliebe wieder. Fast selbstverständlich schwärmen türkischstämmige Jugendliche für türkische Fußballvereine, lediglich ein kurdischer Junge gibt einen spanischen Klub als Lieblingsverein an.

Diese *multiple kulturelle Verortung* der von uns während eineinhalb Jahren begleiteten Jugendlichen kommt auch in den visuellen Teilstudien deutlich zum Ausdruck: Auch hier zeigt es sich, dass einfache kulturell bedingte Identitätszuschreibungen zu simplifizierend sind. So zeigen sich neben individuellen Unterschieden auch geschlechter- und altersspezifische Tendenzen:

In den Kinderzimmern finden sich Hinweise auf alle drei kulturellen Ebenen sowie auf die Sozialisationsinstanzen (Familie, Schule, Vereine, Peers). Den Medien messen die Kinder ein besonderes Gewicht zu, erlauben ihnen diese doch, das Zimmer virtuell zu verlassen und Selbständigkeit zu erproben.

Als hauptsächlicher *Unterschied zwischen Mädchen und Knaben* fiel auf, dass Mädchen in der Einrichtung der Kinderzimmer eine größere Vielfalt auswiesen und in den Reportagen ein jeweils breiteres Spektrum an Sujets abbildeten, während Knaben ihre Interessen sehr stark auf Sport und Computer ausrichten. Auch wenn man die kleine Zahl von Jungen in unserer Stichprobe in Betracht zieht, so lassen doch die Übereinstimmungen bei den Jungen auf ein eindeutiges männliches Rollenverständnis schließen, während die Mädchen sich in ihren Hobbys einen größeren Gestaltungsfreiraum nutzen.

Jüngere Mädchen sowie die meisten Knaben drücken sich in der Gestaltung ihrer Zimmer eher über konkrete Objekte oder Identifikationen mit Idolen aus. Ihre Zimmer lassen sich als transparente Texte lesen, während diejenigen der älteren Mädchen einen persönlicheren Stil erkennen lassen, der nicht ohne weiteres mit einem konkreten Hobby in Verbindung gebracht werden kann. Die Identitätsprozesse der älteren weiblichen Jugendlichen verlaufen subtiler, verborgener und persönlicher. Häufig symbolisieren sie ihre Gefühle und Interessen. Caglas gezeichnetes Selbstporträt etwa wird erst mit ihrer Erzählung zum Porträt einer jungen Frau, die eine nicht erwiderte Liebe verarbeitet.

In den Reportagen zeigt sich, dass die Orientierung an Menschen, vor allem an Gleichaltrigen, aber auch Familienmitgliedern, als am wichtigsten eingestuft wird – hier finden Gespräche, Austausch und Abgrenzungen statt. Die relativ große Anzahl von Selbstporträts weist deutlich auf Selbstfindungsprozesse der Jugendlichen hin. Durch das Spiel mit der Kamera und den Bildern werden Möglichkeiten der eigenen Person ausgelotet.

Auffällige Unterschiede zwischen den Reportagen der einzelnen Jugendlichen gab es vor allem in Bezug auf das Verhältnis von „Fotos mit Menschen" zu „Fotos von Medien". Jugendliche, die Reportagen mit vielen Menschen vorlegen, haben durchwegs wenig bis keine Medien fotografiert – und umgekehrt. Es lässt sich vermuten, dass die einen Jugendlichen mehr Anregungen bei den realen Personen suchen und finden (z.B. zu einem Auslandaufenthalt), während für die anderen Medien der Zugang zu Information und Austausch sind.

Zusammenfassend. Die qualitative Untersuchung illustriert deutlich, wie komplex sowohl Identitätszuschreibungen wie die damit verbundenen Selbstfindungsprozesse sind. Und dennoch schlägt immer wieder durch, dass die Befragten zuerst Jugendliche sind, die im lokalen Kontext die Probleme des Erwachsenwerdens durchleben. Ihr Migrationshintergrund beeinflusst diese Sozialisationsprozesse zwar insofern, als damit ein Habitus verbunden ist, welcher ihnen soziales und kulturelles Kapital zuschreibt. In diesem Sinne werden diese Jugendlichen, oft zusammen mit Peers, die ebenfalls ausländische Wurzeln haben, immer wieder mit ihrer Abstammung konfrontiert: mit Vorurteilen in den außerhäuslichen Lebensbereichen, aber auch mit den spezifischen Normen und Werten ihrer Elternhäuser. Das bedeutet hingegen nicht, dass sie sich in einer Parallelgesellschaft bewegen. Viel eher bemühen sie sich, die verschiedenen Ansprüche und Erwartungen zu balancieren, um eine eigenständige hybride Identität zu entwickeln. Oft stellt diese allerdings einen fragilen Mix aus unterschiedlichen und manchmal auch widersprüchlichen Elementen dar. Das macht diese Jugendlichen auf der einen Seite verletzlich. Auf der anderen Seite handelt es sich auch um positive Ressourcen, die vom Bildungssystem viel produktiver aufgenommen werden müssten als dies gegenwärtig geschieht.

6. Literatur

Akgün, Lale (2002): Welche Erziehung brauchen Kinder? In: Betrifft Minderheiten/ Mehrheiten. Informationen des Niedersächsischen Ministeriums für Inneres und Sport 1. (Online auf: http://www.mi.niedersachsen. de/master/ C978231_N901782_L20_D0_I522.html)

Aksoy, Asu (o.J.): The Possibilities of Transnational Turkish Television. London (Online auf: http://www.photoinsight.org.uk/text/aksoy/aksoy.htm)

Ali, Suki (2003): Mixed-Race, Post-Race. Gender, New Ethnicities and Cultural Practices, Oxford, New York: Verlag.

Anderson, Benedict (2005): Die Erfindung der Nation. Zur Karriere eines folgenreichen Konzepts. Frankfurt a.M.: (Campus)

Andrews, Peter Alford (1989): Ethnic Groups in the Republic of Turkey. Wiesbaden: Dr. Ludwig Reichert Verlag.

Auernheimer, Georg (Hg.) (2001): Migration als Herausforderung für pädagogische Institutionen. Opladen: Leske + Budrich.

Bachmair, Ben (2001): Bedeutungskonstitution als kulturelle Aktivität der Rezipienten – Wie virtuelle Texte entstehen. In: Aufenanger Stefan u.a. (Hg.): Jahrbuch Medienpädagogik 1. Opladen: Leske + Budrich, S. 319-336.

Bachmair, Ben (1997): Ein Kinderzimmer als Text. In: medien·impulse, 19, S. 59–62.

Bacik, Çiçek et al. (2005): Türkische TV-Sender in Deutschland – Abschlussbericht, Berlin 2005 (online auf: http://www.emz-berlin.de/projekte/pdf/ executive_summary.pdf)

Banks, Marcus (2001): Visual Methods in Social Research. London: Sage.

Bartal, Isabel (2004): Paradigma Integration. (Online auf: http://www. dissertationen.unizh.ch/2004/bartal/abstract.html).

Berger, John u.a. (2005): Sehen. Das Bild der Welt in der Bilderwelt. Reinbek: Rowohlt, 16. Auflage.

Bildungsmonitoring Schweiz Pisa 2003. Kompetenzen für die Zukunft. Zweiter nationaler Bericht. Neuenburg/Bern, 2005.

Bolzmann, Claudio / Fibbi, Rosita / Vial, Marie (2005): Bildungsprozesse und berufliche Integration der „Zweiten Generation". Die Rolle der intergenerationellen Beziehungen. In: Hamburger, Franz / Badawia, Tarek / Hummrich, Merle (Hg.): Migration und Bildung. Über das Verhältnis von Anerkennung und Zumutung in der Einwanderungsgesellschaft. Wiesbaden: VS Verlag für Sozialwissenschaften, S. 83-104.

Bonfadelli, Heinz / Moser, Heinz (Hg.) (2007): Medien und Migration. Europa als multikultureller Raum? Wiesbaden: VS Verlag für Sozialwissenschaften.

Bohnsack, Ralf / Nohl Arnd-Michael (2003): Youth Culture as Practical Innovation: Turkish German Youth, „Time Out" and the Actionisms of Breakdance. In: European Journal of Cultural Studies, 6, S.366-385.

Bolsch, Dietmar (2005): Transkulturalität – ein neues Leitbild für Bildungsprozess. In: Datt, Asit (Hg.): Transkulturalität und Identität. Bildungsprozesse zwischen Exklusion und Inklusion. Frankfurt a.M.: IKO-Verlag, S. 29-38.

Bourdieu, Pierre / Boltanski, Luc u.a. (2006): Eine illegitime Kunst. Die sozialen Gebrauchsweisen der Photographie. Hamburg: Europäische Verlagsanstalt.

Butler, Judith (1991): Das Unbehagen der Geschlechter. Frankfurt/M: Suhrkamp.

Brah, Avtar (1996): Cartographies of Diaspora. Contesting Identities. London/ New York: Routledge.

Cairncross, Frances (1996): Das Ende der Distanz. Die Zukunft der Telekommunikation: Rund um die Welt zum Nulltarif? In: NZZ Folio 2. (Online auf: http://www-x.nzz.ch/folio/archiv/1996/02/articles/endeDistanz.html).

Calabrese, Omar (2006): Die Geschichte des Selbstporträts. München: Hirmer.

Cooper, J. C. (1986): Illustriertes Lexikon der traditionellen Symbole. Wiesbaden: Drei Lilien Verlag.

Daemmrich, Horst S. / Daemmrich Ingeborg G. (1995): Themen und Motive in der Literatur. Heidelberg: UTB für Wissenschaft / Francke, 2. Auflage.

Eggert, Susanne / Theunert, Helga (2002): Medien im Alltag von Heranwachsenden mit Migrationshintergrund – Vorwiegend offene Fragen. In: medien + erziehung 2, S. 289ff.

Ehrenspeck, Yvonne / Schäffer, Burkhard (Hg.) (2003): Film- und Fotoanalyse in der Erziehungswissenschaft. Ein Handbuch. Opladen: Leske + Budrich.

Emmison, Michael / Smith, Philip (2000): Researching the Visual. London: Sage.

Erikson, Erik H. (1976): Kindheit und Gesellschaft. Stuttgart: Klett, 6. Auflage.

Erikson, Erik H. (1979): Identität und Lebenszyklus. Frankfurt/M: Suhrkamp.

Ernst, Katharina / Moser, Heinz (2005): Media and Processes of Identity Formation in the Context of Migration. In: MedienPädagogik 6.6.2005. www.medienpaed.com/05-1/ernst_moser1.pdf (11.11.2006).

Fiske John, 2003: Madonna. In: Fiske John: Lesarten des Populären. Wien: Löcker, S. 103-118.

Fohrler live (2001):www.sauhuufe.ch/dl/video/osman_full.mpg (17.10.2006).

Fuhs, Burkhard (2003): Fotografie als Dokument qualitativer Forschung. In: Ehrenspeck, Yvonne / Schäffer, Burkhard (Hg.): Film- und Fotoanalyse in der Erziehungswissenschaft. Opladen: Leske + Budrich, S. 37–54.

Gillespie, Marie (2000): „Transnational Communications and Diaspora Communities". In: Cottle, Simon (Hg.): Ethnic Minorities and the Media. Buckingham: Open University Press, S. 164-178.

Goldbeck, Kerstin (2004). Gute Unterhaltung, schlechte Unterhaltung. Die Fernsehkritik und das Populäre. Bielefeld: transcript Verlag.

Gombrich, Ernst H. (2005). Die Geschichte der Kunst. Berlin: Phaidon, 6. Auflage, Broschur.

Gomolla, Mechtild / Radtke, Frank-Olaf (2002): Institutionelle Diskriminierung: die Herstellung ethnischer Differenz in der Schule. Opladen: Leske + Budrich.

Gomolla, Mechtild (2005): Schulentwicklung und Einwanderungsgesellschaft: Strategien gegen institutionelle Diskriminierung in England, Deutschland und in der Schweiz. Münster: Waxmann.

Güntürk, Reyhan (1999): Mediennutzung der Migranten – mediale Isolation? In: Butterwegge u.a. (Hg.): Medien und multikulturelle Gesellschaft. Opladen: Leske + Budrich.

Hall, Stuart (1994): Rassismus und kulturelle Identität. Ausgewählte Schriften 2, Hamburg: Argument Verlag.

Hall, Stuart (1996): Introduction – Who Needs „Identity"?. In: Hall, Stuart, / du Gay, Paul (Hg.): Questions of Cultural Identity. London: Sage, S. 1-17.

Hall, Stuart (1999): Kulturelle Identität und Rassismus. In: Burgmer, Christoph (1999): Rassismus in der Diskussion. Gespräche mit Robert Miles u.a. Berlin: Elefanten Press, S. 147.

Hamburger, Franz (2005): Der Kampf um Bildung und Erfolg. Eine einleitende Feldbeschreibung. In: Hamburger, Franz / Badawia, Tarek / Hummrich, Merle (Hg.): Migration und Bildung. Über das Verhältnis von Anerkennung und Zumutung in der Einwanderungsgesellschaft. Wiesbaden: VS Verlag für Sozialwissenschaften, S. 7-24.

Hartmann, P.W. (2006): Das große Kunstlexikon von P.W. Hartmann (www.beyars.com/kunstlexikon/lexikon_8210.html, besucht 16. Oktober 2006).

Haußer, Karl (1989): Identität. In: Endruweit, Günter / Trommsdorff, Gisela (Hg.) (1989): Wörterbuch der Soziologie. Stuttgart, S. 279-281.

Heckmann, Friedrich (1992): Ethnische Minderheiten, Volk und Nation. Stuttgart: Enke.

Heitmeyer, Wilhelm /Müller, Joachim / Schröder, Helmut (1997): Verlockender Fundamentalismus. Türkische Jugendliche in Deutschland. Frankfurt a. M.: Suhrkamp.

Hermann, Thomas / Hanetseder, Christa (2007). Jugendliche mit Migrationshintergrund: heimatliche, lokale und globale Verortungen. In: Bonfadelli,

Heinz / Moser, Heinz (Hg.). Medien und Migration. Europa als multikultureller Raum? Wiesbaden: VS Verlag für Sozialwissenschaften, S. 237-271.
Hipfl, Brigitte / Klaus, Elisabeth / Scheer, Uta(Hg.) (2004): Identitätsräume. Nation, Körper und Geschlecht in den Medien. Eine Topografie. Bielefeld: transcript Verlag.
Hoffmann, Dagmar (2004): Zum produktiven Umgang von Kindern und Jugendlichen mit medialen Identifikationsangeboten. In: medien + erziehung, 6, S. 7-19.
Jewitt, Carey / Oyama, Rumiko (2001): Visual Meaning: A Social Semiotic Approach. In: Van Leeuwen Theo, Jewitt Carey: Handbook of Visual Analysis. London: Sage, S. 134-156.
Juhasz, Anne / Mey, Eva (2003): Die zweite Generation: Etablierte oder Aussenseiter? Biographien von Jugendlichen ausländischer Herkunft, Opladen: Westdeutscher Verlag.
Keupp, Heiner (Hg.) (1994): Zugänge zum Subjekt. Perspektiven einer reflexiven Sozialpsychologie. Frankfurt/Main: Suhrkamp.
Keupp, Heiner / Höfer, Renate (Hg.) (1997): Identitätsarbeit heute. Klassische und aktuelle Perspektiven der Identitätsforschung. Frankfurt/M: Suhrkamp.
Keupp, Heiner u.a. (1999): Identitätskonstruktionen. Das Patchwork der Identitäten in der Spätmoderne. Reinbek: Rowohlt.
Keupp, Heiner (2005): Patchwork-Identität statt Normalbiografie – Die Pflicht zur Selbstorganisation. In: Allmendinger, Jutta (Hg.): Karriere ohne Vorlage – junge Akademiker zwischen Studium und Beruf. Hamburg: Edition Körber-Stiftung, S. 79-89.
Kraus, Wolfgang / Mitzerscherlich, Beate (1997): Abschied vom Großprojekt. Normative Grundlagen der empirischen Identitätsforschung in der Tradition von James E. Marcia und die Notwendigkeit der Reformulierung. In: Keupp, Heiner / Höfer, Renate (Hg.): Identitätsarbeit heute. Klassische und aktuelle Perspektiven der Identitätsforschung. Frankfurt/M: Suhrkamp, S. 149-173.
Kraus, Wolfgang (1998): Das Leben als Erzählung: Wie wir uns selbst erfinden. In: Psychologie heute, 1, S. 36-41.
Kraus, Wolfgang (2000): Das erzählte Selbst; die narrative Konstruktion von Identität in der Spätmoderne. Herbolzheim: Centaurus, 2. Auflage.
Kronig, Winfried u.a. (2000): Immigranten Kinder und schulische Selektion. Pädagogische Visionen, theoretische Erklärungen und empirische Untersuchungen zur Wirkung integrierender und separierender Schulformen in den Grundschuljahren. Bern: Haupt.
Lull, James (2000): Media, Communication and Culture. A Global Approach. New York: Columbia University Press.

Lurker, Manfred (1991): Wörterbuch der Symbolik. Stuttgart: Kröner.
Marcia, James E. (1966): Development and validation of ego-identity status. In: Journal of Personality and Social Psychology, 3, S. 551-558.
Marotzki, Winfried / Niesyto (Hg.) (2006): Bildinterpretation und Bildverstehen. Methodische Ansätze aus sozialwissenschaftlicher, kunst- und medienpädagogischer Perspektive. Medienbildung und Gesellschaft, Bd. 2. Wiesbaden: Verlag für Sozialwissenschaften.
Mead, George H. (1968): Geist, Identität und Gesellschaft aus der Sicht des Sozialbehaviorismus. Frankfurt/M: Suhrkamp.
Mecheril. Paul / Rigelsky, Bernhard (2007): Nationaler Notstand, Ausländerdispositiv und Ausländerpädagogik. In: Riegel, Christine / Geisen, Thomas: Jugend, Zugehörigkeit und Migration. Subjektpositionierung im Kontext von Jugendkultur, Ethnizitäts- und Geschlechterkonstruktionen. Wiesbaden: VS Verlag für Sozialwissenschaften, S. 61-80.
Meyer, Thomas (2003). „Ungebildet in die Wissensgesellschaft?" *Terra cognita* 3/2003. www.terra-cognita.ch/3/meyer.pdf.
Mikos, Lothar / Hoffmann, Dagmar / Winter, Rainer (Hg.) (2007): Mediennutzung, Identität und Identifikationen. Die Sozialisationsrelevanz der Medien im Selbstfindungsprozess von Jugendlichen. Weinheim: Juventa.
Mikos, Lothar (2004): Medien als Sozialisationsinstanz und die Rolle der Medienkompetenz. In: Hoffmann, Dagmar / Merkens, Hans: Jugendsoziologische Sozialisationstheorie. Impulse für die Jugendforschung. Weinheim / München: Juventa, S. 157-171.
Morley, David (2001): Where the Global Meets the Local: Aufzeichnungen aus dem Wohnzimmer. In: montage-av, Heft 6, 1997, S. 5–36.
Moser, Heinz (2004): Visuelle Forschung – Plädoyer für das Medium „Fotografie". In: MedienPädagogik 1/2004. (Online auf: http://www.medienpaed.com).
Moser, Heinz (2005): Globalisierung als Problem des Medienzeitalters. In: PÄD Forum 2, S. 86–89.
Moser, Heinz (2006): Medien und die Konstruktion von Identität und Differenz. In: Treibel, Annette / Maier, Maja S. / Kummer, Sven / Welzel, Manuela (Hg.): Gender medienkompetent. Medienbildung in einer heterogenen Gesellschaft. Wiesbaden: VS Verlag für Sozialwissenschaften, S. 35-74.
Moser, Heinz / Hanetseder, Christa / Hermann, Thomas (2007): Embodied Spaces: Medien im alltagsästhetischen Arrangement. In: Mikos, Lothar / Hoffmann, Dagmar / Winter, Rainer (Hg.): Mediennutzung, Identität und Identifikationen. Die Sozialisationsrelevanz der Medien im Selbstfindungsprozess der Jugendlichen. Weinheim: Juventa.
Muti, Enver (2001): Zur Bedeutung ethnischer Binnendifferenzierung der türki-

schen Bevölkerungsgruppe in Deutschland. Frankfurt a.M.: Peter Lang.
O'Neil, Dennis (2004): Ethnicity and Race. An Introduction to the Nature of Social Group Differentiation and Inequality. (Online auf: http://anthro.palomar.edu/ethnicity/default.htm).
Nick, Peter (2003): Ohne Angst verschieden sein. Identitätserfahrungen und Differenzkonstruktionen in der multikulturellen Gesellschaft. Frankfurt/ New York: Campus.
Pilarczyk, Ulrike / Mietzner, Ulrike (2003): Methoden der Fotografieanalyse. In: Ehrenspeck, Yvonne / Schäffer, Burkhard (Hg.): Film- und Fotoanalyse in der Erziehungswissenschaft. Opladen: Leske + Budrich, S. 19-36.
Pilarczyk, Ulrike / Mietzner, Ulrike (2005): Das reflektierte Bild. Die seriell-ikonografische Fotoanalyse in den Erziehungs- und Sozialwissenschaften. Bad Heilbronn: Klinkhardt.
Popp, Ulrike (2004): Geschlechtersozialisation als Realitätsverarbeitung und Realitätserzeugung. In: Hoffmann, Dagmar / Merkens, Hans (Hg.): Jugendsoziologische Sozialisationstheorie. Impulse für die Jugendforschung. Weinheim/München: Juventa, S. 129-142.
Prensky, Marc (2001): Digital Natives, Digital Immigrants. In: On the Horizon. NCB University Press, Vol. 9(5), October 2001, S. 1-6.
Riegel, Christine / Geisen, Thomas (2007): Zugehörigkeit(en) im Kontext von Jugend und Migration – eine Einführung. In: Riegel, Christine / Geisen, Thomas: Jugend, Zugehörigkeit und Migration. Subjektpositionierung im Kontext von Jugendkultur, Ethnizitäts- und Geschlechterkonstruktionen. Wiesbaden: VS Verlag für Sozialwissenschaften, S. 7-23.
Ristic, Irena (2005): Der Balkan im Schweizer Äther. Breites Nischenangebot für Migranten. In: NZZ-Online, 20. Mai. (Online auf: http://www.nzz.ch/ 2005/05/20/em/articleCTL1W.html).
Robins, Kevin (2004): Beyond Imagines Communities? Transnationale Medien und türkische MigrantInnen. In: Hipfl, Brigitte / Klaus, Elisabeth / Scheer, Uta (Hrsg).: Identitätsräume. Nation, Körper und Geschlecht in den Medien. Bielefeld: transcript, S. 114-132.
Rommelspacher, Birgit (1997): Identität und Macht. Zur Internalisierung von Diskriminierung und Dominanz. In: Keupp, Heiner / Höfer, Renate (Hg.): Identitätsarbeit heute. Klassische und aktuelle Perspektiven der Identitätsforschung. Frankfurt/M: Suhrkamp, S. 250-269.
Rommelspacher, Birgit (2003): Genderstudies und Frauenforschung. Kontroversen und Perspektiven. In: Institut für Geschlechterstudien FH Köln (Hg.): Stabile Geschlechterverhältnisse in gesellschaftlichen Wandlungsprozessen. Symposium 5.12.2002, Köln, S. 31-38.
Rydin, Ingegerd / Sjöberg, Ulrike (2007): Identität, Staatsbürgerschaft., kultu-

reller Wandel und das Generationsverhältnis. In: Bonfadelli, Heinz / Moser, Heinz: Medien und Migration. Europa als multikultureller Raum? Wiesbaden: VS Verlag für Sozialwissenschaften, S. 273-302.

Schallberger, Peter (2003): Identitätsbildung in Familie und Milieu. Mikrosoziologische Untersuchungen. Frankfurt/New York: Campus.

Scheer, Jürg W. / Hauser, Bettina / Egger, Margherita (1998): Privatheitsregulation und Umgang mit Geheimnissen bei Magersüchtigen. In: Spitznagel, Albert (Hg.): Geheimnis und Geheimhaltung. Göttingen: Hogrefe, S. 298-306.

Scott, Joan W. (1986): Gender: A Useful Category of Historical Analysis. In: American Historical Review 91. 5, S. 1053-1075.

Sen, Faruk / Cigdem, Akkaya / Yasemin, Özbek (1998): Länderbericht Türkei. Darmstadt: Primus.

Sen, Faruk (2001): Türkische Fernsehsender in der deutschen Fernsehlandschaft. In: Ausländerbeauftragte der Freien und Hansestadt Hamburg und der Hamburgischen Anstalt für neue Medien (Hg.): Medien Migration Integration. Berlin: Vistas.

Spitznagel, Albert (1998): Geheimnis und Geheimhaltung. Göttingen: Hogrefe.

Tomforde, Barbara / Holzwarth, Peter (2006): Das Wesentliche ist für die Augen unsichtbar ...? In: Holzbrecher, Alfred / Oomen-Welke, Ingelore / Schmolling, Jan (Hg.): In: Foto + Text. Handbuch für die Bildungsarbeit. Wiesbaden: VS Verlag für Sozialwissenschaften, S. 375-387.

Van Leeuwen, Theo / Jewitt, Carey (Hg.) (2001): Handbook of Visual Analysis. London: Sage.

Van Straten, Roelof (2004): Einführung in die Ikonographie. Berlin: Reimer, 3. überarbeitete Auflage.

Von Braun, Christina / Stephan, Inge (Hg.) (2000): Genderstudien. Eine Einführung. Stuttgart: Metzler.

Weigel, Sigrid (2002): Zum ‹topographical turn›. Kartographie, Topographie und Raumkonzepte in den Kulturwissenschaften. In: KulturPoetik 2, S. 151-165.

Wilk, Liselotte / Bacher, Johann (Hg.) (1994): Kindliche Lebenswelten. Eine sozialwissenschaftliche Annäherung. Opladen: Leske + Budrich.

Winter, Rainer (2001): Die Kunst des Eigensinns. Cultural Studies als Kritik der Macht. Weilerswist: Velbrück Wissenschaft.

Zentrum für Türkeistudien (1998): Das ethnische und religiöse Mosaik der Türkei und seine Reflexionen auf Deutschland. Münster: LIT.

Handbücher Erziehungswissenschaft

Jutta Ecarius (Hrsg.)
Handbuch Familie
2007. 701 S. Br. EUR 59,90
ISBN 978-3-8100-3984-2

Mit dem Handbuch wird erstmals eine der zentralen Erziehungs- und Sozialisationsinstanzen aus einer dezidert erziehungswissenschaftlichen Perspektive ausgeleuchtet. Dabei wird ein umfassendes Bild von Familie als einer pädagogischen Institution gezeichnet, in das die aktuellen wissenschaftlichen Erkenntnisse und Forschungsergebnisse einfließen.

Uwe Sander / Friederike von Gross / Kai-Uwe Hugger (Hrsg.)
Handbuch Medienpädagogik
2008. ca. 500 S. Br. ca. EUR 39,90
ISBN 978-3-531-15016-1

Das neue Handbuch Medienpädagogik greift die gesamte und aktuelle Breite des pädagogischen Handlungsfeldes auf und gibt einen exzellenten Überblick zu Geschichte, Theorie und Forschung. Gleichzeitig weist es die gegenwärtigen Diskussionsfelder aus und stellt umfassend die Praxisbezüge pädagogischen Handelns in der Arbeit mit Medien her.

Rolf Arnold / Antonius Lipsmeier (Hrsg.)
Handbuch der Berufsbildung
2., überarb. und akt. Aufl. 2006. 643 S. Br. EUR 59,90
ISBN 978-3-531-15162-5

Das aktualisierte Handbuch der Berufsbildung umfasst die gesamte Breite des pädagogischen Handlungsfeldes und gibt einen Überblick zu Didaktik, AdressatInnen, Vermittlungs- und Aneignungsprozessen und Rahmenbedingungen der Berufsbildung. Alle Beiträge des Handbuchs sind von ausgewiesenen FachexpertInnen geschrieben.

Heinz-Herrmann Krüger / Winfried Marotzki (Hrsg.)
Handbuch erziehungswissenschaftliche Biographieforschung
2., überarb. und akt. Aufl. 2006. 529 S. Br. EUR 49,90
ISBN 978-3-531-14839-7

Werner Helsper / Jeanette Böhme (Hrsg.)
Handbuch der Schulforschung
2., überarb. u. erw. Aufl. 2008. ca. 1000 S. Geb. ca. EUR 79,90
ISBN 978-3-531-15254-7

Erhältlich im Buchhandel oder beim Verlag.
Änderungen vorbehalten. Stand: Januar 2008.

www.vs-verlag.de

VS VERLAG FÜR SOZIALWISSENSCHAFTEN

Abraham-Lincoln-Straße 46
65189 Wiesbaden
Tel. 0611.7878-722
Fax 0611.7878-400

Grundlagen Erziehungswissenschaft

Helmut Fend
Entwicklungspsychologie des Jugendalters
Ein Lehrbuch für pädagogische und psychologische Berufe
3., durchges. Aufl. 2003. 520 S.
Br. EUR 24,90
ISBN 978-3-8100-3904-0

Detlef Garz
Sozialpsychologische Entwicklungstheorien
Von Mead, Piaget und Kohlberg bis zur Gegenwart
3., erw. Aufl. 2006. 189 S. Br. EUR 22,90
ISBN 978-3-531-23158-7

Heinz Moser
Einführung in die Medienpädagogik
Aufwachsen im Medienzeitalter
4., überarb. und akt. Aufl. 2006.
313 S. Br. EUR 22,90
ISBN 978-3-531-32724-2

Jürgen Raithel / Bernd Dollinger / Georg Hörmann
Einführung Pädagogik
Begriffe – Strömungen – Klassiker – Fachrichtungen
2., durchges. und erw. Aufl. 2005.
330 S. Br. EUR 16,90
ISBN 978-3-531-34702-8

Christiane Schiersmann
Berufliche Weiterbildung
2007. 272 S. Br. EUR 19,90
ISBN 978-3-8100-3891-3

Bernhard Schlag
Lern- und Leistungsmotivation
2., überarb. Aufl. 2006. 191 S.
Br. EUR 16,90
ISBN 978-3-8100-3608-7

Agi Schründer-Lenzen
Schriftspracherwerb und Unterricht
Bausteine professionellen Handlungswissens
2., erw. Aufl. 2007. 252 S. Br. EUR 19,90
ISBN 978-3-531-15368-1

Peter Zimmermann
Grundwissen Sozialisation
Einführung zur Sozialisation im Kindes- und Jugendalter
3., überarb. und erw. Aufl. 2006.
232 S. Br. EUR 18,90
ISBN 978-3-531-15151-9

Erhältlich im Buchhandel oder beim Verlag.
Änderungen vorbehalten. Stand: Januar 2008.

www.vs-verlag.de

VS VERLAG FÜR SOZIALWISSENSCHAFTEN

Abraham-Lincoln-Straße 46
65189 Wiesbaden
Tel. 0611.7878-722
Fax 0611.7878-400

MIX
Papier aus verantwortungsvollen Quellen
Paper from responsible sources
FSC® C105338

Printed by Books on Demand, Germany